KB267785

나도 작가가 된다!

돈이 되는 글쓰기의 힘!
콘텐츠로 자동화수익

전자책 판매에서 종이책 출간까지

남찬영 지음

예감

나도 작가가 된다!

돈이 되는 글쓰기의 힘!
콘텐츠로 자동화수익

전자책 판매에서 종이책 출간까지

남찬영 지음

예감

목차

저자소개 및 들어가며 / 7

1. 돈이 되는 글쓰기. 전자책 / 14

1_1. 전문가로 가는 길 / 14

1_2. 비싸게 팔리는 전자책 PDF / 17

1_3. 전자책 글쓰기 부업으로 큰 장점 / 22

1_4. 당신의 경험과 읽은 책, 당신의 재능이 바로 곧 돈이 된다. / 24

1_5. 전자책을 판매할 수 있는 플랫폼 / 28

1_6. 전자책 판매에서 SNS홍보, 종이 책 출간까지. / 36

2. 글쓰기로 돈 버는 방법. / 48

2_1. 수익과 연결시키는 글쓰기. / 48

2_2. 수익화 글쓰기의 주제. - 결핍과 욕망을 공략하라. / 56

2_3. 전자책 주제. 자신만의 블루오션 찾기. / 59

2_4. 키워드 찾기 사이트 추천 / 63

2_5. 글재주가 없어도 되는 전자책_ 자료모음집 / 76

3. 전자책, 숏폼 마케팅, 인스타그램, 블로그 / 80

3_1. 전자책 판매와 숏츠, 인스타그램과 블로그 연결시키기. / 80

3_2. 인스타그램 성장과 숏폼영상 수익화 방법. / 82

3_3. 매출과 수익을 올리는 인스타그램 운영과 릴스 / 87

3_4. 숏폼 영상 전략과 플랫폼 비교 / 93

3_5. 블로그 상위노출과 운영전략 / 106

3_6. 네이버 프리미엄 콘텐츠로 월구독료 받기. / 112

3_7. 나를 살리는 책 읽기의 힘. / 114

4. 쉽고 빠른 전자책 만들기 / 116

  4_1. 시작하기 쉬운 전자책 판매와 기대효과 / 116

  4_2. 전자책 쓰기 계획. / 118

  4_3. 전자책 빨리 쓰는 방법 (최소분량 적기) / 120

  4_4. 효과적인 글 쓰기 순서_ 블로그와 병행 / 125

  4_5. 표지 이미지와 목각 이미지 만들기 / 131

  4_6. 챗 GPT 의 활용 방안과 도움되는 AI사이트 / 135

5. 팔리게 하는 글쓰기 / 140

  5_1. 끌리는 제목과 카피라이팅 / 140

  5_2. 팔리게 하는 글쓰기. / 142

  5_3. 유혹하는 제목과 문장, 흥미를 유발하는 글쓰기. / 147

  5_4. 꾸준하게 글을 쓰는 비법. / 153

  5_5. 돈이 되는 스피치 능력과 말하기의 힘. / 156

6. 전자책 등록과 대형 서점, 오픈마켓 등록방법 / 162

  6_1. 크몽 사이트 전자책 등록방법 / 162

  6_2. 유페이퍼 사이트 등록과 서점 유통 시키기 / 167

  6_3. 이 퍼플 사이트 등록 / 175

  6_4. ISBN 등록으로 책 번호 부여 받기. 나만의 고유의 책. / 176

  6_5. 스마트 스토어에 전자책 등록하고 판매하는 방법. / 179

  6_6. 쿠팡에 전자책 등록하고 판매하는 방법. / 188

  6_7. 전자책 PDF에 워터마크 넣어서 무단복제 막기 / 191

  6_7. 대형서점도 수익형 전자책, 종이책은 잘판매됩니다./ 194

7. 전자책 판매 극대화하기 – 마케팅 편 / 196

  7_1. 효과적인 전자책 마케팅 / 196

  7_2. 전자책 판매 극대화 전략 / 200

  7_3. 크몽에서 광고 진행시키기 / 205

  7_4. 효과적인 짧고 임팩트 있는 마케팅 / 208

  7_5. 매출을 2배올리는 수익전략. 골디락스 효과. / 209

7_6. 효과적인 블로그 글쓰기와 마케팅 / 214

7_7. 적은 비용으로 전자책 인스타그램, 페이스북 광고하기 / 219

8. 종이책 출간하기 / 238

8_1. 종이책 출판형식 종류 / 239

8_2. 결국 책을 쓰는 사람들의 비결 / 241

8_3. 종이책의 주제 / 244

8_4. 글쓰기 루틴과 도구들 / 246

8_5. 종이책 출간으로 퍼스널 브랜딩하기 / 250

8_6. 무료로 종이책 출간하는 법. POD 바로 출판 (교보문고 퍼플, 부크크, 제작) / 252

8_7. 종이 책 출간계획서와 투고작업 / 254

8_8. 종이책의 능동적인 마케팅 방법 / 259

8_9. 마치며_우리를 살리는 글쓰기의 힘 / 265

저자소개 및 들어가며

안녕하세요. 저는 온라인 사업을 하고 있고 책 읽기, 독서토론, 글쓰기의 습관을 하는 남찬영 작가 강사입니다. 전자책은 2020년부터 써 왔고 그 동안 해왔던 온라인 사업, 쇼핑몰, 마케팅, 자기계발 등의 성공 노하우들을 정리해 전자책을 만들었습니다. 독서를 하고부터 작은 글쓰기 습관을 가졌는데, 그 결과 전자책은 13권을 썼고, 종이책 1권을 출간했으며, 이 책 또한 출간을 앞두고 있습니다.

현재 재능마켓 최대 플랫폼인 크몽 사이트 기준으로 13권의 전자책을 등록해 판매하고 있습니다. 최근들어 사람들이 부업을 생각하며 도전하는 것을 알았고, 온라인 사업, 자기계발관련 글을 쓰며 전자책을 만들어 왔습니다. 저는 독서를 좋아하고 부터 책을 쓰고 싶다는 생각을 했습니다. 제작과 출간까지의 어려움이 있는 종이책보다 소책자인 전자책 쓰기부터 시도했습니다. 온라인 사업, 인터넷 판매를 해왔던 저의 노하우를 쓴 전자책을 2020년에 크몽 사이트에 등록했는데, 당시 올리자마자 판매가 되는 좋은 경험을 하게 되었습니다. 그때는 전자책 시장이 활성화되지 않은 것을 고려하면 신기했고 그간의 노력이 보람되었습니다. 이 책은 전자책판매, 숏폼영상 홍보, 블로그, 종 이책 출간까지 과정을 담고 글쓰기와 콘텐츠로 수익을 얻는 방법을 소개한 책입니다. 현대인은 빠른 정보와 재미를 추구하는 삶을 원합니다.

이런 트렌드를 반영해 콘텐츠와 전자책을 만들어야 해요.

글쓰기는 내적으로나 외적으로 유익합니다. 저는 글쓰기 습관과 독서로 정서적으로 건강해지고 영향력을 확대했습니다. 마케팅과 사업으로 전자책과 SNS콘텐츠, 종이책을 통해 고객을 모으고 수익을 올리기도 했습니다.

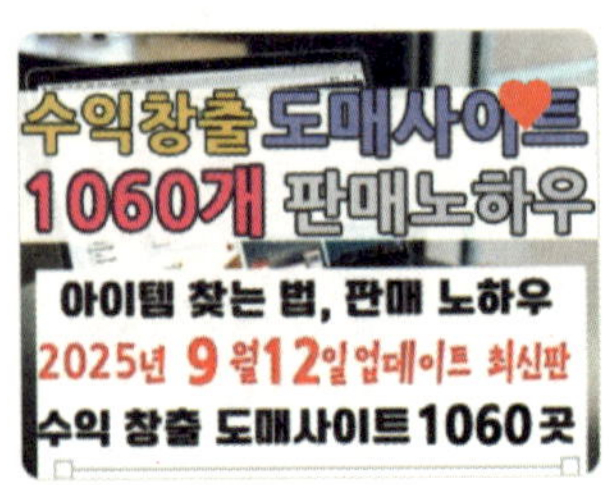

수익창출 도매사이트 1060개와 노하우 알려 드립니다.

★ 4.8 (130)
12,000원~
댄디스트

키워드 검색 사이트 리스트 50개를 드립니다.

★ 4.5 (2)
5,000원
댄디스트

〈크몽 사이트에서 직접 판매하고 있는 전자책들〉

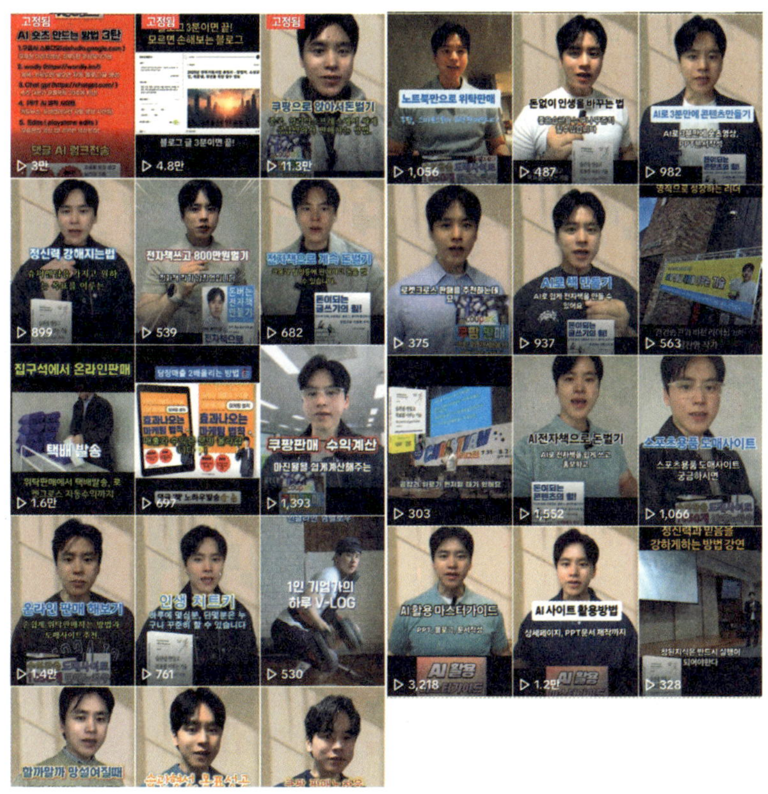

〈숏폼 콘텐츠 영상으로 홍보, 마케팅〉

　현재 13권의 전자책을 만들어 크몽 사이트와 유페이퍼를 통해 예스 24, 교보문고, 알라딘 등에도 전자책을 등록해 판매하고 있습니다. 또 스마트 스토어, 쿠팡, 개인홈페이지에서도 판매합니다.

　잘 만든 전자책 한 두권으로 베스트셀러에서 꾸준히 판매가 되는 스 테디셀러의 전자책을 여러분들이 충분히 만들 수 있습니다.

　한번 등록한 전자책은 시대와 트렌드에 맞게 수정과 개선할 수 있어 요. 썸네일과 제목을 바꿀수도 있고 내용을 업데이트하며, 전자책의 퀄리티를 작가의 의지로 더 높일 수 있어요.

이처럼 한번 판매가 이뤄지면 지속시킬 수 있고 관리를 잘해줘면 꾸준한 자동 수익을 얻을 수 있어요. 비용이 들어가지 않는 좋은 사업아이템입니다. 책은 텍스트와 이미지로 이뤄져 있어요. 요즘은 영상의 시대인데 짧고 임팩트 있는 영상을 사람들이 많이 봅니다. 숏폼 영상으로 여러분의 비즈니스와 전자책을 홍보할 수 있어요. 팔로워와 고객, 사람을 모으고 수익과 기회를 빨리 얻을 수 있는 도구가 됩니다.

전자책을 만들면 수익이 생기는 파이프라인이 만들어집니다. 글쓰기와 책쓰기에 자신감도 가질 수 있죠. 블로그와 SNS에도 글과 콘텐츠를 지속적으로 등록하면 검색에 노출이 됩니다. 한권의 전자책으로 여러 콘텐츠를 확산시킵니다. 온, 오프라인 강의, 강연, 협업, 협찬등, SNS로 많은 퍼스널 브랜딩의 기회들이 생겨납니다.

종이책 출간도 하면 좋은데, 소책자가 모여 장편의 종이책으로 출간되면 작가로서의 커리어도 쌓고 책을 통해 큰 유익을 줍니다. 전자책은 만들기가 어렵지 않아 목표를 이루는데 효율적이고 결과도 보람 있습니다. 단계를 올려 종이책도 꼭 출간해 작가와 독자가 함께 성공하는 아름다운 목표를 이루길 바랍니다. 독서는 사고력과 실행력을 키워요. 학습과 생각, 경험이 만나 새로운 글과 콘텐츠가 탄생합니다.

'돈이 되는 글쓰기의 힘!'을 쓴 계기는 온라인 비즈니스가 좋은시대인데 스마트스토어, 쿠팡판매도 좋지만 위탁배송을 하더라도 유형의 제품, 상품등을 다뤄야 하는 어려운 부분이 있어요. 하지만 콘텐츠와 전자책은 재고의 부담과 비용, 리스크가 없는 장점이 있습니다. 글쓰기와 전자책 작성을 출발로 강의, 강연, SNS, 유투브, 사업, 종이책 출간까지 **놀라운 여정을 경험할 수 있습니다.**

　자신의 콘텐츠, 전자책을 블로그, 크몽, 탈잉, 개인 SNS채널, 유투브
, 오픈마켓등으로 판매하면 등록한 플랫폼에서 자동 발송되거나 파일
을 발송해주면 되니 여러 편리한 점이 있습니다. 한번 만들어 놓은 지
식과 정보, 개인의 노하우가 기반이 되는 전자책으로 다른 일을 하면
서 또는 쉬면서도 돈이 들어오는 시스템을 구축할 수 있습니다.

**"인생의 의미는 당신의 재능을 찾는 것이고 인생의 목적은 그것을 다른 사
람을 위해 쓰는 겁니다." - 파블로 피카소**

　글은 돈을 벌기 위한 콘텐츠가 될 수 있지만, 자신을 건강하게 하고
다른 사람들에게 도움을 주기 위함입니다. 글쓰기는 정서적으로 안정
되고 정보를 전달하기 위해 그만한 정성이 들어갑니다. 독자의 삶에
좋은 변화를 일으키는 글을 통해 서로가 성장하고 성숙된다면 가치 있
고 보람되는 글쓰기 작업이 될 것입니다.

　전자책은 만들지 않는 사람이 많을 뿐이지 한번 시작하면 비교적 쉽
게 완성할 수 있어요. 또 전자책판매로 얻는 이익과 기회들이 많습니
다. 자신의 삶을 글쓰기라는 습관으로 개척할 수 있어요. 특히 비즈니
스 글쓰기로 수익을 얻고 강의, 강연, 영상으로 가치 있는 일을 많이
할 수 있어요.

　전자책과 콘텐츠를 만들때 가장 중요한 것은 의지입니다. 전자책을
만드는 스킬, 기술도 있어야겠지만 콘텐츠를 만들려는 의지가 결국 한
권의 전자책을 완성하게 됩니다.

　인디언들이 기도하면 반드시 비가 온다고 하는데, 비가 올 때까지 포
기하지 않고 기도하기 때문입니다. 개인의 의지를 강하게 할 수 있지만

환경에 따라 의지가 약해진다는 것을 감안하고 글을 쓰는 좋은 환경을 조성해야 합니다.

창의적인 사람은 목표를 향해 계속 시도하는 사람입니다. 좋은작품은 한번 시도에 이뤄지는게 아니라, 도전하는 생산적인 습관이 많을 수 록 탄생됩니다. 특히 저는 여러분이 좀 더 효율적으로 글을 쓰고 전자책 만들기를 원합니다. 중요한 것을 먼저 적을때 책의 내용이 강력해지고 탁월해집니다. 적게 일하고 큰 영향력을 주는 방법을 택하는 것이죠.

결국 사람들은 책이 아닌 저자의 전문성을 삽니다. 지속하는 콘텐츠 서사 구축으로 대체할 수 없는 당신만의 노하우가 브랜드가 됩니다. 경험이 큰 가치가 되고 수익을 얻게 해줄 것입니다.

시도하면 돈을 벌고 일과 큰 기회가 열립니다. 쉽게 시작하지만 점진적 개선인 빌드업 (build up)을 통해 능력을 크게 키울 수 있습니다. 즐거운 희망으로 시작해 전자책 완성을 해보세요. 그로인해 종이책 출간까지 더 큰 기회를 잡기를 바랍니다.

시작하지 않으면 아무일도 일어나지 않는 것이 생산적인 글쓰기입니다. 생각을 잘 정리해 쓰면 삶을 명쾌하게 하며 일에 능률을 더해 정보도 제공할 수 있죠.

좋은 글을 남기면 내 기억에 오래 남고, 사람들에게 영감과 삶에 좋은 변화를 줄 것입니다. 전체 사회를 건강하고 이롭게 하며, 이상적인 삶의 모습에 한 걸음 나아갈 수 있게합니다.

독서를 하고 좋은 경험과 실패도 글로 쓰고 성숙시킨 사람이 통찰을 가진 작가가 됩니다.

가장 좋은 결과물을 남기는 것이 책의 최대 장점입니다. 책이 실수가 적은것은 초고와 퇴고의 과정을 지나면서 불필요한 것을 빼는 반복적인 제련작업을 거치기 때문입니다. 매끄러운 흐름으로 정리하며 완성도가 높은 결과물로 강한 영향력을 발휘하시길 바랍니다.

이 책은 생산적인 습관으로 전자책을 만들고 SNS마케팅, 숏폼영상을 홍보해서 퍼스널 브랜딩의 종착역이라 할 수 있는 종이책 출간까지 설명한 책입니다. 이 책을 통해 전자책부터 숏폼영상홍보, 블로그, 장편 종이책 출간도 도전해 보세요. 전자책 판매로 수익을 얻고, 종이책 출간으로 퍼스널 브랜딩이라는 귀한 명예도 얻으시길 바랍니다.

유투브: 작가의 통찰
인스타그램: https://www.instagram.com/successreal7
블로그: https://blog.naver.com/nek330

네이버: 남찬영작가 검색
이메일: nek330@naver.com

1. 돈이 되는 글쓰기. 전자책

1_1. 전문가로 가는 길

문제를 해결했던 작은 성공, 대체할 수 없는 당신의 경험과 읽은 책들이 돈이 됩니다.

전자책은 개인의 노하우, 재능을 상품화한 책입니다. 재능을 상품화 하는 습관과 기술 중 하나는 글쓰기 입니다. 여기서 글쓰기는 종이에 쓰는 것과, 타이핑을 해서 작은 소책자를 만들거나 정보성 콘텐츠, 텍스트, 글이 담긴 짧은 영상(short form)등을 만드는 생산적인 습관을 지칭합니다.

수십 년 동안 한 분야에 일을 한 전문가가 책을 쓰고 컨설팅을 하겠지만, 먼저 배우고 터득한 노하우를 알려주는 것. 경험, 지식과 정보를 모아 성심성의껏 전달하는 것이 지식창업과 콘텐츠, 책의 좋은 점입니다. 누군가 아직 경험하지 못한 분야를 직접 도전했던 것, 인간관계, 시험, 공부, 사업, 사회 경험을 통한 노하우와 인사이트는 대체 할 수 없는 값어치가 됩니다.

'글을 쓰고 책과 지식으로 돈을 벌려면 전문가가 되어야 하는 거 아니야?'라는 질문을 할 수 있습니다. 재능을 서비스화 해서 판매하려면, 한 분야에서 대단한 이력이 있어야 된다 생각을 해요. 하지만 남들이 원하는 것 성공한 작은 경험을 논리적으로 잘 설명하는 사람이 전문가가 됩니다. 처음 시작단계의 사람들은 기초지식이 없는 경우도 많아요. 지식을 전하고 실행을 돕는 사람이 전문가입니다. 꼭 대단한 업적이 있어야 다른 사람을 가르칠 수 있다고 생각하는 것이 전문가로 가는 길을 가로막습니다.

전자책은 비교적 쉽게 시작하지만, 점진적인 개선인 빌드업(Build up)으로 전체 능력을 키울 수 있어요.

팔리는 지식 사업은 고객의 문제를 해결해주는 것에 있습니다. 많은 이들이 자신이 아는 것을 자랑하지만, 사람의 결핍을 이해하는데서 출발해야 합니다. 독자에게 헤매지 않는 길을 제시하고 문제해결로 삶을 변화시켜주세요. 재능을 글과 콘텐츠로 정리해 역량을 키워나가는 방향을 선택하세요. 한발을 내딛을 때 길은 열립니다.

실제 저의 전자책을 보고 문의 주셨던분은 워드프로그램도 다룰 줄 모르는 분 이었습니다. 그 분은 예전 당뇨로 건강이 안좋을 때 식단관리로 건강을 되찾은 노하우를 책으로 만들고 싶어하셨어요.

기초부터 시작했지만 결국 전자책을 완성해 인터넷에 등록했습니다. 현재는 블로그와 SNS 마케팅을 열심히 하고 있어요. 전문가는 다른 사람을 성장시키고 일을 완성하도록 돕는 사람입니다. 독자가 책을 읽고 얻게 될 변화를 시각화해줘야 합니다. 정보와 노하우를 알려주면서 가고자 하는 길이 되어준다면 해당분야의 전문가가됩니다.

가장 좋은 공부방법은 누군가를 가르치고 교육하는 것입니다. 강의를 듣는것은 내 기억에 10퍼센트 정도가 남고, 누군가를 가르치는 것은 기억에 90퍼센트가 남아요. 독서를 하고 느낀 점을 말하고 글쓰기로 책과 유익한 콘텐츠를 만들면, 우선 자신이 발전합니다. 선생님이 문제의 맥을 파악하듯 글쓴이가 전달내용을 통달합니다. 이것이 책과 콘텐츠를 만들고 강의의 유익한 점입니다.

글쓰기는 근육과 비슷합니다. 무거운 덤벨 (완벽한 글)을 가끔 들기보다 가벼운 아령 (짧은 포스팅)으로 자주 시작하는 사람이 완성합니다. 한 줄, 세줄을 완성하는 것을 목표로 하면, 다음 글을 쓰고 풍부한 더 긴 내용으로 표현할 수 있습니다.

글쓰기로 전자책 작성과 블로그, 정보성 SNS운영은 전문가가 되는 수단이 됩니다. 하나씩 가르치고 고객을 컨설팅 해보세요. 자신도 성장하고 어느덧 영향력이라는 파급효과를 주는 인플루언서가 됩니다. 여러분들이 문제를 해결했던 방법, 또래 친구들보다 먼저 도전했던 것, 작은 성공들을 값어치 있는 노하우로 만드세요.

고객의 삶의 변화와 나의 성장이 있는 세상을 더 좋게 만드는 비즈니스.

스스로 자신을 성공시키는 사람을 능력있는 인재(elite)라 하고, 뒤에서 명령만 하는 사람을 보스, 앞에서 다른 사람의 성공을 돕는 사람을 좋은 리더(leader)라고 합니다. 여러분들이 탁월한 인재, 엘리트가 되고 나아가 많은 사람들의 성공도 돕는 좋은 리더와 전문가가 되시길 바랍니다. 나자신도 성장하고 다른사람에게 동기부여를 주는 삶이 가치있는 삶입니다.

1_2. 비싸게 팔리는 전자 책 PDF

전자책이 비싸게 팔리는 이유는 바로 중요하고 긴급한 책이기 때문입니다.

전자책은 높은 가격이라도 실용서이기 때문에 판매가 빠르고 잘됩니다. 당장의 문제를 해결해 주는 책입니다. 경험을 얘기해주고 돈 벌 수 있는 실제적인 방법을 알려 주는 책, 인간관계의 어려움의 해답과, 목표를 달성한 이들의 핵심 노하우를 알려주는 것이 바로 전자책입니다. 분량은 종이책보다 적은데, 높은 가격으로 팔리는 이유는 트렌드를 반영하고, 즉각적인 결과와 문제해결을 위한 전문가의 글이기 때문이에요. 또한 서론이 길지 않고 본론으로 바로 들어가기에 고객도 읽는 시간과 에너지를 아낍니다. 작가 또한 본인의 경험, 노하우를 중심으로 작성하니 일단 시작하면 생각보다 빠르게 완성되는 경험을 해요. 에너지가 많이 소비되지 않는 작업량으로 명료하게 내용을 정리하며 글을 쓸 수 있어요.

가격이 아닌 가치의 크기를 표현하고 증명해야 합니다. "이 전자책은 10만원이지만, 앞으로 잃어버릴 1,000만원과 10개월이라는 시간을 아껴줍니다." 인기있는 전자책은 30페이지 분량 한 권이라도 수십만원에 판매되는 책도 많습니다. 좋은 평점을 받는 전자책은 비싼가격에도 잘 팔립니다. 물론 해당 책의 내용과 정보가 좋아야해요. 긍정적인 고객의 후기와 반응이 있을 때 판매량이 좋아집니다.

고가의 액수를 책정해도 사람들이 품질을 인정하면, 판매되는 것이 전자책이라는 것을 알 수 있어요.

최신 트렌드를 선도하거나 돈버는 방법, 문제 해결을 알려주는 전자책이 잘 판매되는 것을 염두해두세요. 그래서 평소 실행력이 좋고 빨리 행동하는 사람은 과정과 결과를 기록해 콘텐츠로 만들어 놓아야 합니다. 기록과 정리가 누군가에게 도움이 되는 정보가 돼요. 사진과 영상, 글은 자신의 가치를 표현하기에 좋은 수단이며 향후 책을 쓰는데도 풍부한 재료가 됩니다.

– 핵심적인 전자책 판매 노하우 – 강렬한 반응을 얻으세요.

처음엔 좋은 상품평과 평점 받는 것을 목표로 해야합니다. 첫 전자책을 등록할 때 낮은 가격으로 설정해보세요. 만약 이미 많은 영향력과 팬을 보유한 인플루언서가 전자책을 판매한다면 비싼 가격에도 팔로워들이 구매할겁니다. 그게 아니라면 낮은 가격으로 판매하고 가격에 비해 가치있는 책을 만드는 것이 좋습니다. 그래야 가격 대비 내용이 좋다는 상품평이 달릴 것입니다.

고전에는 '많은 돈보다 명예를 택하는 것이 지혜'라고 나옵니다. 지속적인 판매로 수익을 얻으려면 상품평이 좋아야 해요. **평판관리를 잘하는 것이 장기적인 성공방법입니다.** 판매는 긍정적인 상품평이 달리는이 중요합니다. 리뷰, 상품평은 많을수록 좋은데 많은 반응중에서 한 두개 정도 안 좋은 리뷰는 괜찮아요. 왜냐하면 판매가 활성화되고 사람들이 많이 보는 책이라고 보여줄 때, 고객의 구매심리가 올라갑니다. 아예 반응이 없는 걸 유의해야 합니다. 좋은 평점과 많은 상품평이 생기면 가격을 더 높게 올려도 괜찮아요.

좋은 상품평이 고객에게 가치를 심어주고, 예비 구매자들은 비싸더라도 구매결정을 하게 됩니다. 책의 퀄리티와 좋은 평이 상품의 가치를 증명해주기 때문이에요. 물론 기본적인 책의 내용, 정보가 좋아야 합니다. 많이 판매될 수록 부정적인 리뷰가 있을 수 있어요. 불호가 있다면 부족한 부분을 개선해 업데이트 하는 노력이 있어야 하죠. 상세페이지에 고객들의 상품평을 홍보하는 사례도 구매심리를 높이기 위한 작업입니다.

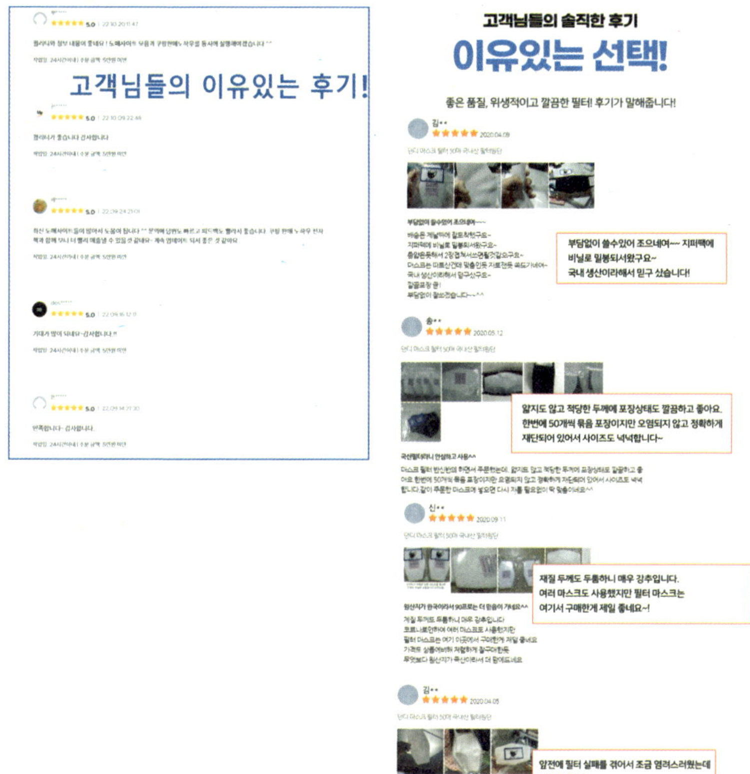

〈상세페이지에 좋은 상품평을 홍보해 구매심리를 올리는 전략〉

좋은 평점을 받으면 가격을 퀄리티에 맞게 올리고, 반면에 판매가 안 되는 시기엔 세일로 가격을 낮춰 다시 판매량을 높여야해요. 인터넷 판매는 항상 판매지수가 중요합니다. 구매건수, 관심상품 찜 등록, 상세페이지 체류시간, 좋은평점과 리뷰로 판매지수가 좋아져요. 이는 알고리즘의 선택을 받아 상위노출되니, 유익하고 재미있는 내용으로 표현해야합니다.

온라인 상품 판매지수 높이는 요소들 (상위 노출의 비결)

1. 구매건수 2. 좋은리뷰와 평점 3. 고객의 체류시간 4. 관심상품 찜 등록 5. 최신성 6. 유익한 내용 7. 유입수

Point. 전자책 판매를 지속할 수 있는 판매노하우.

1) 작게 성공한 것도 차별화한 자신만의 노하우로 글을 쓴다.

2) 지식과 정보는 읽고 배우고, 지혜는 경험과 생각을 담아 쓴다.

3) 제목과 카피라이팅은 끌리게 작성한다. (후킹 작업, 마케팅 기법)

4) 클릭을 부를만한 썸네일을 만든다. (미리캔버스, 캔바, 망고보드)

5) 처음엔 저가로 판매해서 판매를 성공시킨다. (가성비 전략)

6) SNS홍보, 짧은 숏폼영상으로 마케팅한다.

7) 좋은 평점과 상품평이 달리면 가격을 높인다. (후광효과)

8) 피드백을 보고 내용을 개선해 업데이트 한다.

9) 판매가 주춤할 때는 다시 가격을 낮춰 판매량을 높인다.

재능마켓이나 쿠팡, 스마트스토어에 전자책을 판매할때도 상위노출이 절대 유리합니다. 판매량, 고객리뷰, 체류시간, 평점등이 많고 좋을수록 알고리즘의 선택을 받아 검색이 잘됩니다.

한번 판매가 되면 연속 판매가 되는데 그렇게 되기위해 세팅하고 관리해야합니다. 클릭을 부르게 하는 썸네일과 제목, 설명을 만들고 좋은 상품평을 받기위해 구매 고객에게 도움이 될 만한 부록을 하나 더 보내주는 것도 팁입니다. 먼저 구매한 고객의 긍정적인 후기와 경험담은 다른 사람의 구매결정에 큰 영향을 미쳐요. 결국 사람들은 상품과 책보다 창작자의 전문성과 브랜드를 구매해요. 가치를 제공하는 창작자와 브랜드는 개선하는 콘텐츠 제작으로 이뤄집니다. 최선의 태도와 서비스로 좋은 후기를 받도록 해보세요.

SNS를 통해 강렬하고 긍정적인 반응을 얻도록 하세요. 숏폼영상인 유투브 숏츠와 인스타그램 릴스, 틱톡에서 일시에 많이 노출시킬 수 있어요. 책의 내용, 작가의 스토리텔링, 밈등으로 매력적인 콘텐츠를 만들어 업로드 하세요. 팔로워와 구독자를 늘려 사람들을 모으고 충성고객을 만들어야 합니다. '정보'를 넘어서 '철학'을 심으세요. 작가만의 통찰있는 세계관은 대체되지 않는 팬을 만듭니다. 서사를 녹여내 여러분의 브랜드를 확장하고 견고히 하세요.

온라인은 변화가 빠르기에, 변화를 빨리 적용하면 좋은 결과를 계속 확인해요. 전자책도 지속적인 판매를 이어 갈 수 있는 것이 큰 재미이자 장점입니다.

1_3. 전자 책 글쓰기 부업으로 큰 장점

"글쓰기는 삶의 능력을 높이고 미래를 변화시킵니다."

글쓰기는 탁월한 의사전달 능력을 갖춰 몸값을 높이고 원하는 걸 구체적으로 표현할 수 있어요. 지혜를 전달하는 도구가 책이고, 의사를 표현하는 것이 글입니다. 특히 전자책은 노하우를 전달해 목표를 달성하게 합니다. 독자와 작가, 서로가 원하는 것을 얻게 합니다.

전자책은 크게 3가지로 볼 수 있습니다. 첫번 째는. 종이책으로 출간한 책을 온라인 즉, PC와 모바일 기기로 볼 수 있도록 디지털화한 e - 북이 있고, 두번 째는. 재능마켓 플랫폼인 크몽과 탈잉, 클래스 101 등에서 PDF 파일로 등록해서 판매 하는 것, 세번 째는 전자책 판매 사이트라 할 수 있는 유페이퍼, 이 퍼플에서 직접 전자책을 EPUP, PDF 방식으로 등록해 대형서점까지 유통하는 것입니다.

온라인으로 비즈니스는 여러 이점이 있습니다. 장소, 시간, 물건의 재고부담, 임대료까지 제약을 받지 않고, 비용 부담이 없어요.

특정분야의 전문가! 전자책 글쓰기의 10가지 가치

첫째. **재능과 능력 업그레이드.** 글쓰기로 실력을 가다듬습니다. 누군가 최고의 자기계발은 글쓰기라고 얘기했습니다.

둘째. **디지털 자산을 구축해 인세수익을 얻습니다.** 지식을 바탕한 정보성글은 독자에게 도움이 됩니다. 판매가 빠르고 수익율이 높아요.

셋째. **자동화 수익 가능.** 전자책 플랫폼 사이트, 개인 홈페이지, 대형 서점에 판매 된 전자책은 구매한 고객에게 자동 발송됩니다.

넷째. **디지털 노마드.** 글쓰기와 전자책 작업은 시간과 장소의 방해를 받지 않습니다. 글쓰기라는 자기개발 습관을 가질 수 있어요. 여행 중, 여가시간에 아이디어 생기면 제작할 수 있어요.

다섯 째. **블루오션 시장.** 앞으로도 전망은 좋습니다. 모바일기기 사용시간이 늘어나 온라인에서 글과 콘텐츠의 영향력이 큽니다. 인터넷에 홍보와 마케팅을 통해 전자책 판매를 성공시킬 수 있어요.

여섯 째. **무자본, 무리스크.** 창작의 즐거움으로 돈과 부담감없이 희망, 열정, 기쁨으로 작업할 수 있어요. 일과 사람을 사랑하는 마음이 꿈을 꾸게 하고 길을 열어줍니다.

일곱 째. **커리어 확장과 기회창출.** 비즈니스 글쓰기로 강의, 컨설팅 의뢰, 협업제안, 브랜딩의 완성인 종이책 출간으로 놀라운 기회들이 생길 수 있습니다.

여덟 째. **적게 일하고 크게 성취하기.** 글은 효율의 극대화를 추구합니다. 본질을 꿰뚫는 단순함이 작품을 만들고 큰 성취를 이룹니다.

아홉 째. **가치있는 지식창업.** 책 쓰기와 콘텐츠는 안전한 사업입니다. 작가가 되면 브랜드 가치는 수직상승하며 타인을 이롭게 합니다.

열번 째. **삶의 질 향상.** 독자가 읽게 만드는 구조를 고민하며 콘텐츠를 만들면, 실무나 SNS글쓰기 실력까지 향상됩니다. 불필요한 습관은 없애고 중요한 것만 남기는 태도로 삶의 질이 향상됩니다.

근면하고 부지런하다는 말은 일을 많이 하고 애써서 하라는 뜻만은 아닙니다. '바로 자신의 일을 잘 다룬다는 뜻입니다.' 일을 잘 다루면 과정에서 좋은 효율을 내며 결과에서 탁월한 효과를 냅니다.

자신의 전문성을 입증하며 노력한 과정을 스토리텔링 형식으로 적어야합니다. 실패한 사례도 얘기하면, 고객의 시행착오를 줄입니다. 실패는 저자의 진정성이기도 해요. 성공사례를 즉시 실행하도록 힘있게 전달하는 게 전자책의 목적입니다. 큰 업적과 화려한 성공이 아니어도 우선 괜찮습니다. 이익되는 정보와 노하우, 통찰등을 매력적으로 전하세요.

글로 중요하고 핵심적인 것을 잘 표현하면 영향력있는 사람이 됩니다. 본질을 꿰뚫는 삶의 통찰은 동기부여를 줍니다. 큰 영향력을 주는 사람은 퍼스널 브랜딩이 이루어져요. 마케팅이 원활해지고 이후 상품 판매나 광고, 홍보에도 유리한 쪽을 선점할 수 있어요.

1_4. 당신의 경험과 읽은 책, 당신의 재능이 바로 곧 돈이 된다.

여러분의 작은 문제를 해결했던 방법들을 노하우로 만들면 지적자산이됩니다. 정보성 글로 사람들을 도울 뿐 아니라 수익까지 얻을 수 있어요. 글쓰기는 정서적인 치유뿐 아니라 삶에 유익합니다. 목표를 구체적으로 만들어 원하는 것을 이루게 해요. 이미 수많은 유명한 책이 있지만 당신만이 가진 관점과 목소리는 고유한 작품이 될 수 있어요. 의지가 있다면 생산자이자 작가의 삶을 지금 시작할 수 있습니다. 책은 사람의 마음에 힘을 주는 동기부여와 정보전달의 통로입니다.가치 있는 지식을 나누고 그에 합당한 수익을 얻는것, 품격있는 비즈니스의 시작입니다.

우리는 지혜와 노하우가 담긴 책을 구매하고 정당한 대가를 지불하며 강의를 듣습니다. 이는 자신에게 투자하고, 가치있는 것에 지불하는 것이 효율적인 성장의 길임을 알기 때문입니다.

전문가는 다른 사람을 도와주고 성장하게 하는 사람입니다. 이제껏 다른 전문가의 책, 사진, 영상강의 등으로 도움 받고 성장했다면, 이제 당신이 그 무대의 주인공이 될 차례입니다. 당신의 경험으로 타인을 몰입시키고, 실질적인 변화를 선물하세요. 중요한 일을 먼저해서 적게 일하고 많이 성취하면 시간의 가치가 완전히 달라집니다.

자격증을 따본 전문가라면 취득 방법을, 자신의 분야, 직업후기로 도와줄 수 있어요. 세무업계에 있다면 세금 신고, 세무 상담등을 재능마켓 플랫폼과 블로그로 상담하고 영업할 수 있습니다. 주식 투자로 성공했다면 자신만의 철학과 투자성공 노하우를 다른 사람에게 공유할 수 있을것입니다. 물론 투자로 성공하고 돈을 벌었다는 전문가는 검증이 필요합니다. 부동산경매를 해본 사람은 건물의 내용을 보는 것과 낙찰 이후 명도과정, 관련 부동산세법을 글로 쓰면 됩니다. 꼭 전문가여야만 글을 쓰고 크몽과 탈잉등의 플랫폼에 등록할 수 있을까요?

그렇지 않습니다. **전자책 시장의 주인공은 '문제를 해결해 본 경험'을 가진자 입니다.** 누구나 자신만의 강점과 가능성이 있어요.

각종 시험 점수, 성적을 오르게 한 공부방법, 단기간 3개월만에 5킬로 빼게 했던 다이어트 방법, 게으름을 탈피해 자기계발의 습관으로 삶을 바꾸고 목표를 성취하게 했던 것들은 스스로의 노력으로 일군 것들입니다.

이런 경험과 스킬 등을 글로 쓰고 결과물로 만들면 됩니다. 요즘 챗GPT등의 AI를 활용할 수 있지만 직접 경험하고 시행착오를 거듭해 성공한 생생한 현장감은 대체 불가능합니다. 그 부분을 잘 살리는 것이 AI로 대체할 수 없는 작가만의 전자책입니다.

글재주가 없다고 생각해 전자책을 창작하는 것이 부담되고 어렵다면, 자신이 디자인한 것들이나 도움이 될만한 자료를 모았던 PDF모음집이 훌륭한 상품이 됩니다. 크몽과 탈잉과 같은 사이트에 판매할 수 있어요. 발표용으로 쓸 수 있는 PPT 디자인, 그외 광고용을 쓸 수 있는 그림 디자인, 영상 템플릿을 상품화해서 판매할 수 있죠. 이 디자인들은 블로그, SNS, 유튜브를 통해 공유해 이웃과 구독자, 팬덤을 구축할 수 있어요. 개인 SNS를 성장시켜 고객을 모은 뒤 수익화를 실현할 수 있습니다.

지식과 지혜의 글은 양서에서 나오고 쌓이면 자연스럽게 말과 글로 표현됩니다. 생생한 경험이 더해져 차별화된 책이 되죠. 좋은 말과 글로 사람들을 접하면 삶이 변하고 기회가 생겨요.

전문성을 확보하고 싶다면 관련 분야의 도서를 최소 3권 이상 섭렵하여 지식의 기둥을 세우십시오. 좋은 글은 학습과 독서로 잘 나와요. 인터넷과 뉴스, 신문 등을 통해 서도 관련자료를 모아야 합니다.

비즈니스 글쓰기는 '수집과 실행'이 핵심입니다. 유용한 정보는 모아두고 아이디어는 바로 메모하세요. 다음에 해야지.라는 생각은 성장에 큰 걸림돌입니다.

비즈니스 글쓰기로 수익을 올려보세요. 우선 추천하는 것은 재능마켓사이트인 크몽과 탈잉같은 플랫폼에 PDF파일 형태의 전자책을

등록해 판매하는 것 입니다. 크몽은 20페이지 이상이면 전자책을 PDF 파일로 등록 할 수 있습니다. 탈잉은 심사가 조금 더 까다롭습니다. 둘다 올리면 판매량이 늘어나고 매출과 수익을 2배이상도 노려볼 수 있어요. 유페이퍼 플랫폼에 등록해 제휴 판매를 통한 대형서점 업로드도 시도하세요. 20페이지 이상으로 등록 가능한 크몽판매를 시도해보면 전자책 만드는 방법을 익힐 수 있어요. 문장에 갇히지 말고 템플릿, 디자인소스, 자료집도 수익형 전자책이 됩니다. 노하우, 재능, 노력과 통찰을 글로 쓰고 원고로 완성해보세요.

판매할 서비스의 주제를 정하고, 고객을 타게팅 해야합니다. 아직 시도하지 않은 초보 고객들에게 기본기를 잘 설명하고 동기부여와 실행력을 갖추게 한다면 좋은 전자책 작가가 될 수 있습니다.

무한 경쟁을 넘어 무한 협력으로: 비즈니스는 경쟁하지만, 콘텐츠는 연합할 수 있습니다. 서로를 완성시켜 줄 수 있는 것이 글쓰기입니다. 협업을 통해 더 큰 시너지 효과를 발휘 할 수 있어요. 책은 공동 저자로 한권의 책을 낼 수도 있죠. 유투브 영상 또한 비슷한 콘텐츠로 콜라보레이션(Collaboration)해 서로의 채널을 발전 시킬 수 있어요.

동종업계간의 협업이 쉽지 않는 장사, 판매의 비즈니스와 달리, 글쓰기와 콘텐츠 제작의 세계는 함께 성장하고 보완하는 상생의 생태계입니다. 특히 온라인 콘텐츠는 기획에서 뜻이 잘 맞으면 더 큰 네트워크로 확장해주며 서로가 윈윈하는 좋은 결과를 얻습니다.

타인에게 전하고 싶은 생각과 정보를 적어보세요. 책에서 읽었던 내용을 그대로 적으면 안 되고 나의 생각, 경험, 객관적 지식을 융합해 책을 완성해보세요.

이 세상의 책들도 여러 권의 좋은 책을 읽은 사람이 사색에 자신의 경험, 지식, 지혜들을 녹여 글로 재탄생시킨 것이 책이 되는 것입니다. 책은 한 사람의 지식과 지혜의 결정체이고, 저자의 생각과 경험, 삶의 노하우에서 불순물을 뺀 금과 같은 결과물인데, 초고와 퇴고를 거치면서 얻을 수 있어요.

1_5. 전자 책을 판매할 수 있는 플랫폼.

자신이 쓴 글과 전자책을 블로그와 SNS에 올려 판매해도 되지만, 고객들이 많이 방문해 인지도가 높고 간편 결제시스템이 있는 전자책 재능마켓 플랫폼이 좋습니다. 수수료가 발생하지만 지속적으로 판매하고 전문가로서 입지를 넓히기 위해 업로드하는 것을 추천합니다.

〈전자책을 판매할 수 있는 재능마켓 플랫폼〉

- 재능마켓 플랫폼 판매

대표적인 전자책 판매 플랫폼은 크몽, 탈잉, 클래스유, 애드픽 지식 마켓, 클래스유 등입니다. 그리고 크라우딩 펀딩을 할 수 있는 곳은 텀블벅과 와디즈 입니다.

전자책은 재능마켓 플랫폼이 판매에도 유리해요. 시간이 갈수록 하는 사람이 많고 진입장벽은 낮은 편에 속해 빨리시도 하는 것이 좋습니다. 그럼에도 전자책 판매는 블루오션 시장이라고 판단되어 트렌드를 읽고 먼저 학습해 빠르게 업로드 하면 어느시점이든 성공할 수 있습니다. 사람들은 지식을 원하고 알려주는 리더의 말을 듣습니다. 완벽하지 않아도 먼저 시작하는것이 좋습니다. 완성하고 나서 수정, 업데이트를 충분히 할 수 있기 때문이에요. 다듬고 콘텐츠를 완성해가하면서 보람을 느끼고 보상도 얻습니다. 자신의 성공노하우를 전하고 지속적인 수익을 얻는 것이 강한 동기부여가 됩니다.

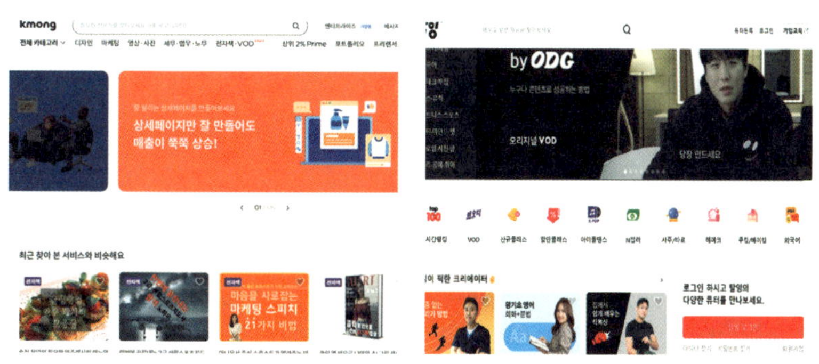

〈전자책 판매와 강의 사이트 크몽과 탈잉〉

크몽과 탈잉 플랫폼의 경우 승인을 받아야 전자책 PDF가 등록됩니다. 구매자가 결제를 하면 대부분 자동으로 전자책이 발송돼요. 한번 등록으로 시작되는 자동화 수익 구조입니다. 플랫폼 선택이 전략이고 이를 극대화하기 위해 플랫폼의 특성을 이해해야 합니다. 많은 콘텐츠와 고객이 있는 플랫폼은 크몽입니다. 아직 재능마켓 업계 1위라 할 수 있고 초기시장 진입과 빠른 판매전환에 유리해요. 탈잉은 스타 강사, 유투버, 저자들이 포진해 있고. 전자책을 넘어 유료강의가 많습니다. 크몽의 판매수수료는 22프로, 탈잉의 판매수수료는 20~30프로 입니다.

크몽과 탈잉은 전자책을 쓴 저자의 프로필과 경력등을 정확히 명시해야 하고 글에 대한 증거자료도 제시해야 합니다. 예를 들어 '6개월 만에 월 매출 5천만원 벌게 한 스마트스토어 비법'이라고 제목을 적었다면 실제 매출 또는 수익 내역을 증빙해야 합니다.

전자책의 퀄리티도 어느정도 있어야하는데, 규율에 어긋나면 반려됩니다. 반려 사유는 상세히 제공하므로 이를 바탕으로 수정하면 됩니다. 그 외 애드픽 지식마켓/클래스 유도 유료강의와 전자책도 판매가 있는 곳인데, 클래스 유는 영상강의 클래스형태가 많아 강사로 도전하기 좋은 곳입니다. 계속해서 신규 강사나 저자를 모으고 있어 영상강의로 진입하면 좋습니다.

크몽: A4 사이즈 용지 20페이지 이상, 글자 크기 12pt, 임의로 줄을 띄어 쓰기해서 분량을 늘리면 안됩니다. 심사 시 반려 대상이 될 수 있어요. 줄 간격은 1.5입니다. 상세페이지는 이미지로 올릴 수 있어 잘 만든 디자인으로 상세페이지를 만든다면 눈길을 끌 수 있습니다.

탈잉: A4 사이즈 용지 20페이지 이상, 글자크기 12pt, 상세페이지는

글로만 작성할 수 있어 설명글을 잘 적어야 하는 대신 상세페이지 이미지 디자인에 그만큼 신경 쓸 필요는 없습니다. 등록 심사와 과정은 크몽에 비해 까다롭고 시간이 걸립니다.

- 펀딩사이트 판매

텀블벅과 와디즈는 아이디어를 자산으로 바꾸는 크라우드 펀딩 사이트입니다. 선판매 후 제작을 할 수 있고 시장의 반응을 먼저 확인하고 팬덤과 자금을 모을 수 있어요. **텀블벅:** 개인 창작자와 소규모팀이 아이디어상품과 좋은 콘텐츠로 후원금과 제작비용을 모을 수 있어요. 약 8% 내외의 수수료가 입니다. 창의적인 프로젝트에 대한 열기가 있어 개인 저자가 후원금을 모으기에 적합한 플랫폼입니다. 예를들어 전자책을 통해 50만원의 후원금을 받고자 설정하면, 투자자들의 자금이 50만원이 달성되면 전자책을 전달하면 됩니다.

사전예약 판매가 가능하고 얼리버드 구매혜택으로 구매자를 모을 수 있습니다. 프로젝트를 개설한 콘텐츠의 관심도를 알 수 있어요. 텀블벅은 개인과 소규모 기업에서 진행하고, 와디즈는 규모가 큰 기업이나 팀에서 진행하는 경우가 많습니다. 기획과 상세페이지, 마케팅이 좋다면 높은 후원금을 얻을 수 있어요. 한정성 마케팅으로 프로젝트가 진행되는 기한만 판매되는 한정성 성격이 있습니다. 프로젝트를 기획하고 펀딩이 진행되는 동안 콘텐츠 완성에만 몰입하면 됩니다. 가능성을 지지하는 후원자들로 더 나은 품질의 창작을 시도하세요.

유페이퍼는 저자가 자체 출간을 할 수 있는 것이 장점입니다. 책의 심사가 많이 까다롭지는 않지만 고객이 잘 볼 수 있도록 만들어야 합니다. 작가의 의지와 스스로의 노력으로 책을 등록하고 출간할 수 있습니다. 그리고 최대 장점은 제휴된 대형서점(교보문고, 예스24, 알라딘등)에 전자책을 등록, 유통도 가능합니다.

PDF파일 그대로 올려도 되고 모바일기기와 PC의 화면 크기대로 유연하게 읽을 수 있는 EPUB 방식으로도 업로드가 가능합니다. EPUB 방식 하나의 장점이라면 목차를 보고 목차나 꼭지를 클릭하면 해당 페이지로 바로 이동할 수 있어요. 반면 PDF는 알PDF프로그램 다운 후 파일내 책갈피(북마크)기능 넣어서 업로드하세요. 책갈피기능을 통해 목차구성을 하면 업로드시 자동 추출되며, 구매자들이 도서 열람 시 목차이동 원활하게 진행가능합니다.

유페이퍼의 장점은 전자책을 교보문고, 예스24, 알라딘등 국내 대형서점에 제휴 연결할 수 있습니다. 이 또한 승인과정이 필요하지만 대략 1~2주일 심사 후 대형서점에도 등록됩니다. 대형서점에 등록이 되면 판매가 잘되고 수익형 전자책과 책을 원하는 독자가 많습니다. ISBN번호(국제표준도서번호)와 ECN번호(전자출판물 고유번호)를 유페이퍼 사이트내에서 저렴하고 간편하게 발급받을 수 있어요. 발급비용은 1~2천원입니다. 유페이퍼 안에서 전자책을 등록해야하는 과정을 거쳐야 합니다.

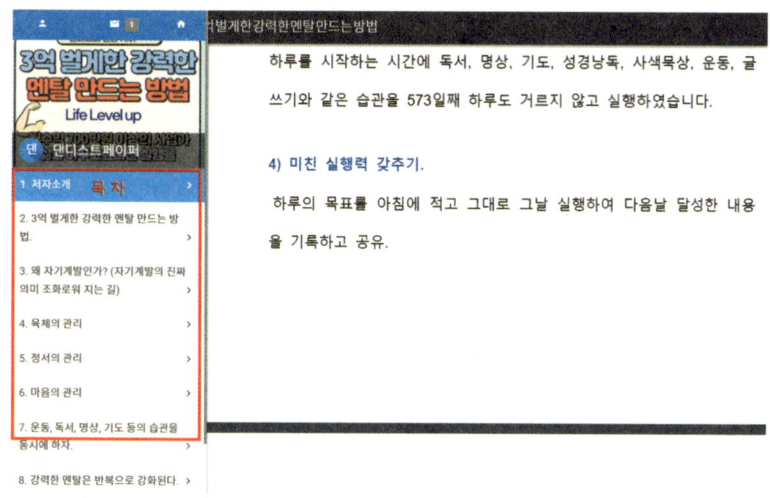

〈 EPUB 방식은 목차 클릭시 해당 페이지로 이동하고 모바일 기기에서 보기가 편합니다.〉

크몽과 텀블벅은 ISBN번호가 없어도 PDF를 등록해 판매가 가능합니다. 또 클래스 101과 스터디 파이라는 재능마켓 플랫폼도 있습니다. 온라인 유료강의를 클래스 형태로 판매하는 곳이고 전자책도 판매하지만 비중은 온라인강의가 많습니다. 브런치도 글쓰기 좋은 공간입니다. 브랜딩화되어 있는 플랫폼이며 다음카카오에서 홍보와 푸쉬 알람 해줍니다. 구독자가 많고 글이 좋으면 출간의뢰도 받을 수 있습니다.

네이버 프리미엄 콘텐츠는 유료 플랫폼입니다. 창작자가 블로그처럼 글을 쓰고 콘텐츠를 판매 할 수 있어요. 단건판매와 월간 구독료를 받으며 수익을 얻을 수 있습니다. 텍스트, 영상, 파일등을 판매할 수 있으니 영상강의와 전자책, 콘텐츠를 수익화하기 좋은 플랫폼입니다.

다루는 작가들도 많아졌습니다. 처음 브런치 작가로 승인 받기까지 검증이 필요해 브런치 작가가 되면 글에 대한 신뢰감을 줄 수 있습니다.

– 블로그를 통해 판매

개인 블로그를 운영하면서 전자책을 판매, 홍보할 수 있어요. 요즘은 유투브, 인스타그램등이 뜨고 블로그는 하락하는 느낌이지만 온라인 상에 자신의 글과 콘텐츠를 남겨 홍보하는 베이스캠프의 역할을 하기 좋은 곳입니다. 미니 홈페이지 같이 카테고리별로 자료와 글을 나누고 유행에 사라지지 않는 공간이기에 장기적 관점에서 글을 등록해놓으면 좋습니다. 전자책 홍보용으로 블로그를 이용해도 되고, 블로그 마켓등으로 책과 상품을 직접 판매하는 방법도 있습니다. 비밀 댓글등을 통해 전자책 PDF를 이 메일로 고객 에게 보내면 됩니다. 저도 홍보용으로 블로그 포스팅을 하고 하단에 전자책 판매페이지 링크를 남기니 판매되는 건 수가 많았습니다.

– SNS를 통해 판매

블로그에 시간이 많이 할애된다면 인스타그램과 유투브를 통해 홍보와 마케팅을 해도 좋습니다. 인스타그램 카드이미지에 텍스트를 넣어 가독성있게 만드는 방법으로, 전자책 내용의 좋은 부분과 글귀를 소개하고, 재밌는 짧은 영상의 릴스와 숏츠로 홍보하면 효과가 큽니다. 인스타그램과 SNS를 통해서도 전자책을 홍보하고 판매할 수 있습니다. 인스타그램 프로필상에 링크를 넣거나 다이렉트 메시지 답장을 통해 전자책 링크를 보낼 수 있어요.

*** 전자 책 형식의 종류.**

전자 책은 파일로된 PDF, 표준화 된 EPUB, MOBI 등의 형식으로 됩니다.

1) PDF파일은 워드프로세스, 한글, 파워포인트 등으로 작업을 마친 뒤 확장자를 PDF로 바꾸면 온라인에서 쉽게 읽을 수 있어요. 크몽 플랫폼에 PDF로 제작해 전자책 을 등록할 수 있어 쉽고 빠르게 제작 할 수 있는 형식입니다. 한글이 나 워드프로세서, 또 파워포인트로 전자 책을 만들어서 PDF로 변환하 는 이유는 재생산을 막기 위함입니다.

2) EPUB 형식은 시중에 나와있는 전자책 표준 방식입니다. PC와 태블릿, 모바일 기기의 환경에 잘 적용이 되고 호환성이 좋습니다. 읽는 독자의 기기에 맞게 글자와 이미지크기가 자동으로 맞춰지는 것이 큰 장점입니다. 다양한 모바일기기에 호환되고 목차를 누르면 해당 페이지로 바로 이동할 수 있는등 퀄리티 있는 전자책을 제작하기 위해서는 EPUB 형식으로 제작하는 법을 익히시길 바랍니다. 국대 대형 서점에서 판매되는 E- BOOK 형식이라 할 수 있습니다. 유페이퍼 플랫폼에서도 EPUB 형식 등록이 있습니다.

EPUB란?

EPUB는 국제 전자책 표준규격을 뜻합니다. 파일 확장자가가 EPUB 파일로 만들어지며, 흔히들 전자책을 읽을때 쓰이는 EPUB뷰어로 읽을 수 있게 됩니다.

3) MOBI 형식은 아마존 킨들 전자책 리더기에서 사용됩니다. 아마존은 전세계적으로 유명해서 아마존 킨들 전자책 리더기에서 잘 읽힐 수 있는 전자책을 제작한다면 MOBI형식을 염두해두세요.

4) IBOOKS 형식은 애플의 IOS기기에서 읽을 수 있습니다. 텍스트, 이미지, 동영상등을 지원해 풍부한 콘텐츠로 제작하는 장점이 있습니다.

전자책은 크게 PDF판매하는 방식과 EPUB 방식이 있는데, PDF파일은 크몽 및 탈잉 재능마켓 플랫폼에 등록하거나 개인 SNS에 판매하는 간편한 파일 형식이예요. 반면 EPUB 방식은 전자책 국제 표준 규격인데 모바일 기기에 호환성이 좋고 목차를 누르면 해당페이지로 바로 옮길 수 있는 등 대형서점에서 판매되는 E-BOOK형식이라 할 수 있습니다.

1_6. 전자책 판매에서 SNS홍보, 블로그, 종이 책 출간까지

전자책은 종이책 출간을 향한 가장 강력한 초석입니다. 전자책 판매 후에 종이책 출간까지 목표로 해보세요. 선발주자가 있어도 좋은주제와 시선을 끄는 내용으로 충분히 승산이 있습니다. 트렌드를 이끄는 힘은 먼저 배우는 학습에서 나와요. 양질의 독서와 학습은 차별화된 베스트셀러를 만드는 자양분 입니다. SNS콘텐츠 홍보, 블로그 기록, 전자책 발행, 종이책 출간까지의 과정을 시도하고 빌드업 해보세요.

* 전자책을 릴스, 숏츠, 숏폼 영상등으로 최대한 홍보하고, 블로그로 전문적인 정보성 글을 써 판매하는 방법을 추천합니다.

숏폼으로 시선을 훔치고, 블로그로 신뢰를 완성하고 전문성을 보여주세요. 짧고 강렬한 영상이 당신의 브랜드를 알리는 확성기가 됩니다. 숏폼영상(Short Form)을 사람들이 많이보고 트래픽이 많기에 숏츠/릴스로 콘텐츠로 빠르게 홍보하는 방법을 추천합니다. 모바일로 빨리 편집하고 유행하는 폼으로 자주 업로드 하는게 좋아요. 블로그에는 깊이 있는 정보성 글을 연재해 전문성을 증명하면 매출과 수익을 올리기 좋아요. 포스팅과 콘텐츠가 모여 전자책이 되고 더 많은 글이 모여 장편 종이책이 됩니다.

숏폼은 발견의 '공간'이고 블로그는 '설득'의 공간입니다. 시청자가 구매자로 바뀌는 곳이죠. 책의 내용을 SNS에 분량을 나눠 올리고 홍보해보세요. 트렌디한 홍보와 깊이있는 정보의 조화, 저의 전자책 판매, SNS숏폼 홍보, 블로그게재 방법은 다음과 같습니다.

1) 저는 쿠팡판매 노하우에 대한 전자책을 썼습니다.

2) 전자책의 내용들을 블로그로 나눠 포스팅해서 블로그를 통해 전
자책을 소개하고 판매링크를 넣어 매출을 올리는 방법을 택했습니다.

쿠팡 로켓그로스 입고 방법. 판매자 로켓 | 사업 비즈니스 꿀팁!

쿠팡 로켓그로스 판매 방법. 판매자로켓 입고 생성 정리 로켓그로스란? **쿠팡** 판매자가 쿠팡물류센터에 상품

쿠팡 판매노하우! 위탁판매에서 로켓판매 자동화까지! 당장 돈버는 **쿠팡**셀러되기. 전자책다운 | 사업 비즈
니스 꿀팁!

당장 돈버는 **쿠팡**판매 노하우! 위탁배송에서 로켓판매 자동화수익까지! 저는 **쿠팡**에서 7년째 판매하고…

쿠팡위탁판매, 로켓그로스, 아이템매칭, 숏 **쿠팡**광고 방법. | 사업 비즈니스 꿀팁!

쿠팡위탁판매, 로켓그로스, 아이템매칭, **쿠팡**라이브, **쿠팡**광고 방법. 1. 위탁판매로 **쿠팡**에서 판매를 시작할

고물가 시대. 스마트스토어 위탁판매, **쿠팡** 판매로 블루오션 부업! | 사업 비즈니스 꿀팁!

위탁판매, **쿠팡** 셀러가 좋습니다. 스마트스토어 위탁판매, **쿠팡** 셀러 블루오션 부업 불확실의 시대입니다…

블루오션 **쿠팡**셀러로 부업 성공. 부의 추월차선! | 사업 비즈니스 꿀팁!

블루오션 **쿠팡**셀러로 부업 성공. 부의 추월차선… 현실적인 부업과 사업중에 가장 괜찮은 것은 **쿠팡** 판매자

전자책 **쿠팡**에서 두번째 주문이 들어왔네요 ^^ PDF판매 | 댄디스트 전자책소개

전자책을 쓰고 **쿠팡**에도 등록했었습니다. 등록하고 약 1주일만에 2권이 팔렸습니다. 첫번째는 **쿠팡**판매로

전자책 스마트스토어에서도 판매. **쿠팡**에서 1억 수익 노하우. | 전자책쓰기

쿠팡에서 1억 수익 노하우. 전자책은 스마트… 벌게한 **쿠팡** 판매 노하우 입니다. 여기서 순수익 1억은 내가.

3) 숏폼영상으로 쿠팡판매와 사업 노하우를 인스타그램등에 홍보해 최대한 사람들에게 노출시키며 블로그, 전자책 판매 사이트로 유입시켰어요.

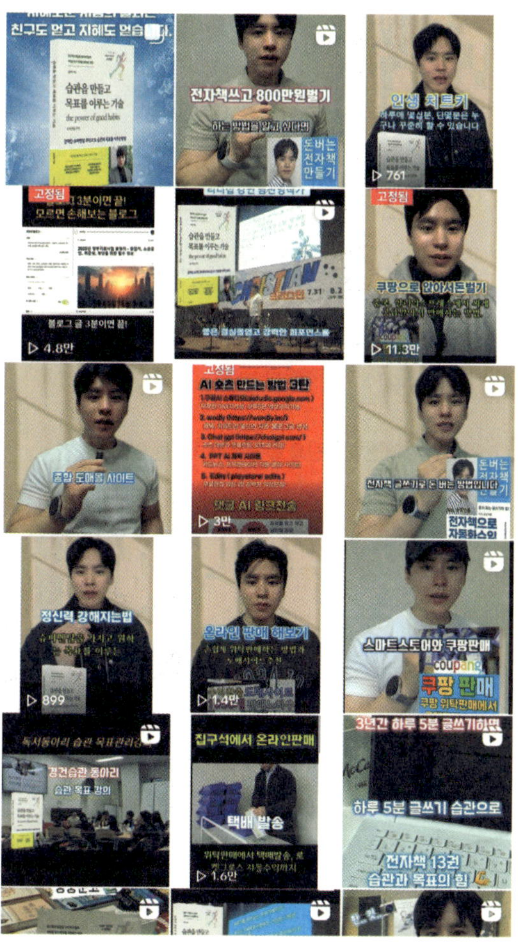

4) 책을 쓰고 싶다는 열정과 글쓰기 습관으로 종이책을 출간했습니다.

종이책은 분량이 방대해 긴호흡으로 꾸준히 써야하는데, 제목(가칭)과 주제를 먼저 세우고 목차를 채워간다 생각하세요. 달성할 수 있는 정도의 양을 설정, 배분해 글을 써보세요. 열정을 바탕으로 글쓰기 습관을 가지는 게 중요하며, 목차를 하나씩 완성하면서 한 권의 책을 완성하는 것이 효율적입니다.

강력한 작은 집필전략 책쓰기를 배우는 전자책

전자책으로 완성하는 미니멀 집필전략. 적은분량의 책은 기획에서 목차구성, 문단설계, 문장작성까지 작업을 한눈에 파악 가능합니다. 최소 20페이지 분량을 한 권으로 완성하고 등록해보세요. 판매 도중 업데이트를 통해 내용과 분량은 충분히 늘려갈 수 있습니다.

200페이지의 압도감 대신, 20페이지의 완결을 먼저 체험하세요. A4용지 20페이지 분량부터 완결해 시장에 선보이세요. 종이책은 책의 사이즈, 제본에 따라 다르겠지만 대략 A4용지 200페이지면 신국판 종이책으로 240쪽 가량 인쇄가 됩니다. 방대한 양을 쓰려면 분량에 압도되어 실행력이 작아집니다. 직접 집필해보니 수백페이지를 지식, 생각, 경험으로 채우고 수정하는것이 쉽지 않음을 느꼈습니다.

압축적 글쓰기는 본질적 내용만 남기는 일입니다. 본질적인 메시지를 남기고 비문을 없애며, 쓸데 없는 음절을 줄이는 글쓰기 연습이 됩니다. 카드뉴스는 한장의 이미지의 글로 불필요한 것을 줄이고 중요한 문장만 남기는 연습을 할 수 있어요. 간결하고 강렬한 임팩트를 줘서 있는 읽는 사람에게도 가독성이 좋아요.

간결하게 자주 쓰는 습관과 그 글들을 흐름에 맞게 붙여 긴 글을 만드는 것이 효과적입니다.

또 3줄 글쓰기도 글쓰기의 어려움을 쉽게 돌파하는 방법입니다. 사실, 논리, 적용을 3줄로 요약하고 해결책을 제시할때도 좋습니다.

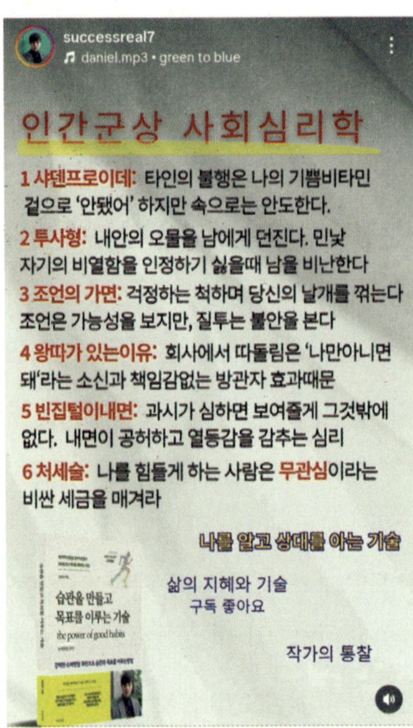

〈카드뉴스 이미지로 글을 쓰면 가독성이 좋은 콘텐츠를 만들 수 있어요.〉

*** 쿠팡판매로 자동수익 얻는 방법. (사업 편)**

1. 위탁판매부터 시작해본다. 아이템을 찾고 쿠팡에 등록한다.

2. 판매가 지속되는 아이템은 대량으로 사입해 마진율을 높인다.

3. 로켓그로스에 입점해 자동판매로 수익을 올리도록 한다.

*** 운동 효과 100배 보는 아침운동 (자기계발 편)**

1. 햇빛을 보며 운동하면 종일 기분이 좋아집니다. (세르토닌)

2. 밤에 숙면을 하고 피로와 스트레스가 해소됩니다. (멜라토닌 생성)

3.체력, 정신력이 강해지고 자신감과 몸값을 높입니다. (회복탄력성)

지식 시장에서 압도적인 존재감을 각인 시키세요. 카피라이팅에도 자신감을 갖게합니다. 보는 순간 감정·호기심·행동 중 하나를 자극한다면 기억에 오래남길 수 있습니다. 더 눈에 띄려면 중요한 메시지를 은유, 비유를 들어 상징적으로 표현해야 합니다. 메시지가 명확해서 글쓰기가 쉬워집니다. 짧고 임팩트 있는 글은 SNS와 인터넷상에서 좋아요와 클릭을 얻습니다. 사람들이 찾게 되는 글이 됩니다. 불필요한 것을 없애는 기술로 여운이 남고 인사이트를 주는 글을 써보세요. 카피라이팅기법으로 핵심 메시지와 제목을 만들어 보세요. 주제를 뒷받침하는 설명은 정보, 지식, 경험한것으로 살붙이기를 하세요.

내면의 열망을 행동으로 전환하는 열정이 결과물을 만듭니다. 소책자는 작가의 꿈을 실현하는 시작의 통로이기도 해요. 분량이 적은 전자책을 인스타그램등의 SNS로 홍보하고, 정보성글을 주기적으로 블로그에 발행해보세요. 저는 3줄요약 형태의 글쓰기와 말하기로 전달의 효율을 높여봤습니다. 또 책을 쓰고 싶은 열망과 열정은 항상 컸습니다. 자기 분야에 목표를 이루고 성취한 사람들은 열정이 무엇보다 중요합니다. 마음먹기에 따라 일을 해내는 양도 달라지고, 창의적인 것은 마음과 생각에서 나오기 때문이에요. 열정이라는 힘을 가지고 있을 때 추진력을 갖고 일해야 합니다. 또 창의성은 유연한 습관에서 비롯되며 탁월한 결과는 몰입하는 태도에 따라 결정됩니다

열정과 꾸준함이 있다면 실력은 생기고 탁월해져요. 불확실성과 두려움에도 글쓰기라는 옳은 일을 행하는 용기를 가지세요.

장편 책 한 권을 집필하는 것도 좋지만 소책자를 기획해 채워나가는 과정은 '콘텐츠 경영 감각'을 익히게 합니다.

소 책자를 완성해보며 종이책도 저술해보세요. A4 용지 20페이지에서 시작해 차츰 분량을 늘려 180페이지 이상이면 종이책 단행본 분량이 됩니다.

종이책 분량의 원고가 준비되면 국내 출판사에게 출간계획서와 원고를 보내는 투고작업을 통해 출판기회를 노릴 수 있습니다. **종이책 출간은 출판사의 검토을 받아야해서 초보작가에겐 문턱이 높을 수 있습니다. 따라서** 전자책부터 판매하면서 집필능력과 인지도를 늘려가는 것이 좋은 방법이예요. 그리고 인스타그램, 블로그, 유투브등을 활용한 퍼스널 브랜딩을 해야 유리합니다.

요즘 출판사들은 인플루언서들에게 출간 문의를 먼저 제의하는 경우 가 많습니다. 이미 많은 팔로워, 팬층이 있어 그들의 영향력으로 책의 판매와 수익을 기대할 수 있기 때문입니다.

전자책은 재능마켓 플랫폼 크몽과 탈잉, 클래스 101은 물론, 유페이퍼, 스마트스토어, 쿠팡등 판매접점을 넓힐 수 있어요. 블로그, SNS로 판매하면 수수료를 절감하고 고객과 신뢰를 다집니다.

아임웹, 워드프레스, 클릭엔 등을 활용하고 개인 홈페이지를 통해 결제와 동시에 자동 발송되는 시스템을 구축해보세요. 정기 구독 서비스를 도입해 소책자를 주기적으로 발행한다면 독자를 더 모으고 강력한 브랜드를 만들 수 있습니다. 나아가 전자책 핵심내용을 온라인강의로 만들어 확장해 보십시오.

영상강의인 시각적 콘텐츠는 상품의 단가를 높이고 오프라인 강의 클래스도 개설할 수 있습니다. 영상 강의 플랫폼인 클래스 101, 클래스유도 좋습니다. 유익한 강의로 학교, 기업체, 공공기업,관공서, 커뮤니트등에 출강으로 지식을 전하세요.

압도적 효율의 비즈니스 □전자책쓰기.

1) **저비용, 고효율의 작업:** 전자책은 노력, 시간, 비용이 적습니다. 분량이 적고 빠른 실행으로 인터넷에 판매해 비용이 발생하지 않아요.

2) **독자가 원하는 것은 '구체적인 해답' 입니다.** 긴 서론과 화려한 글솜씨, 추상적인 내용보다 핵심 전달로 집필속도가 빨라요.

3) **순 수익이 높습니다.** (종이 책은 계약에 따라 13%내외의 인세 수익이지만, 전자 책은 플랫폼에 따라 40~90%이상의 순수익이 통장에 들어옵니다.)

4) **수정 및 업데이트가 쉽습니다.** 종이 책은 한번 인쇄가되면 고칠 수 없지만, 전자책은 트렌드에 따라 보완/수정이 가능합니다.

5) **시간 단축.** 종이 책은 원고 완성 후 투고와 출판사 계약, 컨펌을 통해 시간이 걸립니다. 빠른 전자책 업로드로 인지도와 실력을 쌓아 종이책 출간도 꼭 성공하세요.

6) **전자책 시장은 더 커지고 있어요.** 사람들은 빠른 정보와 지식을 원합니다. 전문가의 생생한 노하우를 알고 싶어합니다. 소비자의 욕구(needs)를 채우는 판매를 해야해요. 모바일 기기의 접속시간이 늘어

온라인에 노출 시켜 판매 하는 무한한 시장입니다.

7) 고객의 문제가 빠르게 해결되고 삶이 변화됩니다. 종이책의 우수성이 크지만 때로 너무 이상적인 내용으로 탁상공론이 될때가 있어요. 전자책은 실행 방안을 제시하고 결과에 집중합니다.

8) 즉시 읽을 수 있습니다. 파일로 되어있어 스마트 폰, 태블릿, PC 환경에서 즉시 볼 수 있으며 구매 후 바로읽거나 다운로드해서 택배 배송등의 일이 없는 디지털 콘텐츠입니다.

9) 고수익이 가능합니다. 재고부담이 없고 종이 책에 비해 분량은 더 적지만 언제든 가격 조정으로 비싸게 판매 할 수 있어요.

10) 공신력 확보와 저작권 보호. 국제표준도서 번호인 ISBN, 전자출판물 고유번호(ECN)등록으로 정식 도서번호를 부여 받을 수 있으며 지적재산권 또한 지킬 수 있습니다.

11) 연결하고 확장하는 콘텐츠: 인터넷의 다양한 서점은 다음과 같습니다. 블로그, 유페이퍼, 개인 홈페이지, SNS, 재능마켓, 스마트스토어, 쿠팡, 오픈마켓, 유투브, 펀딩사이트등이 판매채널이 됩니다.

종이책은 높은 희소성과 가치를 지닙니다. 출판사의 엄격한 선별과 검증의 긴과정을 거치고 출판하기 때문이죠. 출판사의 도움 없이 종이 책 출간을 하기는 사실상 어려워 진입장벽이 높습니다. 전자책은 시장진출이 빠르고 핵심역량에 집중에 쉽게 작업을 마칠 수 있어요. 전자책 또한 끈기와 습관이 필요합니다. 중도에 포기하는 수많은 사람 사이에서 한권의 전자책을 완성하는 것만으로도 여러분은 탁월한 성취를 이룬 것입니다.

훌륭한 아이디어를 구상하는 사람은 많지만, 행동으로 옮기고 실체적인 결과물로 증명하는 사람은 적습니다. **완성하는 상위 1%작가로 도약해보세요.** 글쓰기는 누구나 시작하지만 완결하며 마침표를 찍는 사람은 적습니다. 단계별로 쌓아올린 소중한 경험은 결국 당신을 장편 종이책 출간이라는 성공적인 결승점에 닿게 할것입니다. 당신만의 고유한 경험, 삶의 지혜를 소책자로 응축해보세요. 방대한 분량이 부담되면 SNS콘텐츠 제작으로 실행의 문턱을 낮추세요. 전자책과 콘텐츠는 아직도 확장가능성이 많은 블루오션 시장입니다.

전자책으로 글쓰기 자신감을 가지고 종이책 출간이라는 원대한 목표를 이뤄보세요. 창작자와 작가로서 전문성을 공고히 하는 좋은 목표를 가지세요. 글을 쓰고 콘텐츠를 만드는 사람은, 종이책 출간을 목표로 세웁니다. 먼저 전자책과 콘텐츠로 실전 역량을 쌓고 저변을 넓혀가시길 바랍니다.

책과 지식창업은 중요한 일만 하면서 영향력을 확대하고 많이 성취하는 일입니다.

2. 글쓰기로 돈 버는 방법

2_1. 수익과 연결시키는 글쓰기

"글쓰기는 초효율 비즈니스입니다. 노력에 비례해 수익을 얻고 실력, 브랜딩으로 기하급수적인 성장을 합니다."

경제적 불확실성이 많아질 수 록, 당신의 노하우와 서사는 강력한 자산이 됩니다. 고물가와 경기침체 등으로 온라인 비즈니스를 활용한 수익 창출은 돌파구가 됩니다. 안 좋은 상황이 또 닥칠지 모르는 상황 속에 온라인 사업과 부업에 관심이 많아졌습니다.

스마트스토어, 쿠팡 판매, SNS, 릴스와 숏츠 등의 숏폼, 블로그, 주식과 부동산, 코인투자가 부업의 대표적인 예입니다. 콘텐츠와 텍스트로 가치창출과 홍보, 수익으로 연결하는 과정은 불확실성의 파도를 넘어서는 지적이고 확실한 전략이 될것입니다.

무결점 사업과 창업 전자책 판매 (Zero cost, No risk Start)

1) 블로그보다 압도적인 '수익가속도' (저는 첫 전차책이 크몽 사이트에 등록하자마자 판매가 되었습니다.) 수익형 블로그는 세팅해야 하고 꾸준히 포스팅을 해야합니다. 애드센스광고 승인도 검증시간이 있습니다.

2) **무결점 창업의 매력.** 오프라인 창업은 창업 비용이 부담 됩니다. 부동산과 주식도 투자금이 발생하지만 전자책 쓰기는 **당신의 '경험'과 '가치'**를 표현한 글이 필요합니다.

3) **임대료없는 디지털 지식창고.** 무형의 파일이라 창고나 임대료도 필요 없고 기타 큰 비용이 발생하지 않아요

4) **노력과 비례한 수익창출.** 실력에 따라 고수익을 얻습니다.

5) **초효율 비즈니스 글쓰기.** 산업은 변하기에 지식사업은 늘 수요가 있습니다. 투자가 열풍 일때 조심해야해요. 거품과 같은 탐욕이 많은 넓은 길입니다. 삶은 변하고 고민은 끊임없기에 노하우는 수요가 있어서 공급하기만 하면 됩니다.

현재 전자책 시장은 넓은 풀장에 물고기는 가득하지만, 이를 낚는 숙련된 선수가 적습니다. 삶의 문제해결, 노하우, 지식, 원하는 걸 채우고 싶은 갈망, 각 분야의 해답을 알고 싶어하는 고객은 많습니다. 산업은 변하고 삶의 문제는 자꾸 생기기 때문이죠. 지금 시작해도 늦지 않는 기회의 시장입니다. 글과 콘텐츠는 오래 남는 아름다운 유산이 됩니다. 변함 없는 마케팅 수단이며 학습과 경험한 노하우는 지식의 힘이고 돈입니다.

6) **'배달 자동화'** 판매가 되면 자동 발송 또는 이메일로 파일을 보내주기만 해서 간편합니다. 쉬고있을 때, 다른일을 확장할때도 돈이 들어옵니다.

7) **'콘텐츠의 원천소스 '**전자책 일부 내용을 블로그에 나눠 포스팅하고, SNS 콘텐츠로 무한 변형으로 홍보하고 신규수익을 창출해요.

8) **'성공 치트키'** 종이책 출간, 인플루언서활동, 강의 강연으로 확장

가능성이 큽니다. 책은 자신의 가치를 알리는 브랜딩이 되고 기회를 끌어당기는 열쇠가 됩니다.

수익이 나는 전자책은 '독자의 유익'에 기반합니다. 읽는 사람에게 이익이 되는 글을 써야 해요. 당장의 문제를 해결주는 글, 삶의 질을 개선하고, 인간관계나 연인관계의 발전을 돕는 등 실질적인 변화를 약 속하는 콘텐츠가 빠른 수익으로 연결됩니다.

고객은 책과 서비스를 이용하고 좋아질 삶의 모습을 기대하며 돈을 지불합니다. 따라서 고객이 얻는 가치를 묘사하고 설명해야 합니다.

클릭을 유도하는 매력적인 타이틀과 구매욕구를 자극하는 목차와 내용구성이 필수적입니다. 국내 최대 전자책 플랫폼인 크몽에는 다양한 솔루션의 콘텐츠를 등록하고, 해답을 찾으려는 고객들로 붐비는 곳입니다. 간단한 규율과 양식을 맞춰야 합니다만 까다롭지 않아요. 크몽의 양식대로 등록하면 승인 받는데 큰 어려움은 없습니다.

자신의 역량을 키워나가는 과정 자체를 성장의 기쁨으로 여겨보세요. **배움과 실천, 경험의 기록이 누군가에 필요한 지혜와 해답이됩니다.**

- 애드센스 블로그운영으로 고환율 달러 벌었던 방법 .
- 광고없이 인스타그램 팔로우 수 0명에서 5,000명 늘렸던 방법.
- 기획이 달라지는 실무에 쓰기 좋은 PPT 디자인 모음.
- 바이럴 되는 AI숏폼 영상 스마트폰으로 만드는 방법
- 이어진 연인을 다시잇는 재회 골든타임 로드맵.
- 수익나는 아이템만 파는 무인자판기 무인점포 노하우.

위와 같이 처음에 재능이 많지 않아도 먼저 시도해서 성장했고

작게라도 성공했던 경험들을 글로 쓰고 책을 만들면서 역량을 키워보세요. 가장 좋은 공부는 누군가를 가르치는 것인데, 책이 재능을 발전시키는 도구가 될 수 있습니다. 시련을 딛고 진실하게 도전해 목표를 달성한 이야기는 그 자체로 감동되는 AI시대 필요한 진정성입니다.

이스라엘의 후츠파라는 정신처럼 격식에 얽매이지 않고 토론하며 지식을 나누는 과정은 개인의 발전을 넘어 타인의 성장까지 견인합니다. 복잡한 지식을 타인이 이해하기 쉬운 말과 글로 풀어내는 일은 저자 자신에게 가장 큰 유익으로 돌아옵니다.

유대인의 탁월함은 읽고, 쓰고, 나누는 습관에서 증명됩니다. 전 세계 노벨상 수상자의 60퍼센트이상을 배출하고, 뉴욕 중고교 교사의 40%가 유대인들입니다. 나스닥에 상장 기업수에서 미국 다음가는 저력을 보여주는 이스라엘의 힘은 독서와 기록, 그리고 토론이 밑바탕입니다. 지식을 **뻗치고 가르치는** 행위는 개인과 사회 국가를 발전하게 하는 동력입니다.

저는 약 10여년 전부터 독서를 통해 삶의 궤적을 바꿔왔습니다. 책 속의 글의 감동은 마음의 힘이 되었고, 실행력을 갖춰 결국 나만의 책을 쓰고 싶다는 열망으로 이어졌습니다. 독서를 통해 생긴 지혜와 직접 경험한 고충과 사색등을 녹여 새롭게 성숙시킨 나만의 책 을 쓰고 싶었어요. 하지만 종이책 출간의 벽은 높게만 느껴졌습니다.

그때 발견한 돌파구가 전자책 이었어요. 나의 사업이야기, 노하우를 정리하며 적었습니다. 그 결과 첫 번째 전자책인 '쿠팡노하우 위탁판매에서 로켓그로스까지' 를 약 3~4주일 만에 쓰게 되었습니다.

이 전자책은 만들고 크몽 사이트에 등록하자마자 판매가 되는 신기하고 좋은 경험을 하게 되었습니다. 이를 기점으로 자기계발서인 목표관리방법, 멘탈 관리, 온라인 사업과 부업 자료모음집, 도매사이트 리스트와 판매 노하우, 수익화 블로그 및 애드센스 승인 방법, AI숏츠활용가이드, 유투브 마케팅등 총 13권을 차례대로 썼습니다.

처음 책도 새벽기도 후 아침 패스트푸드점의 커피와 함께 열정만 가지고쓴 것이 즐거운 기억으로 남아 있어요. 이후 여러권을 등록해 판매가 되며 수익화가 되었습니다. '다른 업무에 몰입할때도, 휴식을 취할때도 가치를 창출하는 시스템'이 되었습니다.

글쓰기는 눈에 보이지 않는 열매와도 같습니다. 고구마,당근, 감자와 같은 뿌리작물은 흙안에서 자랍니다. 땅속에서 영글어지는 열매와 같이 글쓰기는 내면의 힘이 됩니다. 단단한 땅과 흙속을 뚫고 자라는 열매처럼 글은 모두에게 영양분이 됩니다.

글쓰기를 내면의 습관을 넘어 사람들에게 유익을 주는 무기로 확장시키세요. 전자책 완성을 기점으로 영상, 강의, 종이책 출간에 이르기까지 영역을 확장하고 수익을 다각화 시키세요.

kmong

완료	수익금 **23,162원**	#3981161 | 주문 접수일 : 23.06.26 00:44 | 실 거래 금액 : 29,000원
완료	수익금 **23,162원**	#3975665 | 주문 접수일 : 23.06.23 13:10 | 실 거래 금액 : 29,000원
완료	수익금 **23,162원**	#3967298 | 주문 접수일 : 23.06.21 09:46 | 실 거래 금액 : 29,000원
완료	수익금 **23,162원**	#3965573 | 주문 접수일 : 23.06.20 16:58 | 실 거래 금액 : 29,000원
완료	수익금 **23,162원**	#3962133 | 주문 접수일 : 23.06.19 19:29 | 실 거래 금액 : 29,000원
완료	수익금 **23,162원**	#3944427 | 주문 접수일 : 23.06.13 23:12 | 실 거래 금액 : 29,000원
완료	수익금 **9,584원**	#3944035 | 주문 접수일 : 23.06.13 20:55 | 실 거래 금액 : 12,000원
완료	수익금 **23,162원**	#3941430 | 주문 접수일 : 23.06.13 11:22 | 실 거래 금액 : 29,000원
완료	수익금 **20,766원**	#3939942 | 주문 접수일 : 23.06.12 19:50 | 실 거래 금액 : 26,000원
완료	수익금 **23,162원**	#3934993 | 주문 접수일 : 23.06.10 23:32 | 실 거래 금액 : 29,000원
완료	수익금 **25,558원**	#3933275 | 주문 접수일 : 23.06.09 23:13 | 실 거래 금액 : 32,000원
완료	수익금 **23,162원**	#3924493 | 주문 접수일 : 23.06.07 16:35 | 실 거래 금액 : 29,000원
완료	수익금 **23,162원**	#3915989 | 주문 접수일 : 23.06.04 20:06 | 실 거래 금액 : 29,000원
완료	수익금 **23,162원**	#3914245 | 주문 접수일 : 23.06.03 17:00 | 실 거래 금액 : 29,000원

kmong

완료	수익금 **23,162원**	#3924493 | 주문 접수일 : 23.06.07 16:35 | 실 거래 금액 : 29,000원
완료	수익금 **23,162원**	#3915989 | 주문 접수일 : 23.06.04 20:06 | 실 거래 금액 : 29,000원
완료	수익금 **23,162원**	#3914245 | 주문 접수일 : 23.06.03 17:00 | 실 거래 금액 : 29,000원
완료	수익금 **23,162원**	#3901771 | 주문 접수일 : 23.05.30 23:33 | 실 거래 금액 : 29,000원
완료	수익금 **23,162원**	#3900285 | 주문 접수일 : 23.05.30 16:26 | 실 거래 금액 : 29,000원
완료	수익금 **23,162원**	#3896127 | 주문 접수일 : 23.05.29 10:30 | 실 거래 금액 : 29,000원
완료	수익금 **23,162원**	#3883031 | 주문 접수일 : 23.05.24 11:33 | 실 거래 금액 : 29,000원
완료	수익금 **23,162원**	#3882337 | 주문 접수일 : 23.05.24 06:20 | 실 거래 금액 : 29,000원
취소	수익금 **20,766원**	#3882325 | 주문 접수일 : 23.05.24 05:48 | 실 거래 금액 : 26,000원
완료	수익금 **23,162원**	#3859836 | 주문 접수일 : 23.05.16 19:07 | 실 거래 금액 : 29,000원
완료	수익금 **23,162원**	#3859491 | 주문 접수일 : 23.05.16 17:42 | 실 거래 금액 : 29,000원
완료	수익금 **23,162원**	#3850349 | 주문 접수일 : 23.05.13 15:59 | 실 거래 금액 : 29,000원
완료	수익금 **23,162원**	#3837829 | 주문 접수일 : 23.05.09 19:41 | 실 거래 금액 : 29,000원
완료	수익금 **12,779원**	#3831687 | 주문 접수일 : 23.05.08 13:07 | 실 거래 금액 : 16,000원

〈꾸준한 수익을 얻게 해준 전자 책〉

전자책은 재능마켓 플랫폼뿐 아니라 스마트스토어와 쿠팡에도 등록해 판매가 되었습니다. 전자책 플랫폼인 유페이퍼를 통해 대형서점 등에 유통되어 수익을 얻었습니다.

유페이퍼의 제휴사인 대형서점에도 유통이 되었는데요, 판매추이를 보면 대형서점에도 수익형 전자책과 종이책이 인기있다는걸 체감했습니다.

판매채널을 다양화 하는게 좋습니다. 많은 고객들을 만날 수 있고 머니파이프 라인을 늘릴 수 있어요. 한 채널에서 판매량이 많다면 광고와 홍보등으로 채널을 계속 더 살리세요.

글 쓰기는 습관의 문턱을 낮추고, 아이디어를 영향력있는 언어로 표현하는 감각을 가져야 합니다.

처음 제가 크몽사이트에서 판매 했던 30페이지 분량의 전자책은 판매가가 1만2천원이었습니다. 판매가 거듭되고 긍정적인 평점과 리뷰가 달리면서 가격을 2배이상 조정했습니다. 물론 그만큼 보충할 내용을 업데이트하고 불필요한 부분은 없애 분량을 늘리고 퀄리티도 높이는 작업을 이어갔습니다. 시장과 소통하며 콘텐츠를 진화시키는 과정이 수익과 성장을 동시에 이루는 일임을 느끼게 되었습니다.

첫 번째 전자책의 등록 후 기존 주제와 시너지를 낼 수 있는 두번 째 책을 기획했습니다. 쿠팡판매 노하우를 다룬 첫 권에 이어, 온라인 사업에 도움이 되는 그 동안 거래하고 찾은 도매사이트 소개와 판매하는 방법들을 담아낸 전자책이었줍니다. 두 권의 전자책이 연관된 내용이라 첫 번째 책을 구매한 고객이 두 번째 책도 이어서 구매하는 '크로스 셀링 효과'도 있었습니다.

긴밀히 연결되는 콘텐츠 라인업은 사업의 연속성을 갖게 해주며 핵심가치인 분야를 확장할 수 있습니다.

저는 당시 사람들이 관심을 가지던 온라인 사업과 부업의 테마로 썼지만 자기계발에 관련된 글과 전자책, 종이책도 써서 사업과 자기 계발의 주제들을 다루고 있습니다.

사람들은 자신의 삶의 질이 좋아지기를 바랍니다. 지금도 유익하고 영감을 주는 글과 콘텐츠를 열망하고 있어요.

스스로를 성장시키고 타인에게 기여한다는 명확한 비전을 품으십시오. 좋은 책과 글은 지식과 지혜로 비전의 길이 되어줍니다. 좋은 책이라는 비옥한 토양위에 깊은 사색을 거칠 때 통찰력도 피어납니다.

거장들의 명작 또한 수백 번의 실패와 실행 끝에 탄생한 극소수의 결과물임을 기억한다면, 포기하지 않고 나아갈 용기를 얻을 것입니다. 글쓰기가 막막할 때는 다독과 사색을 병행하며 지속적으로 문장을 개선해 나가세요. 공감을 부르는 한 줄의 글이 단락이 되고, 단락이 모여 목차를 이루며, 그 목차가 쌓여 한 권의 책으로 완성됩니다

일상의 메모는 아이디어의 씨앗이 됩니다. 릴스/숏츠로 앨매맺고, 블로그의 기록은 당신의 전문성을 증명하는 콘텐츠가 됩니다. 카드뉴스로 정보를 주고 공감을 얻는 글을 적는것도 영향력을 확대하는 일입니다. 바람은 눈에 보이지 않지만 닿는곳에 변화가 있습니다. **사람들의 마음과 생각에 닿을 수 있게 글을 흘려보내세요.** 좋은 글이 닿는곳에 좋은 변화가 있습니다.

2_2. 수익화 글쓰기의 주제. – 결핍과 욕망을 공략하라.

욕망 - 자신의 부족함을 느껴 그것을 바라는 마음이나 갈망.

다양한 주제와 카테고리의 전자책이 많이 만들어집니다. 코로나 이후 경제적 자유, 부업, 사업, 디지털 노마드(digital nomad: 자유롭게 일하는 것)에 관심이 많아졌습니다.

스테디 셀러로 자리잡은 주제는 수익창출, 재테크, 취업 및 이직, 실무스킬, 인간관계 연애등 독자의 경제적 수준과 직결된 것들입니다. 연애, 인간관계등의 얘기들입니다. 이를 더 세분화 한다면 수익형 블로그, 애드센스 광고 수익방법, 스마트 스토어 방법, 쿠팡 파트너스, 유투브와 숏츠로 돈 버는 방법, AI 활용법, 주식 투자, 코인투자, 부동산 경매, 교육, 디자인 등이 있습니다. 사람들의 주된 큰 관심사 3가지는 돈, 건강, 인간관계입니다.

독자가 지갑을 여는 지점은 명확합니다. '최소한의 자원으로 거두는 큰 성과'의 내용들이 인기를 끕니다. 사람들은 즉각적인 변화를 갈망하면서도 시작하기 전에 방대한 계획은 부담을 느낍니다. 따라서 **전자책은 효율적인 해결책을 제시법과, 당면한 문제를 즉시 해소해 줄 수 있는 '실전 치트키'가 되어야 합니다.** 적게 일하고 큰 성과를 얻는건 단지 요행을 바라기보다 가치있는 일의 전환을 의미해요. 사람의 결핍 을 이해하고 시장의 욕망을 명확히 할때 주제를 선명히 뽑을 수 있습니다.

제목을 보면 3개월만에 팔로워 5천명 모으기, 퇴근 후 10분운동으로 2개월만에 5kg 감량하기, 6개월에 3천만원 매출시킨 스마트스토어 판매 비법, 얼굴안나오는 유투브 숏츠와 인스타 릴스 수익화 비법, 공기업과 대기업 100군데이상 지원자의 자기소개서 샘플 그리고 면접 노하우, 고객의 심리를 파악하는 고수의 심리기법, 재회상담과 연애상담 도움, 블루오션 업종으로 창업해 대박냈던 방법 등 먼저 시도하면서 성장한 노하우와 실행한 경험들이 판매가 잘 되는 것을 알 수 있습니다.

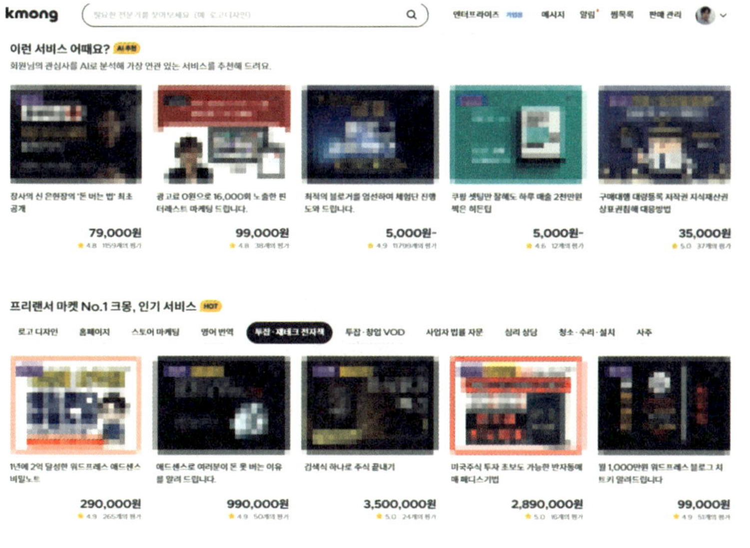

〈크몽 메인 화면에 잘 판매 되는 전자책 소개 https://kmong.com/ 〉

  크몽 사이트 기준으로 투잡, 재테크 전자책이 가장 많은 비율을 차지하고 취업, 이직 전자책, 직무스킬 전자책, 재테크 컨설팅, 교육, 창업 자료, 그리고 자료모음집순으로 많은 비율을 차지하고 있어요. 단순 자료 모음집의 경우도 충분히 전자책으로 만들 수 있고 가치가 있으니 참고해서 전자책을 만들면 좋습니다. 자료 모음집은 PPT 자료모음, 디자인 템플릿 모음집, 폐쇄몰 리스트, 투잡, 재테크 전자책 영역이 50퍼센트가 넘는 비율로 많아요. 경쟁이 있지만 사람들이 원하는 분야입니다. 돈은 많은 사람들의 큰 관심사이고 가지고 싶은 욕망의 대상입니다. 욕망은 힘이 세기에 제목을 끌리게 만든다면 사람들은 관심을 가지고 볼 것입니다.

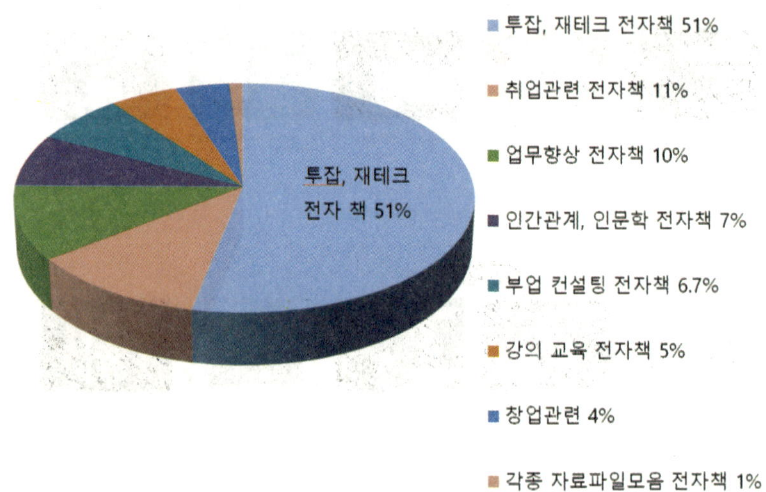

〈전자책 주제 판매 비율〉

　위의 잘 판매되는 주제가 아니라도 전자책 주제는 종이 책보다 갈수록 더 세분화 되어가고 있습니다. 주제를 다양화 하고 **틈새시장을** 선택해도 유행을 선도할 수도 있어요. 실행력에 초점을 두고 독자들의 삶에 결과와 문제해결, 변화를 나타나게 하는 것이 주된 목적입니다.

수십년에 걸친 커리어가 아니라도 자신만의 재능을 발견한다면 충분히 책을 만들 수 있습니다. 디자인에 소질이 있다면 그림이나 일러스트, 포토샵, PPT활용법에 관련된 책과 강의를 만들어 판매할 수 있어요.

시도한 사업경험은 좋은 교본이 됩니다. 식당이나 가게를 창업 했던 경험 (배달전문 식당, 무인 카페, 학교 앞 분식점, 스터디 카페, 유행 아이템 창업, 직장인들 위한 테이크 아웃 커피숍, 선술 집, 경쟁이 치열하지 않은 식당으로 매출을 올린방법, 창업시 지원받을 수 있 는 지원금, 대출받는 법) 틈새시장 공략까지, 당신의 성공과 실패, **시행착오는 창업자들에게 경험을 선사해 큰 도움이 됩니다.** 그래서 전자책 주제와 정보성 글로 좋아요. 이외에도 자격증 및 공무원 시험, 공기업 준비, 사기업 이력서 및 자기소개서 첨삭, 대기업 면접 노하우, 엑셀, 파워포인트 방법과 업무능력 스킬 등의 주제도 좋습니다**. 지식 노동자의 손때 묻은 귀한 경험은 상품이 될 수 있습니다.** 전자책과 블로그, SNS등으로 평균이상의 퀄리티로 꾸준히 등록한다면 브랜딩을 구축합니다.

2_3. 전자책 주제. 자신만의 블루 오션 찾기.

수익화에 좋은 전자책의 큰 주제를 설명하겠습니다. 사람들이 욕망하는 주제는 크게 돈, 건강, 인간관계, 연애, 취업, 이직, 창업, 다이어트등입니다. 인기 있는 큰 주제는 경쟁이 심해 포화상태입니다. 그래서 돈, 건강, 인간관계, 직무 스킬 등의 큰 주제를 세분화 해서 하부시장을 만들 때 블루 오션을 개척할 수 있습니다.

돈 버는 방법, 취업, 업무향상 스킬, 부업, 창업등을 세부키워드로 나누면 경쟁이 치열해지지 않아요. 예를 들어 돈 버는 방법 중 자신만의 인스타그램 마케팅과 팔로워 늘리는 방법, 스마트 스토어 판매 전략, 아이템 소싱 방법, 잘 상하지 않는 과일 위탁판매로 매출 올리기, 얼굴 안나오는 숏츠영상 만드는 법, 취업과 관련된 국가 시험 및 자격증 합격 후기, 면접통과 방법과 자소서 첨삭, 무인점포 운영방식, AI업무 자동화스킬 등으로 글을 쓴다면 자신만의 포지셔닝을 찾게 됩니다.

사람들이 관심있어 하는 주제는 돈, 건강, 인간관계 및 연애입니다. 이 주제들을 적절히 섞는것도 방법입니다. 예를 들어, 상대의 의도를 파악해 원하는 것을 얻는 부자들의 심리기술, 전 애인도 돌아보게 하는 다이어트 비법. 호기심 있는 새로운 주제로 조합할 수 있어요.

1) '돈'에 관련된 하부 주제

부동산 경매로 돈 버는 방법, 수익형 블로그로 돈 버는 방법, 직장 다니면서 할 수 있는 부업들, 유투브 인스타그램 숏폼 제작으로 상품판매하기, 스마트 스토어로 수익 만들기, 매출 올리는 쿠팡 판매 노하우, 미국주식 투자로 배당금 받는 방법, ETF펀드 주식 5년차의 안정적인 수익 얻은 방법, 숏츠영상으로 수익화하기, 블루오션 업종으로 창업해 매출과 수익내기, 무인점포 꽃집 운영으로 자동화 수익 방법.

2) '건강'에 관련된 하부 주제

생산성을 높여주는 음식들과 효율적인 운동법, 헬스장 가지 않고 몸 만드는 맨몸운동, 신체나이 어리게 하는 생활 습관과 스트레칭, 확실한 다이어트 방법, 안빠지는 부위 집중 운동으로 빼는 방법, 흔들리는 살, 지방 빨리 빼는 법, 명상으로 최적의 두뇌상태 만들기, 하루 10분 일주일 3번 운동으로 강철체력 만드는 운동종류.

3) '인간관계' 관련된 하부 주제

무례한 사람에게 대처하는 이기는 대화법, 주눅 들지 않는 자존감 수업, 부자들이 꼭 지키는 대인관계 태도, 억대연봉으로 만들어준 스피치 기술들, 심리학에서 말하는 인간유형. 성장하게 하는 인간관계 맺는 법. 헤어진 연인과 재회하는 비법, 놓치면 손해보는 발전하는 사람들의 특징, 고객을 모으는 오픈채팅 관리법, 네이버 카페등 커뮤니티를 만드는 방법.

브랜딩의 성패는 선명한 포지셔닝(Positioning)에 있습니다. 타겟의 결핍을 확실히 알고 정하는 게 시작입니다. 작가로서의 퍼스널 브랜딩은 주제 선정을 통한 포지셔닝에서 결정됩니다. 시간 관리와 목표 설정의 자기계발 작가인지, 공감과 스토리로 독자의 감성을 자극하는 에세이 작가가 될 것인지는 포지셔닝 전략에 달려 있습니다.

전자책도 자신의 분야를 세부주제로 정하면 타겟층을 정할 수 있어요. 마케팅 작가 세스고딘은 "좁은 시장으로 가서 사람들의 문제를 해결하고 좋은 가치를 제공하라"고 조언합니다. 고객의 고충과 문제를 날카롭게 짚어내고 해결해주세요. 독자의 에너지를 소중히 생각하고 획기적으로 시간절감 해주는 것이 성공적인 방법입니다. 경험에서 쌓아올린 고유한 노하우와 삶의 통찰은 한 분야에서 베스트 원이 아닌 온리 원으로 만들어줍니다.

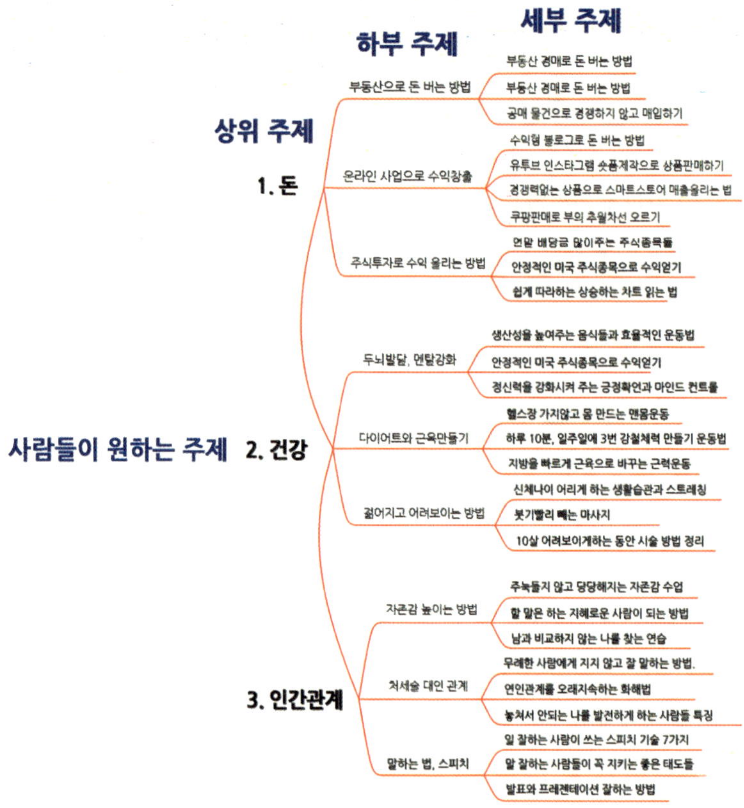

〈큰 주제에서 하부주제로 세분화 해야 경쟁률이 적은 블루오션 시장을 개척할 수 있습니다. 자신만의 세분화 된 주제를 찾을 때 포지셔닝을 하고 고객을 모을 수 있습니다.〉

예를 들어 스마트스토어에서 매출을 올리는 방법은 좋은 아이템을 찾아 등록하고 상품명과 태그, 상세페이지를 잘 만드는 것, 키워드 광고 등을 통해 상품을 상단으로 노출시킨 뒤 판매를 이끌어내는 방법입니다. 이와 같은 방법은 기본적인 방법이라서 이미 정보가 많아 전자책의 주제로도 많이 쓰였을 것입니다.

남들과 다른 나만의 노하우가 남다르고 눈길을 끌어요. 견과류나 건어물, 안주 아이템을 재래시장 등에서 소싱해 매출 올린 방법, 공방에 서 직접 제작한 인테리어 소품들로 경쟁력 없는 유일한 상품으로 판매하기, 재고확보가 어려운 외국 아이템을 미리 소싱 하고 수입해 국내에 판매하기, 국내 유명 맘 카페와 커뮤니티 마케팅을 통해 공동 구매로 판매하는 방법, 크라우딩 펀딩 사이트를 통해 신제품과 아이디어 상품 소싱 하는 법, 무인점포 꽃집운영으로 자동화 수익만들기, 또 과일 판매 중 약간의 기스가 난 B급 과일을 시장에서 공수해 판매하기 등은 그나마 많은 다른 판매자가 시도하지 않은 방법들입니다.

흔하지 않는 희소성을 가진 성공방법이 눈에 띄는 소재가 됩니다. 과일 위탁판매, 핸드메이드 드라이 플라워와 조화 제작, 패브릭 제품 및 스낵 소분 판매 노하우 등은 대중이 보지 못한 틈새를 차별화된 공략입니다. 포지셔닝이란 이처럼 방대한 시장을 분절해, 독점영토를 구축하고 타겟을 설정하는 전략적 행동입니다. 검색도 상위 키워드는 인기가 많아 노출되기 어려워요. 하지만 하위 세부 키워드를 사용하면 타겟층에 노출되어 판매량를 올릴 수 있어요. 특히 세부키워드를 검색색하고 들어오는 고객들은 구매확률이 더 높습니다.

키워드 검색 방법과 키워드를 효율적을 잘 찾아주는 사이트들을 다음 장에서 알아보겠습니다.

2_4. 키워드 찾기 사이트 추천

전자책도 온라인 플랫폼에 등록이 되는데 고객이 직접 검색해 들어와 전자책 서비스를 본다면 구매확률이 더 높아 검색이 잘 되는 키워드를 잘 찾아 사용하는 것은 중요합니다. 전자책도 블로그를 통해 홍보할 때, 키워드를 잘 사용하면 검색에 유리해져요. 좋은 키워드를 찾는 효율적인 방법과 도움되는 사이트들을 알아보겠습니다.

- 도움이 되는 키워드 검색 사이트!
- 아이템 스카우트 (https://itemscout.io/)

아이템을 찾는 여러 방법이 있지만 저는 심플하게 아이템스카우트 (https://itemscout.io/)라는 사이트를 추천합니다. 온라인에서 키워드는 특히 사람들의 검색하는 수가 많은데, 실제 인터넷 상의 상품 수나 서비스 숫자가 적은 것을 찾고 미리 선점해 등록하는 것이 노출이 잘 되게 하고, 잘 팔리게 하는 선택입니다.

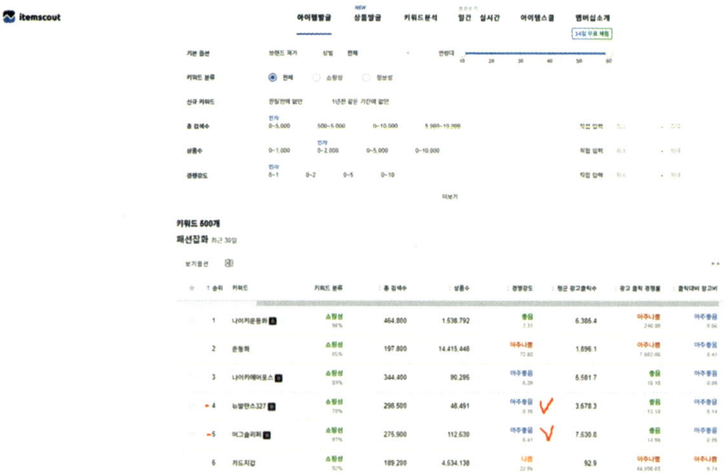

〈아이템스카우트의 화면〉

카테고리 별로 한번에 검색 되고 위의 화면처럼 내가 궁금해하는 키워드등을 바로 검색 할 수 있습니다. 제가 판단 했을 땐 빠르고 편리한 직관적인 키워드 검색 사이트 입니다. 키워드 찾는 시간을 줄여주는 효율과 효과적인 검색 사이트입니다. 저는 여기서 판매율이 높은 아이템들을 찾고 검색되기 좋은 키워드를 잡아서 꾸준한 수익을 얻고 있습니다. 계속 업데이트를 해줘 최신 키워드 정보를 얻을 수 있습 니다.

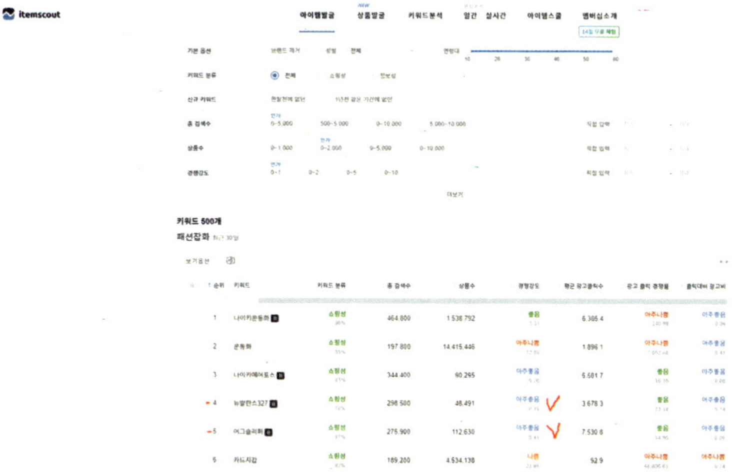

위의 사진의 어그슬리퍼라는 키워드를 보면, 검색수에 비해 상품수의 비율을 보아야 합니다. 아래쪽 연관 검색어도 자동으로 추출해줘서 편리합니다. 어그슬리퍼의 경우 pc와 모바일 종합 검색수는 275,900번인데 온라인상에 112,630개의 상품이 있고, 검색대비 상품수의 비율은 0.41로 나옵니다.

이 비율이 낮으면 낮을수록 좋습니다. 0.25 이하이면 좋지만, 그 이상이라도 검색하는 수가 정말 많은 키워드와 제품이라면 비율이 조금 높더라도 괜찮습니다. 검색수가 높다는 것은 지금 유행하는 것이고, 검색량은 많은데 상품이 적다는 것은 최근 많이 검색하는 키워드인데 아직 경쟁자들이 많지 않은 서비스와 상품이기에 판매가 잘 될 수 있는 아이템이라는 뜻입니다. 이런 키워드를 빨리 찾고 사용하면 상위노출을 선점할 수 있어요. 또 비율이 낮은 키워드의 아이템을 찾아 판매하면 선점합니다. 아이템을 잡았다면 연관 검색어를 클릭해 비율이 낮은 연관 키워드로 제목과 본문내용, 또는 상세페이지에 적절히 적으면 됩니다. 검색태그를 더 붙이면 도움이 되겠죠.

– 네이버 검색광고로 키워드 찾기

네이버에 검색량이 많은 키워드를 조회하고 찾을 수 있습니다.

1) 네이버에서 네이버 키워드로 검색광고를 클릭합니다.

2) 도구에서 키워드 도구를 클릭합니다.

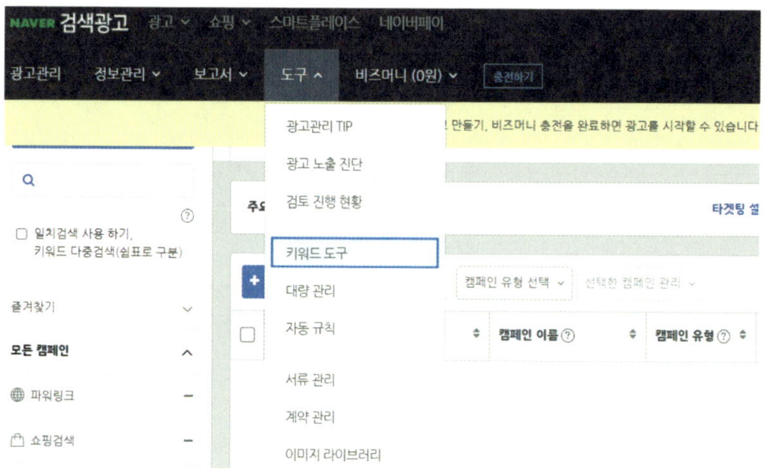

3) 원하는 키워드를 넣어봅니다. 예를 들어 '부업'이라고 넣었을 때 PC와 모바일 검색량과 월간 검색수, 클릭수를 알 수 있습니다. 부업에 관심이 많아서인지 검색량과 클릭수 모두가 많은 걸 알 수 있어요. 부업이 큰 키워드 라면 자신이 노하우로 할 수있는 세부 키워드를 검색해 전자책 주제로 삼을 수 있습니다.

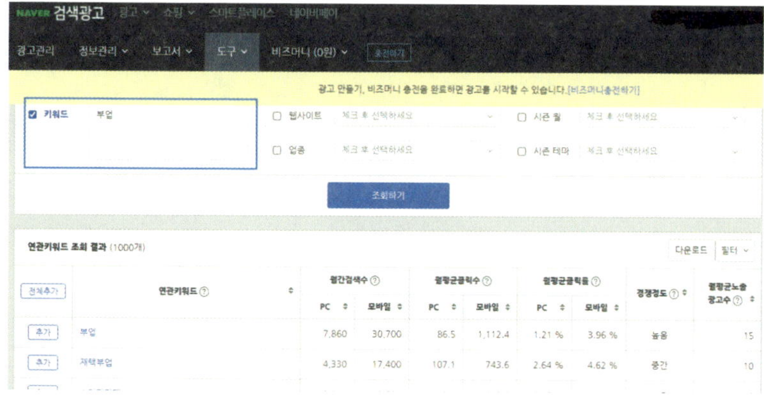

4) 과일위탁판매로 검색했을 때 결과값입니다.

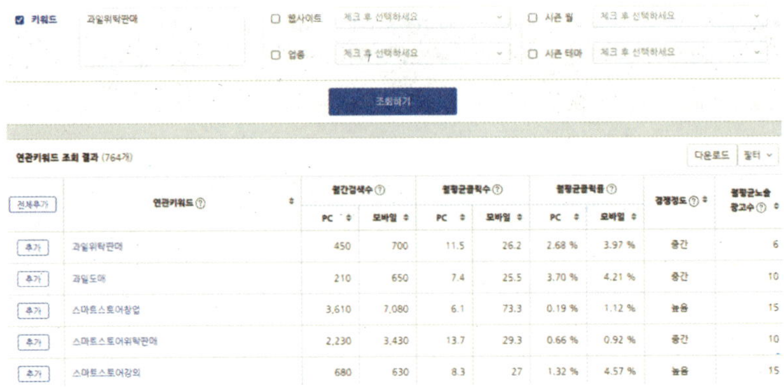

연관키워드 조회 결과 (764개)

연관키워드	월간검색수 PC	월간검색수 모바일	월평균클릭수 PC	월평균클릭수 모바일	월평균클릭률 PC	월평균클릭률 모바일	경쟁정도	월평균노출 광고수
과일위탁판매	450	700	11.5	26.2	2.68 %	3.97 %	중간	6
과일도매	210	650	7.4	25.5	3.70 %	4.21 %	중간	10
스마트스토어창업	3,610	7,080	6.1	73.3	0.19 %	1.12 %	높음	15
스마트스토어위탁판매	2,230	3,430	13.7	29.3	0.66 %	0.92 %	중간	10
스마트스토어강의	680	630	8.3	27	1.32 %	4.57 %	높음	15

5) 쿠팡 부업으로 검색했을 때 결과값입니다. 쿠팡이 일자리도 많고 여러 부업들이 있어 사람들이 많이 검색했음을 알 수 있어요. 쿠팡 플렉스, 쿠팡에서 위탁판매 등의 키워드 등도 전자책 주제로 좋습니다.

연관키워드 조회 결과 (20개)

연관키워드	월간검색수 PC	월간검색수 모바일	월평균클릭수 PC	월평균클릭수 모바일	월평균클릭률 PC	월평균클릭률 모바일	경쟁정도	월평균노출 광고수
쿠팡부업	230	1,870	1.7	8.4	0.82 %	0.54 %	중간	5
쿠팡알바	7,960	67,200	105.6	2,216.3	1.43 %	3.58 %	중간	10
쿠팡플렉스	4,480	19,200	0.6	6.4	0.03 %	0.07 %	중간	2
쿠팡물류센터알바	2,390	13,600	26.6	373.5	1.19 %	2.96 %	중간	9
쿠팡물류알바	300	2,170	3.1	76.8	1.09 %	3.68 %	중간	8

그 외 키워드를 찾는데 도움이 되는 사이트

-네이버셀러키워드 (www.http://www.mybiznow.kr/sellerkey-
word/#/)

(스마트스토어 키워드 분석 사이트. 간혹 세부 키워드 검색이 되지
않 는 경우도 있습니다.)

- 네이버 데이터랩 (https://datalab.naver.com/)

- 아이템스카우트 (www.itemcout.io/)

- 셀러보드 (www.sellerboard.co.kr/keyword/related)

- 헬프스토어 (www.hellpstore.shop/category)

- SEO 키워드 파인더 (SEO keywordfinder)

주요검색 핵심 키워드 추출

- 싹모다 3.0

종합 쇼핑 키워드 툴

- 키자드 (www.keyzard.net) (블로그 글도 검색해줍니다. 상품 아
이템 리뷰와 체험 포스팅이 있어 블로거들이 리뷰 하는 방법을 알 수
있습니다.)

- 판다랭크 (https://pandarank.net/)

- 헬프 스토어 (https://helpstore.shop/) (좋은 키워드 찾는 사이
트입니다. 로그인이 필요하고 인터넷 쇼핑몰, 스마트스토어 판매 할
때 아이템을 찾고 소싱 하는데 도움이 됩니다.)

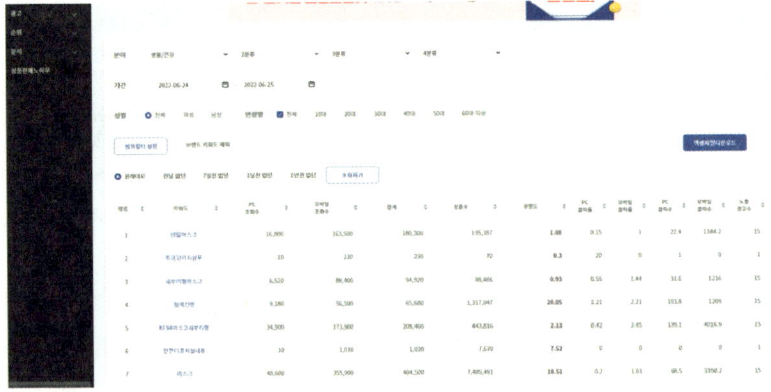

생활건강 카테고리의 키워드들을 1위부터 나열해주고 검색량, 상품 수, 클릭률 또한 설명해줍니다.

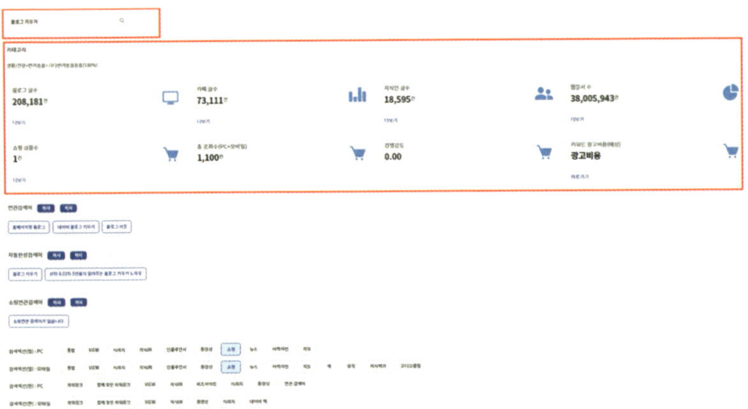

키워드를 검색하면 역시 문서 수와 조회수, 광고비용까지 나타내줍니다.

- 썸트렌드 (www.some.co.kr)

- 테이블 분석 (https://admin.dable.io/login)

- 오디피아 (https://odpia.org/main.odpia)

〈키자드 화면〉

키자드는 실시간 검색어, 키워드 분석, 티스토리 백링크등록, 네이버 블로그 검색등 블로그 하시는 분들께 특화된 키워드 사이트입니다.

- M-자비스

카카오톡으로도 이용할 수 있습니다. 카카오톡 친구 검색으로 '자비스'를 검색하면 채널 가운데 'M-자비스'가 있고 조회를 누른 다음 키워드를 카톡으로 보내면 개인 카톡으로 키워드 검색량을 볼 수 있습니다. 모바일로 간편하게 보기 편한 키워드 도구입니다.

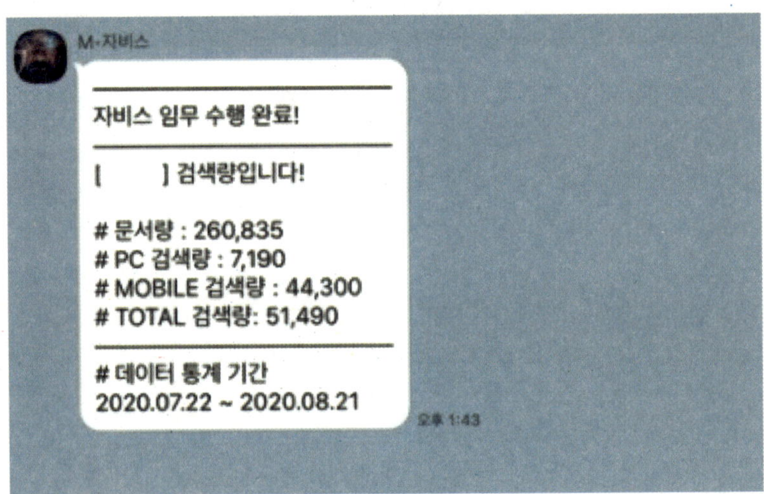

〈M-자비스 화면〉

-블랙키위 (https://blackkiwi.net/)

(빅테이터 기반 키워드 분석 플랫폼. 1년 검색동향, 블로그 글수 파악 등)

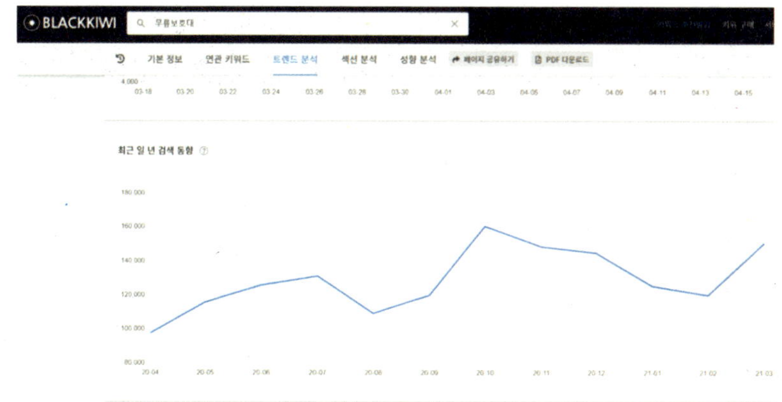

〈블랙 키위 – 블로그 발행량, 연관 키워드등도 쉽게 파악할 수 있습니다.〉

– 키워드 마이닝 (https://www.smallmkt.com)

– 데이터 플래닛 (https://www.dataplanet.co.kr/)

– 키워드마스터 (https://whereispost.com/keyword/)

〈키워드 마스터의 화면 모습〉

– **실시간 검색어 검색** (https://whereispost.com/hot/) 네이버 실시간 검색이 사라지면서 실시간 검색 확인을 잘 못하게 되었는데 이 사이트 확인해보시면 좋습니다.

〈실시간 검색을 확인할 수 있는 사이트〉

- 키워드 파인더 (https://kwfinder.com/) (영문으로 되어있는 사이트입니다.)

- 구글 키워드 플래너 (https://ads.google.com/intl/ko_kr/home/tools/keyword-planner/)

- 숍 에이아이 (https://sai.azy.kr/)

키워드 검색사이트 숍 에이아이 카테고리별로 나뉘어져 아이템 찾을 때 효율적입니다.

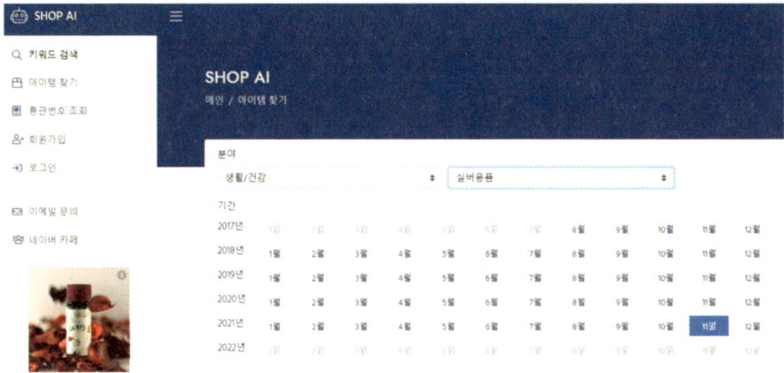

키워드의 검색수, 상품수, 단가, 클릭 수등 자세하게 나오는 사이트입니다.

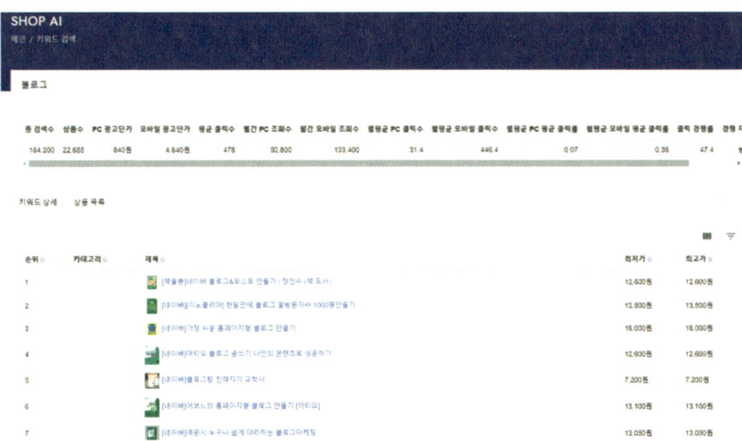

로그 분석 사이트

- 오픈 애즈 (www.openads.co.kr)

- 구글 애널

- 에이스 카운터 (www.acecounter.com)

랭킹 관리 툴 사이트 (나의 상품과 서비스가 네이버에 몇 페이지에 뜨고 있는지 순위가 몇인지 알고 싶을때 사용합니다.)
- 스마트 오너 (www.smartowner.co.kr)
- 비즈랭킹 (www.bzranking.co.kr)

구글 검색 키워드 추출 툴 활용
-키워드 파인더 (https://app.kwfinder.com)
-키워드 쉬터 (https://keywordshitter.com)
-클래버스탯 (https://cleverstat.com/keywords-suggestion)
-우버서제스트 (https://neilpatel.com/ubersuggest)
-롱테일프로 (https://longtailpro.com)
-키워드툴 도미네이터 (https://www.keywordtooddominator.com)

2_5. 글 재주가 없어도 되는 전자책_자료모음집

정보가 널리 퍼진 시대, 시간과 에너지를 아껴주는 큐레이션인 자료모음집도 전자책으로 엮어 판매할 수 있어요. 직접 수집한 양질의 데이터와 정보로 훌륭한 상품이 됩니다. 예로는 취업대비 자기소개서 모음, 자격증 예상문제 모음집, 60개 중견기업 면접 질문 리스트와 면접노하우, 사업계획서 모음집, 직접 디자인한 폰트모음, PPT 디자인, 책 출간을 위한 출판사 메일 리스트, 대학원 합격 자소서 및 면접자료, 승진되었던 회사PPT 모음집, 위탁판매 도매사이트 모음과 같은 자료 모음집 입니다.

〈크몽에서 판매하고 있는 자료모음집 등〉

　자료모음집의 경우 꾸준함이 생명입니다. 특별히 글 재주와 문장력이 없더라도 양질의 정보를 수집하고 리스트업 하면 그 자체로 훌륭한 상품이 됩니다. 해당 업종에 직접 일 하면서 쌓은 자료도 좋아요. 또 인터넷으로 찾고 각종 서적과 뉴스, 신문 등을 통해 관련자료를 꾸준히 모을 수 있습니다.

　저의 경우 도매사이트 리스트 소개와 온라인 판매노하우라는 전자책 PDF를 작성했는데, 처음엔 도매사이트 200개부터 시작해 자료를 꾸준히 더 모아 지금은 1,060개를 채웠습니다. 수년 전부터 온라인 판매를 하며 거래한 도매업체과 제가 찾은 사이트들을 소개하고,

거래하는 법부터 인터넷에 판매하는 노하우까지 작성했더니 반응이 좋았고 꾸준히 판매가 되는 스테디 셀러가 되었습니다.

〈 꾸준히 판매가 된 스테디셀러가 되어준 전자책 〉

위의 전자책도 크몽사이트 뿐 아니라 저의 스마트스토어와 쿠팡, 예스24, 교보문고, 개인 홈페이지를 통해서도 판매되고 있습니다. 판매 채널을 넓히면 다양한 곳에서 판매가 이루어집니다.

여러분들에게 좋은 자료가 있다면 그것을 모아 상품화 할 수 있습니다. 물론 다른 사람의 자료를 함부로 가져오는 것은 유의해야 합니다. 직접 일하면서 얻은 데이터베이스, 작업한 그림이나 디자인, 혹은 관련된 자료를 찾아서 모은 리스트들은 시간이 걸리지만 꾸준한 글쓰기 습관과 함께 모은다면, 고객의 시간과 에너지를 아껴주는 전자책으로 매력적인 수익화 모델이 됩니다.

명확한 혜택에 집중한 제목이 좋습니다. '여러분들의 시간을 아껴주는 OOO 자료모음집 TOP 200개'

화려한 글재주가 있어야 전자책을 멋지게 만드는 것은 아니라고 말씀 드리고 싶습니다. 다른 사람에게 정보를 주고 도와주는 마음과 열정이 아이디어와 글감이 됩니다. 저의 전자책 '도매사이트 소개와 온라인 판매노하우'는 몇 년 전 어느 연휴 마지막 날 저녁에 노트북 한대들고 시작했던 것이 자동화 수익이 길이 되었습니다.

몇 년간 찾고 모은 자료들이 온라인 사업과 위탁판매를 시작하려 하고 또 이미하고 있는 분들에게 도움이 될 거라는 생각으로 작성했어요. 그 결과 지속적인 판매와 고수익이라는 좋은 결과도 얻었습니다. 몇년이 지난 지금도 자료를 보강하고 정밀한 업데이트와 개선, 수정작업을 거치고 있고 지금도 판매가 이뤄지고 있습니다.

저는 자료 모음집과 저의 판매 노하우와 방법들을 쓴 전자책과 같이 묶어 전자책 PDF파 뿐 아니라 자료모음 정리가 된 엑셀파일, 그리고 함께 보면 도움이 될 만한 저의 다른 전자책도 서비스를 추가혜택으로 고객에게 보내드리고 있어요. 그로인해 고객으로 부터 감사의 메시지도 받고 평도 좋아집니다. 이처럼 특정 분야의 연관 콘텐츠를 다각화하면, 단건 판매를 넘어선 '프리미엄 패키지' 구성이 되고 독보적인 서비스 경쟁력을 확보할 수 있습니다. 전략적 배려는 신뢰를 견고하게 하고 고객에게 기대보다 나은 서비스를 선사합니다. **고객의 구매경험에 최상의 가치를 전하는 것은 기술보다 사람과 일을 사랑하는 마음에서 나오는 것을 느끼게 됩니다.**

3. 전자책, 숏폼 마케팅, 인스타그램, 블로그

- 숏폼영상은 감각이 중요하고 빨리 자주 올려야합니다.
- 인스타그램은 일시에 많이 노출시키는걸 목적으로 해야합니다.
- 블로그는 전문성으로 오랜기간 검색되고 읽히게 해야합니다.
- 전자책과 종이책은 인스타그램과 블로그, SNS로 홍보해야 합니다.
- 숏폼(short form)으로 브랜딩, 홍보, 매출을 확장해야 합니다.

3_1. 전자책판매와 숏츠, 인스타그램과 블로그 연결시키기.

SNS는 실시간 쏟아지는 화려한 콘텐츠로 유행에 민감해, 콘텐츠의 생명주기도 짧습니다. 초반 시선을 끌지 못하는 콘텐츠는 금세 시장에서 소외되기 쉬워요. 사람들을 낚는(후킹) 게시물이 유리한데, 단번에 이목을 끌만한 콘텐츠를 만들어야해요. 사업과 마케팅을 한다면 인스타그램은 필수가 됐습니다.

콘텐츠를 재밌게 업로드하면 최대한으로 홍보할 수 있어요. 좋아요, 댓글, 공유, 저장과 같은 결과는 조회수를 올릴 수 있습니다..

숏폼은 미끼이고, 카드뉴스는 신뢰이며 블로그는 제품 설명서이자 계약서입니다. 숏폼은 유행하는 밈과 영상을 벤치마킹하면 좋아요. 템플릿과 AI도구를 이용해 빨리 만들고, 트렌드를 따라해보는 것도 조회수를 올리는 방법이에요. 여기에 독창성있는 자신만의 스토리와 매력을 살려 유행을 선도할 콘텐츠도 시도해보세요.

1. **숏츠, 릴스 제목은 보편적인게 좋습니다. 누구나 궁금해할 주제로 포장해서 많은사람이 보도록 확산시키세요.** 전문성을 발휘한다고 소수만 아는 용어는 삼가하는 것이 좋아요. 내용이 전문적이어도 관련 없는 사람이 봐도 친근하게 표현하는것이 기술입니다. 어느 분은 생소한 금형기술을 하는데, 금형으로 만들어지는 귀여운 곰 인형 디퓨저를 재미있게 소개하며 금형기술을 설명해 팔로워들도 늘리고 좋은 반응을 얻고 있어요.

2. **첫 3초에 승부를 거세요. 궁금해서 보게 만드는 영상에 속도감을 더해 문제-공감-해결을 이야기하세요.** 지루하지 않는 리듬으로 영상을 시청하게 만들어야합니다. 영상마지막에는 행동을 지시(Call To Action) 댓글에 '숏폼' 남겨주시면 정리한 가이드 보내드려요.

전자책을 블로그와 인스타그램에 연결하세요. 블로그로 전문성있게 포스팅하고, 인스타그램에 노출해 블로그로 연결시키는 방법이 좋습니다. 블로그로 상품과 서비스를 판매할 수 있어요. 인스타그램 프로필에 연결하는 링크를 올릴 수 있죠. 인포크 링크 (https:// link. inpock.co.kr/)나, 링크트리(https://linktr.ee/)등 링크 확장프로그램을 이용하세요. 더 많은 정보와 상품을 인스타 프로필를 통해 소개 할 수 있습니다.

블로그, 인스타그램, 스레드, 틱톡, 현재 X의 전신이었던 트위터, 뜨고 있는 플랫폼을 이용하세요. 시간과 여력이 안된다면 최적화 된 곳에 선택과 집중할 수 있습니다. 9:16비율의 세로영상을 인기영상

플랫폼에 올리면 노출을 많이할 수 있어요.

블로그로 홍보와 전자책 연결하기

검색 유입과 릴스등에서 넘어온 사람들에게 상세한 정보를 매력적으로 전달할 수 있는 최적의 공간입니다. 블로그는 오래된 SNS이지만, 여전히 홍보와 광고, 수익형 블로그를 운영하는 것에 기업과 사람들이 관심을 기울이는 것은 바로 이때문입니다. 방문자에게 유익한 책과 상품의 내용을 알게 해야합니다.

블로그는 일과 일상을 연재하며 브랜딩하고, 가치있는 정보성글을 쌓는 곳입니다. 이미지와 정보, 카피라이팅을 충분히 배치하여 방문자의 체류시간을 늘려 당신의 사업안에 머무르게 하세요. 포스팅 아래에 다음과 같은 문구로 판매링크를 넣어보세요.

"오늘 커피 한 잔 값을 아껴, 내일의 경제적 자유를 결제하세요."

각 SNS채널 링크를 넣어 유입수를 늘리고 여러분의 콘텐츠를 접하도록 온라인 생태계를 만드세요. 블로그는 상품과 비즈니스를 자세히 소개하는 공간이기에 매출을 올리는 플랫폼입니다. 인스타그램, 유투브등에서 흥미로운 숏폼영상으로 사람을 모은 뒤 블로그로 유입시키는 전략이 성장에 좋고 상품과 서비스도 판매할 수 있습니다.

3_2. 인스타그램 성장과 숏폼영상 수익화 방법.

SNS중 영향력과 직관적인 마케팅을하는 인스타그램을 추천합니다.

숏폼 영상이 대세입니다. 도파밍이라는 단어가 생겼는데, 이는 Dopamine과 Farming의 합성어로, 아이템을 모으듯 재미를 모으는 현상의 의미로 숏츠, 숏폼이 트렌드가 되었습니다. 현대인이 빠른 정보와 재미를 추구해 각 기업은 도파밍 경제효과를 생각하며 마케팅하고 있어요.

숏폼 플랫폼으로 유투브 숏츠, 인스타그램 릴스, 틱톡, 네이버 클립, 카카오 톡, 당근마켓에서도 숏폼 비중을 확대하고 있어요. 롱폼 영상도 요약해서 컷 편집한 숏폼으로 홍보합니다. 진지하고 긴 전문지식도 중요한 1분으로 표현하면 대중화 될 가능성이 큽니다. 흥미로운 영상으로 인지도를 올리는 것이 숏폼(short form) 입니다.

릴스 전용 마케팅 카피라이팅 문구 1.강력한 후킹: 당신이 잠든사이 돈을 버는 60초의 기술. 2.손실회피: 이거모르면 남들 돈버는거 구경만합니다. 3.쉬운시작: 얼굴노출없이, 노트북한대로 끝내는 방법. 4. 전문성 강조: 알고리즘을 설계하고 이용하는 법을 배우세요.

저는 연초 전략적으로 인스타그램 사업계정을 키워봤습니다. 초기 한달간은 거의 매일 릴스를 만들어 올렸습니다. 짧은 시간 팔로워는 6명에서 1,170명이 되었습니다. 값진 소득은 진성 팔로워들이 생긴것이었어요. 제 사업의 잠재고객이 생겨, 릴스를 통해 인스타그램 프로필로 유입된 이들이 전자책을 구매하는 실제 건수도 발생했습니다.

어느 마케터는 팬 1,000명을 확보해도 사업을 펼칠 수 있다 했습니다. 저는 화려한 외모도, 특출난 재능도 없었기에 진성 팔로워 100명을 모으는 것이 목표였어요.

믿음을 가지고 목표를 두고 계속 콘텐츠를 업로드했습니다. 매일 올린 다는 생각이었기에, 실패한 날도 크게 개의치 않고 다음 날 떠오른 아이디어를 실행했어요. 매일 꾸준히 해야 하는 것에는 완벽 주의를 낮출 필요가 있습니다. 꾸준히 릴스를 올리다 보니 크게 생각지 못한 콘텐츠가 조회수를 얻는 소위 터진 영상이 생겼고, 그 후 조회수 많은 것이 좀 더 생겼습니다. 보통 이상의 퀄리티로 완성해 갈때 비로소 인기를 얻는 콘텐츠가 생깁니다. 명작은 단번에 나오지 않듯, 높은 생산성으로 아이디어를 많이 실행할 때 좋은 콘텐츠를 탄생시키는 걸 깨달았어요.

폭발적으로 팔로워들이 늘어난것은 아니지만 매일 조금씩 우상향의 성장을 보이고 있습니다. 무엇보다 잠재고객이 형성된 것이 좋은 현상이었습니다. 저의 서비스와 상품, 전자책을 홍보할 수 있었고, 제 블로그 유입도 이끌어냈습니다. 인스타그램은 링크 연결을 통해 상품구매 전환을 하기 좋은 플랫폼입니다. 직관적인 마케팅용으로 인스타그램 릴스의 전략적 장점은 타 플랫폼보다 많다고 생각합니다. 그 이유는 밑에서 한번 더 정리하겠습니다. 제가 사업용 인스타그램을 성장시킬 수 있었던 방법을 소개하겠습니다.

첫째. 계정의 정체성과 방향성을 명확히 하세요. 전략적인 성장은 목표가 수반되어야 합니다. 사업계정, 북스타그램, 운동계정, 재미와 유머, 짤을 보여주는 계정, 동기부여, 생활정보, 자기계발, 반려동물등 키우고 싶은 계정의 character를 먼저 확정하세요.

둘째. 새 계정을 만드시는 걸 추천합니다. 기존 일상을 올렸던 계정은 알고리즘이 거기에 맞춰져 있습니다. 주위 친구들, 기존 팔로워들 위주로 우선 노출됩니다. 사업 계정을 만들어 최적화된 알고리즘을 만드세요. 판매할 상품과 노출할 고객을 정하세요. 내상품을 친구에게 노출시키는 게 아니라 '고객'에게 전해야 합니다. 제로베이스에서 시작하면 느릴 것 같지만 최적화된 노출로 성장은 더 빠릅니다.

셋째. 사업을 하려면 무엇을 판매할지 정하고 또 나의 고객이 누구인지 찾아야합니다. 타겟 고객층에게 나의 상품, 서비스를 노출시키세요. **나의 사업에 관심을 가질 사람들과 팔로워와 좋아요, 소통해야 알고리즘이 맞춰져서 성장합니다.** 자신의 콘텐츠와 비슷한 게시물을 계속 검색하세요.

넷째. 그냥 해라.라는 조언뒤에 본질을 파악하세요. 대중은 정보나 재미, 감동, 유익이 담긴 콘텐츠에 좋아요를 누릅니다. 보통이상의 퀄리티는 갖춰야합니다. 눈에 띄는 후킹 포인트로 밈을 따라하거나, AI를 이용해 재밌는 영상, 더빙등 표현방법을 다채롭게 하세요.

다섯째. 완벽주의에 빠지면 탈진합니다. 노력은 많이하는데 팔로워가 늘지않으면 번아웃이 옵니다. 약간 좋은 퀄리티로 자주 업로드하세요. 무엇이 터질지 알 수 없습니다. 어차피 내가 완벽하다고 생각한것도 좋은결과가 없거나 시장에서 반응을 못 얻을 수 있어요. **조금 부족해도 업로드하면서 교정해 가는 것이 성공의 길입니다.**

여섯 째. 유행트렌드를 따라가세요. 유행하는 콘텐츠에 편승해 따라하거나 편집으로 임팩트있는 효과들을 넣으세요. 유행을 선도하면 좋겠지만 막막하다면 잘되고 있는 게시물을 재미있게 따라하세요. 템플 릿과 리믹스로 간단히 편집해 릴스를 만드는 것도 좋은 방법입니다.

일곱 째. 황금률의 법칙. 큰 성공을 하려면 먼저 장사하지 말고 좋은것을 제공해야 합니다. 자신의 노하우와 경험등을 나눠주세요. **성공하는 지식 창업은 가치있는 것을 제공하는 데 있습니다.** 다른사람의 시간과 에너지를 소중히 하는것이 지식창업과 콘텐츠, SNS성공의 법칙입니다.

여덟 째. 자동화로 만드세요. 빠른 자동 답장기능을 설정해주세요. 콘텐츠가 더 많이 노출됩니다. 자동댓글 답장 기능인 매니챗(https://manychat.com/)과 인포크링크(https ://link.inpock.co.kr/)를 이용하면 상품소개등 설정한 다이렉트 메시지(DM)로 고객에게 자동 발송됩니다.

아홉 째. 초반 3초를 잡으세요. 임팩트있는 시각효과, 허를 찌르는 글과 멘트, 욕망을 공략하는 이야기. **시청자의 체류시간을 길어질 수록 상위노출을 시켜줍니다.** 후킹작업이 반드시 필요해요.

열번 째. **임팩트있는 메시지 흐름을 부여하세요.** 짧은 숏폼의 시대입니다. 지루한 것은 배제하고, 속도감과 리듬감이 중요하니 효과음, 배경음악, 화면전환등으로 흐름을 만들어주세요.

열한번 째. 처음 자기소개를 하지마세요. 본론과 결과부터 보여주세요. 소개를 하려면 단번에 뇌리에 각인되게 해야합니다. ex) '1년만에 책 3권을 쓴 OOO입니다! 빠르게 작가되는 노하우 알려드릴께요!'

'**폐업 위기 식당을 밀키트 포장 판매로 대박난 자영업자입니다.**' 메시지를 전할 때 확신에 찬 어조로 힘있게 하되, 감성적인 이야기는 그에 걸맞는 호흡과 톤, BGM으로 하세요.

인스타그램 팁을 알려주는 인플루언서를 팔로우하고 정보를 습득하세요. 동기부여가 되고 감각을 기를 수 있습니다. 그리고 자신에게 적용하세요. 조금 재미있게 빠르고 자주 올리는 편이 낫습니다. 인스타그램은 빠른 트렌드에 유행도 민감하죠. 잘나가는 콘텐츠의 결을 익히고 자신만의 개성을 한 방울 더한다면 충분히 폭발적인 바이럴을 만들어낼 수 있습니다. 또 벤치마킹을 해야하지만 장기간 브랜딩을 위해 과도히 포장하지 않는 진정성도 필요합니다.

3_3. 매출과 수익을 올리는 인스타그램 운영과 릴스

숏폼(short form)영상의 많은 플랫폼중 인스타그램을 추천하는 이유는 **판매하고자 하는 상품과 서비스와의 연결성이 좋기 때문입니다.** 릴스와 게시물을 통해 나의 상품으로 고객을 유입시키는 것이 빨라요.

인스타그램은 릴스를 통해 댓글유도를 하고 자동화 응답 메시지(매니챗)를 통해 DM으로 상품 사이트가있는 링크를 보낼 수 있어요. 틱톡의 경우 메시지를 통해 링크를 클릭할 수 없어 프로필링크로 유도해야 합니다. 빠른 성장을 위해 설정-계정-프로페셔널 도구에서 비즈니스계정과 크리에이터계정으로 전환해야 합니다. 이중 배경음악을 많이 사용할 수 있는 크리에이터 계정을 추천합니다.

크리에이터이신가요?

선택한 카테고리에 따르면 회원님은 크리에이터로
분류됩니다. 언제든지 카테고리를 변경할 수 있습니다.

크리에이터 

공인, 콘텐츠 제작자, 아티스트 및 인플루언서에게
적합합니다.

비즈니스

판매점, 지역 비즈니스, 브랜드, 단체 및 서비스
제공업체에 적합합니다.

크리에이터 계정은 게시물의 인사이트 정보를 알 수 있고 광고도 진행할 수 있어요. 노출횟수와 도달, 사람들의 유입, 반응등의 정보는 마케팅으로 활용할 수 있고 광고설정시 정확한 타겟을 할 수 있어요. 광고를 통해 게시물을 더 많이 노출하고 팔로워 및 상품 판매도 가능해집니다. 인스타그램 광고 진행은 6_7장부터 있는 적은 비용으로 전자책 인스타그램, 페이스북 광고하기 장을 참고해주세요.

인스타그램은 프로필설정을 잘 해야합니다. 자신을 브랜딩해서 소개하고, 인스타를 통해 보여주려 하는 콘텐츠와 서비스를 명확하게 소개해야해요. 모호하지 않아야 관심이 있는 사람들이 팔로워를 빨리 할 가능성이 높습니다. 프로필 사진은 이미지를 잘 나타내는 사진으로 표현해주세요. (https://www.pfpmaker.com) 사이트를 추천합니다. 매장사진이라면 방문욕구를 갖게 하는 프로필 사진을 설정하세요.

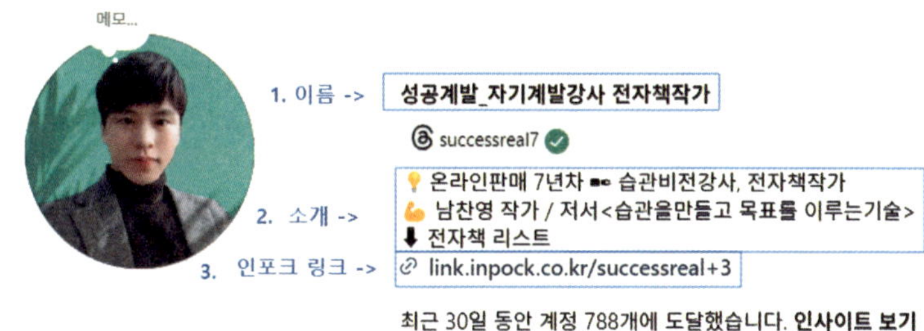

〈인스타그램 프로필 설정〉

1. 이름은 자신을 잘 표현할 수 있게 브랜딩해서 네이밍하세요. 마케터, 의사, 작가, 트레이너, 강사, 사업가등 직업을 표현해도 좋고, 기억에 잘 남는 네이밍도 좋아요. **예) 6개월만에 수익3배 만든 숏폼전문가**

2. 소개란은 경력을 표현하고 활동한 대표 내용을 3줄로 적어 볼 수 있게 올려주세요. 전문성과 신뢰감을 쌓게 합니다. **예) 0원으로 시작하는 숏폼 수익화 매뉴얼. 저자**

3. 프로필상의 링크로 상품 사이트로 유입시킬 수 있습니다. 프로필에 더 많은 상품, 홍보 링크를 넣고 싶다면 링크 인포크(https ://link. inpock.co.kr/admin)를 추천합니다. 그외 링크 트리도 있 어요. (https://linktr.ee/) **예) [선착순 할인] 저자의 전자책 구매 및 무료 부록 다운받기 아래링크.**

〈프로필에 링크를 확장해 더 많은 상품과 서비스를 소개할 수 있는 링크 인포크〉

4. 스토리로 올린 짧은 콘텐츠는 24시간만 게시되지만 하이라이트를 설정하면, 공유한 스토리를 하이라이트로 묶어 보관해 첫 화면에 비즈니스와 일상, 여러 주제등을 다양하게 표현할 수 있어요. 인스타 홈화면의 + 신규버튼을 누르고 스토리 하이라이트를 클릭, 올렸던 스토리를 선택한 후 하이라이트를 만들 수 있어요. 제목을 만들고 주제에 맞는 커버사진을 올릴 수 있고, 추후 하이라이트 제목과 커버 수정, 스토리게시물 또한 추가, 이동이 가능합니다.

카드뉴스로 가독성 높은 콘텐츠 만들기

카드뉴스는 공감과 저장을 목적으로 하세요. 유익함을 강조해야 합니다. 가독성을 좋게 만들어 정보를 한눈에 전달하세요. 핵심 멘트 예시. "저장해두고 보세요!" 초보자도 따라하는 숏폼 수익화 5단계! 인스타그램은 10장의 사진과 동영상을 올릴 수 있어요. 이미지에 글을 넣어서 한번에 볼 수 있도록 해야 합니다. 대문 사진인 첫장은 이목을 잡는 어그로를 끄는 제목을 써서 다음 장을 넘겨 볼 수 있도록 해야 합니다. 다음장에서 설명을 하고 마지막장에는 소개하고 싶은 상품이나 서비스, 전자책 등을 추천하세요. 계속 넘겨 볼 수 있도록 호기심을 일으키는 글을 쓰세요.책의 내용을 콘텐츠로 만들기에도 아요. 카드뉴스는 캔바, 미리캔버스, 망고보드 디자인 템플릿을 이용해보세요.

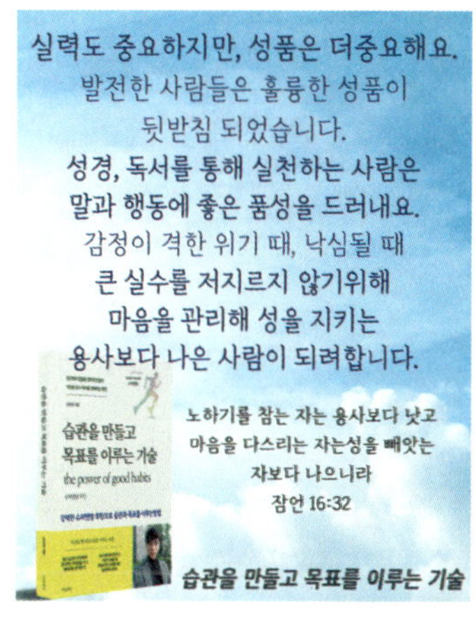

〈카드뉴스 예시. 여러장의 이미지에 글자를 넣으면 가독성이 좋습니다.〉

자동 답장기능을 활용해 조회수 올리기

16:9 영상 비율의 인스타그램 릴스영상을 임팩트 있고 짧게 홍보 했

다면, 나의 상품으로 연결시킬 수 있도록 해야합니다. 더 많은 정보를 얻기를 원하면 프로필링크를 참고할 수 있도록 하거나 댓글에 지정된 키워드를 적어달라고 해서 댓글 유도를 해야해요. 지정된 키워드를 적고 설정한 상품링크를 DM으로 자동으로 보낼 수 있는 프로그램으로매니챗과 (https://manychat.com/) 인포크 링크(https://link.inpock.co.kr/)가 있습니다.

예를 들어 쿠팡 판매방법에 대해 콘텐츠로 설명하고 더 많은 정보는 댓글에 '책'이라고 적으면, 아래와 같이 나의 쿠팡판매 방법 관련 전자책으로 연결하는 링크를 DM(메시지)으로 보내는 프로그램입니다.

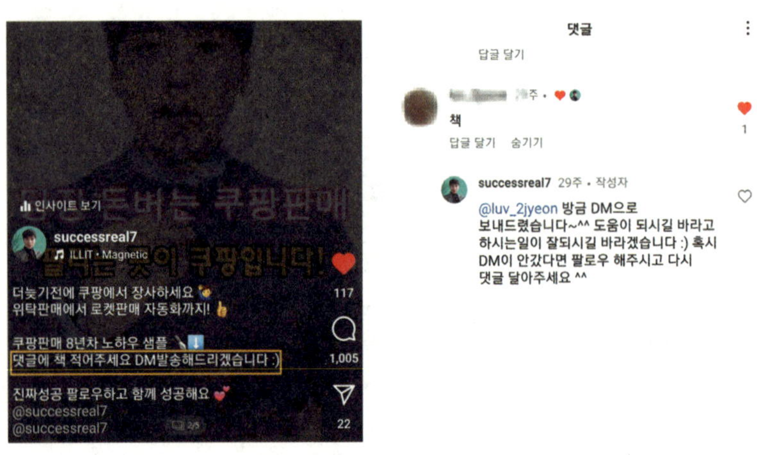

메시지 자동 발송기능으로 릴스영상을 만든 후 한번 설정해 놓으면, 관리하지 않아도 자동으로 메시지를 보내는 일을 합니다. 댓글 유도를 해서 댓글이 쌓이면 콘텐츠 활동이 많아짐에 따라 알고리즘을 타고 조회수도 높일 수 있어요.

시간과 에너지를 대폭 아낄 수 있는 프로그램인데, 매니챗의 경우 처음 몇 건 정도는 무료로 사용할 수 있으니 사용하고 꾸준한 조회수가 나오면 계속 이용해보세요. 나의 상품과 서비스로 직관적이고 빠르게 유입할 수 있는 플랫폼이 인스타그램입니다. 숏폼 플랫폼으로 추천합니다. 인스타그램을 중점에 두고 유투브, 틱톡, 네이버TV등의 플랫폼 에도 제작한 9:16의 숏폼 영상은 업로드해서 최대한 홍보를 많이 하길 바랍니다.

3_4. 숏폼 영상 전략과 플랫폼 비교

숏폼영상은 감각이 중요합니다. 10대의 어린 인플루언서들이 인기있는 이유도 어려운 마케팅 지식보다 유행을 이끄는 감각때문입니다. 그래서 해답은 유행하는 숏폼 영상안에 있습니다. 구독자를 모으면 비즈니스의 기회가 생기죠. 협찬과 협업, 출간, 출연제의가 들어와요.

숏폼 성공요인은 1) 흥미로워야 한다. 2) 결론부터 보여준다. 3) 고화질의 영상 4) 재미있어야 한다. 5) 유익해야 한다. 6) 요약을 잘해야 한다. 7) 배경음악, 음향효과, 영상효과 등입니다.

인스타그램 릴스: 짧은 영상이 많아 제작이 쉽습니다. 10초에서 15초 내외의 짧은 영상도 많고 재미와 눈길을 끈다면 인기영상이되어 조회수를 높일 수있어요. 영상에 어울리는 효과음, 화면효과, 배경음악이 있으면 좋아요. 초반 3초이내 몰입시킬 수 있는 내용이 중요합니다. 9:16비율의 세로 영상으로 찍거나 가로영상도 비율에 맞춰 만들면 돼요. 짧고 재밌는 영상은 반복 재생되어서 조회수가 올라가요. 유익하거나, 재미, 영감을 주는 콘텐츠로 올려보세요. 짧은영상을 시리즈로 올리면 스토리텔링이 되고 다음편 영상을 보게 만들어요. 댓글, 좋아요, 저장, 시청시간등의 콘텐츠 반응은 소위 터지는 릴스로 만들어 줍니다. **페이스북**을 연동해 릴스를 동시 게재 할 수 있도록 하세요.

-템플릿으로 빠르게 릴스 만들기

영상 제작이 힘들다면 템플릿을 이용해 올려보세요. 홈화면에서 신규 + 를 누르고 릴스 -〉 템플릿을 누르면 추천하는 좋은 템플릿에 미리 촬영한 사진과 영상 몇 개를 넣기만 하면, 한편의 좋은 릴스영상을 빠르게 만듭니다. 인스타에서 추천하는 템플릿에는 배경음악, 효과음도 세팅되어 있어 간편하게 콘텐츠를 올릴 수 있어요. 또 릴스편집 프로그램인 캡컷에도 다양한 템플릿이 있으니 쉽게 숏폼영상을 만들어보세요.

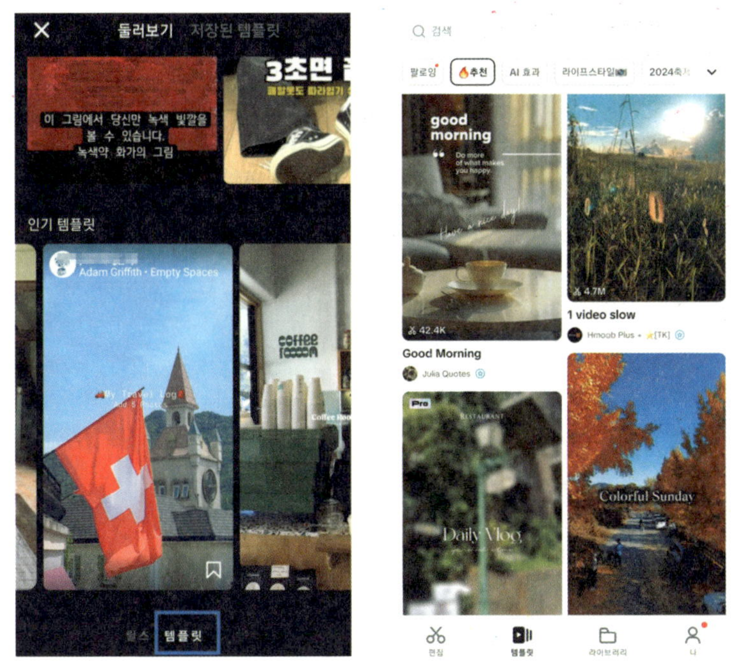

〈템플릿으로 빠르게 릴스와 숏폼 만들기〉

릴스 영상은 프로필의 자신의 상품, 서비스 링크로 유입할 수 있고 댓글 반응으로 상위 노출될 수 있습니다. 댓글 참여자에게 매니챗 또는 인포크 링크의 자동 답변 프로그램을 통해 추가 정보를 주거나 상품구매 사이트등으로 유입시킬 수 있어요. 자신의 블로그나 노션으로도 유입시킬 수 있어요. 블로그글 안에서 더 유익한 긴글 , 정보를 제공하고 , 더 많은 서비스와 상품을 보여 줄 수 있기 때문입니다. 고객을 더 모으고, 수익을 올릴 수 있어요. 블로그는 꾸미기에 따라 전문성을 나타내는 작은 개인 홈페이지로 표현할 수 있습니다.

유투브: 숏츠는 인지도를 높이는 '전단지' 역할로 신뢰와 전문성, 수익의 본체는 롱폼영상입니다. 롱폼 영상 편집이 어려워 초기 몇 개월 하다가 포기하는 경우가 많아요. 하지만 최근에는 숏츠 영상의 수요가 많습니다. 다양한 숏츠로 재미있게 편집하면 흥미를 끌 수 있어요. 초반 3초에 힘을 실어 최대한의 유입을 목표로 하세요. 재미추구, 트렌드반영, 핵심요약 위주입니다. 숏츠는 새로운 사람을 유입시키는 '자석'이며, 롱폼은 팬으로 만드는 '깊은 공간' 입니다. 숏츠 하단 관련 동영상링크 기능을 이용해 롱폼 본편으로 유도하세요. 숏츠(발견)-〉롱폼(체류)-〉구독(팬덤)으로 유입경로를 설계하세요. **또** 유투브는 영상에 제품 태그를 할 수 있어 상품판매시 유리합니다.

유투브로 상품과 서비스를 태그해서 판매하기.

유투브의 경우 개인채널을 만든 뒤, 쇼핑몰의 상품을 태그해 노출하는 방법이 있습니다. 국내 쇼핑몰 플랫폼으로는 카페24, 마플샵이 연동 가능해요. 카페24로 쇼핑몰을 하는 경우는 최근 스마트스토에 비해 적고, 카페24의 쇼핑몰의 운영은 스마트스토어에 비해 조금 어려운 편입니다. 숏츠영상에도 판매하고자 하는 상품을 태그하고 노출이 됩니다. 유투브 스튜디오를 통해 제품관리와 연동된 상품을 표시할 수 있어요

. 또 구독자 1만명 이상이 되면 쿠팡 제품도 태그해 노출시킬 수 있어요. 태그한 쿠팡제품을 시청자가 구매할때마다 수수료를 받을 수 있습니다. 받는 수수료도 꽤 높으니 구독 자 1만명을 만드는 걸 목표로 하세요. 수익화를 위해 흥미로운 영상을 만들어 공략하길 바랍니다.

〈유튜브 긴영상을 통해 쇼핑몰 상품을 노출할 수 있어요.〉

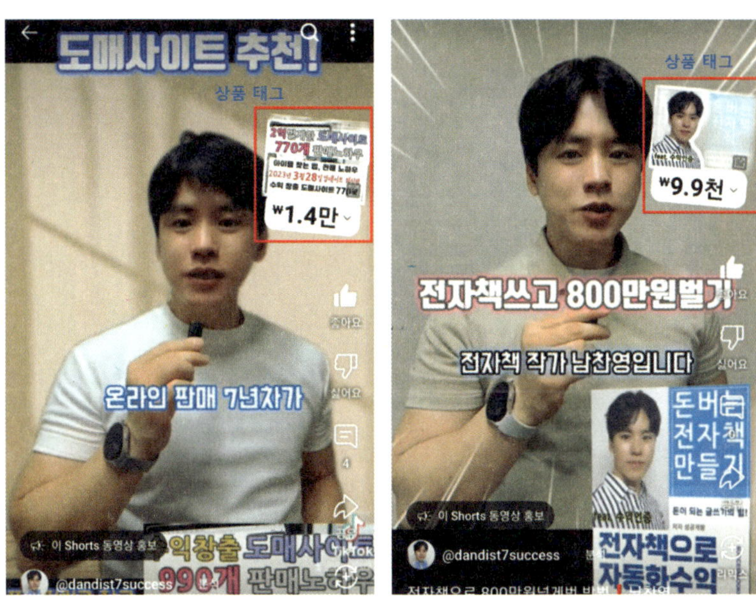

〈유튜브 숏츠를 통해 상품태그를 할 수 있습니다.〉

틱톡: 감각이 중요한 틱톡! 유투브 숏츠와 인스타 릴스의 레드오션에 반응이 느리다면 틱톡을 겨냥해 숏폼을 업로드 하세요. 후발주자의 성장하는 플랫폼에 탑승하면 동반 상승할 수 있어요.

저의 경우 자기계발 숏폼영상을 올렸는데도 팔로워, 좋아요등 성장속도가 빨랐습니다. 다른 플랫폼의 숏폼영상을 동일하게 올려도 됩니다. 1분이상의 영상이 인기를 얻으면 후한 점수를 줘요. 틱톡라이브를 통해 소통하고, 수익과 사람들을 더 모을 수 있어요. 인플루언서들이 마케팅 공부를 하지 않고 감각만으로 많은 팔로워와 인 기, 관심을 끌고 있습니다. 시청 및 다양한 참여로 포인트를 얻는 틱톡 라이트로 시청자를 더 모으고 있습니다. 듀엣, 이어찍기로 인기영상을 콜라보레이션해 업로드할 수 있어요.

페이스북: 메타산하 두플랫폼인 인스타와 페이스북을 연동하면 두곳에 노출할 수 있어 효율이 극대화 됩니다. 30대~60대 중장년층의 비중이 높은 편이기도 합니다. 구매력을 갖춘 실무자나 결정권자들 많다는 얘기일 수 있습니다. 긴텍스트와 정보공유 설득이 필요한 콘텐츠 등의 게시물에 대한 거부감이 적습니다. 게시물에 외부 웹사이트 링크를 쉽게 넣을 수 있고 인스타그램보다 직접적입니다. 메타에서 페이스북 릴스 노출을 대폭 밀어주고 있고, 신뢰감 있는 카드뉴스 게시물을 눈에 띄게 제작해보는것도 좋은 방법입니다.

당근마켓: 이용자가 많은 앱에서 노출시켜야 합니다. 접근성이 좋은 당근마켓에 스토리를 올리세요. 하단 +글쓰기 -〉 스토리로 영상을 등 록하세요. 지역기반 플랫폼이기에 가게운영을 하시는 분께도 좋지만, 콘텐츠로 여러분을 알리세요.

네이버 클립: 네이버에서 제공하는 숏폼 형태의 플랫폼입니다. 네이버 TV의 채널로 긴 장편 영상도 올리고, 클립으로 숏폼도 올릴 수 있어요. 그리고 네이버 블로그앱과 클립앱으로 업로드 할 수 있습니다. 블로그 포스팅 글을 스티커로 연결할 수 있어 블로그 홍보에도 유리합니다.

카카오 톡 숏폼: 카카오톡에도 숏폼 탭이 생겼습니다. 접근성이 훌륭하니 진출해야하는 시장입니다. 일반 크레이터와 사업자용이 있고 톡 숏폼 챌린지를 통해 크리에이터 지원을 받습니다.

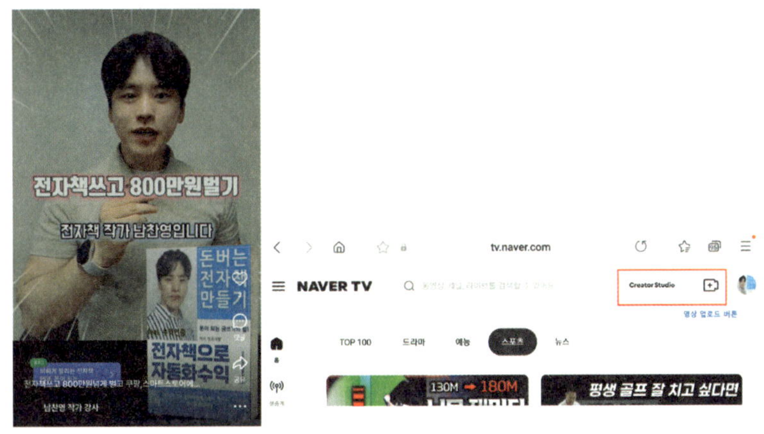

〈네이버 블로그 클립으로 올린 숏폼 영상 – 해당 블로그 포스팅으로 연결할 수 있습니다.〉

쿠팡라이브, 당근마켓, 카카오톡: 번외로 쿠팡판매로 상품을 판매한다면 쿠팡라이브 숏츠로 상품을 소개하며 판매할 수 있습니다. 동일하게 9:16으로 제작해서 판매하려는 상품을 숏폼영상으로 소개하면돼요. 상세페이지 이미지로만 소개하는 것이 아닌 영상으로 소개하면 상품을 디테일하게 보여주고 고객과도 소통할 수 있어요.

라이브커머스 형태와 비슷하다고 볼 수 있어요. 네이버 숏클립은 쇼핑 라이브에 2분정도 영상을 만들어 스마트스토어와 연동해 판매 할 수 있습니다. 스마트스토어를 운영한다면 제품영상을 만들어 숏클립에 등록하세요. 당근마켓은 스토리라는 숏폼영상이 있는데 접근성 좋은플랫폼 답게 조회수가 많습니다. 카카오톡 또한 숏폼탭이 생겼습니다.

하나의 숏폼영상을 여러 플랫폼에 동시에 올리기

당신의 숏폼을 플랫폼에 복제하세요. 화면비율은 동일하기에 하나를 제작했다면 망설이지 말고 모든 플랫폼에 동시 업로드하세요. 플랫폼마다 유입되는 고객의 연령대와 성향이 다르기에, 특정 채널에서 외면받은 콘텐츠가 다른 곳에서는 폭발적인 알고리즘의 선택을 받기도 합니다. 재미와 흥미, 유익함과 감동 중 단 한 가지만이라도 확실히 담긴 영상이라면, 플랫폼의 경계를 넘어 대중의 눈길을 사로잡을 확률은 비약적으로 높아집니다. 완벽한 답을 찾기보다 실패해도 반응을 살피며 과감히 변화를 선택하세요. 틱톡의 경우 라이브를 통해 실시간 선물등을 받으며 코인으로 전환 수익화를 노려볼 수 있습니다. 팬덤이 형성되면 유투브, 인스타그램 라이브로도 소통해 고객에게 좀 더 가까이 다가가세요.

영상후킹 (사람들 끌어모으기)

해외에서 유행하는 영상을 벤치마킹하는 것도 좋은 방법입니다. 국내에서 트렌드를 이끄는 영상과 콘텐츠중 해외 인플루어서들의 아이디어를 모티브 삼아 만든 것이 많습니다. 영상 후킹을 위해 초반 2~3초에 눈길을 끌어야 합니다. 다음장면이 궁금해지는 영상을 앞쪽에 잘라서 보여줍니다. 예를들어, 큰 도끼로 바위를 내려치기 직전까지만 보여주면서 다음 장면이 궁금하게 하는 방식입니다. 다음장면에서는 홍보하고 싶은 내용을 이어 붙여줍니다. 다른 릴스의 시퀀스를 이용해 만들 수 있습니다. 마음에 드는 릴스 영상을 보고 오른쪽 하단의 점 세 개를 누르고 시퀀스 버튼을 누르면 해당영상과 자신의 영상을 붙여 편집, 완성할 수 있어 요. 외국 후킹영상을 다운 받는 사이트는 다음과 같습니다. 〈https://transitionalhooks.com/〉

〈후킹으로 쓸 수 있는 릴스영상을 시퀀스를 통해 편집할 수 있습니다.〉

〈외국 후킹 영상을 다운 받을 수 있는 사이트 https://transitionalhooks.com/ 〉

　영상촬영과 편집까지 어려워하는 분들도 많습니다. 인스타그램의 경우 템플릿을 사용하면 제작이 편해요. 편집앱인 캡컷(PC버전도 가능), 에딧츠(edits)앱에서도 템플릿을 이용한 영상제작을 할 수 있죠. 템플릿의 영상과 배경 음악, 효과음이 좋다면 자신이 촬영한 사진이나 영상을 넣기만해도 쉽게 영상하나가 만들어집니다.

　팔로워와 구독자들과 친해지면 라이브 방송으로 더 깊은 유대감을 가질 수 있습니다. 상품을 판매하는 인플루언서들은 라이브 방송을 통해 쇼호스트처럼 상품을 라방 참여자들에게 소개하고 판매합니다. 찐 소통으로 대화하면서 상품을 소개합니다. 구매하는 팔로워들도 자세한 상품정보를 인플루언서로부터 듣고 볼 수 있어 신뢰감을 갖고 구매합니다.

　지혜서인 잠언에는 현숙한 사람의 사업방식이 나옵니다. 현명한 사람의 특징은 자신의 삶에 믿음이 확고하고 덕을끼치며, 능력과 재능이 탁월합니다. 이 현명한 사람의 사업방식은 고운 베옷을 만들어 판매해 잘 되는 장사로 밤에도 불을 끄지 않아요. 명작은 결과를 알고도 다시 찾게 되는 힘이 있습니다. 내가 자는 밤에도 한 번 등록한 영상은 계속 보게하는 좋은 콘텐츠로 만들어야 합니다. 반복되는 콘텐츠는 광고수익을 올리고 협찬을불러오며, 내 상품과 서비스를 연결하는 가치를 창출하게 합니다.

전자책과 콘텐츠로 장기적인 성공전략 5가지

1. '완벽'보다 '감각'적인 콘텐츠제작을 시작하라 .
2. 관련 '자료'와 자신의 '노하우'를 결합하라.
3. '흥미'와 '확신'을 표현하라. 창작자의 에너지가 중요하다.
4. '가격'보다 '기대'가 좋아야 평점을 잘 받을 수 있다.
5. '마케팅'을 '연결'하라. SNS채널을 다각화 하고 연결하라.

"완벽은 무엇 하나 덧붙일 수 없는 상태가 아니라, 더 이상 뺄 것이 없을 때 이루어진다. "-생텍쥐 베리

일을 잘하는 사람은 불필요한 군더더기를 걷어내고, 성과를 내는 사람은 '핵심'에 집중합니다. 릴스와 숏츠는 바로 그 핵심만 정교하게 담아내는 마케팅입니다. 9:16화면 속에 재미, 감동, 유익함 중 단 하나라도 확실히 담아내보세요. 작지만 날카로운 핵심이 상대에게 전해지는 명작 콘텐츠가 될 것입니다.

〈인스타그램 릴스 예시〉

숏폼 마케팅의 성공공식은 시선을 사로잡는 고효율 전략이 좋습니다. 모든 영상을 직접 연출할 필요는 없어요. 직접 촬영한 일상의 배경화면이나 무료 스톡사이트의 영상을 배경으로 '정보 전달'에 집중하세요. 템플릿, 리믹스 기능을 활용하거나 틱톡의 듀엣, 이어찍기를 이용하면 복잡한 편집 없이도 유행하는 트렌드에 올라탑니다. 첫 3초가 영상을 더 시청할지 결정하는 시간입니다. '재미'나 '유익함' 등이 남아야 합니다. 그래야 시청시간이 늘어나고 공유와 확산이 일어나요. 최신 인기 배경음악과 음향, 화면효과는 영상의 몰입도를 결정짓는 요소입니다. 다양한 편집어플과 프로그램으로 제작하세요.

캡컷(Capcut): 자동 캡션 자막을 사용할 수 있고, 보이스 오버로 최신 유행 목소리를 사용 할 수 있어요. '애덤' 목소리 등 유행하는 AI 보이스를 활용해 영상에 재미와 활력을 불어넣을 수 있습니다. 직접 녹음하는 부담 없이도 개성 있는 스토리텔링이 가능합니다. 포토샵처럼 레이어구조를 사용할 수 있어 사물이 있다가 사라지는 것도 정교하게 편집합니다. 일부 pro편집기능은 유료이고 PC버전도 있어요.

에디츠 Edits: 인스타그램 메타에서 만든 영상편집 프로그램입니다. 무료이고 자동 캡션기능, 간편히 9:16 비율의 숏폼 영상을 편집하기에 굉장히 좋아요. 구글플레이, 앱스토에서 다운받아 모바일에서 바로 편집하면 됩니다.

블로 VLLO: 캡컷과 마찬가지로 많은 편집기능을 무료로 사용할 수 있고 GIF 삽입 기능을 가지고 있는 것이 블로만의 장점입니다. 짧은 GIF, 소위말하는 짤영상이 필요하다면 블로 편집기가 좋은 대안이 될 것 입니다. 워터마크 없이 사용할 수 있는 편집프로그램 입니다.

다빈치 리졸브: PC버전으로 영상을 편집할 수 있는 무료 편집 프로그램입니다. 색감과 영상미를 표현하고 싶을 때 정교하게 편집하는 편집 툴입니다. 영어로 되어있고 사용법이 어려울 수 있지만 멋진 영상미를 표현하고 싶을 때 좋은 프로그램입니다.

〈영상편집 어플 및 프로그램〉

3_5. 블로그 상위노출과 운영전략

블로그는 홍보와 가치를 증명하고 비즈니스 기회와 수익을 창출하는 기록의 베이스캠프입니다.

1. 네이버 블로그 : 많은 유입과 노출 / 브랜딩과 홍보

1) 강점: 국내최대 검색사이트에 노출하고 검색에 유리합니다. 네이버 숏폼 클립과 연결해 시각적 콘텐츠를 극대화 합니다.

2) 활용: 자신의 상품, 전자책, 브랜드 마케팅에 최적화되어 있습니다. 방문자 유입과 이웃소통에 신경써주세요.

2. 티스토리 블로그 : 구글 애드센스를 통한 달러 수익

1) 애드센스 광고를 통한 달러 수익을 얻을 수 있어요. HTML/CSS 편집이 자유로워 자신만의 레이아웃을 구성할 수 있습니다.

2) 활용: IT, 프로그래밍, 코딩, 전문 지식등 구글검색에 유리한 글이 많은 곳이며, 수익형 키워드를 분석해 방문자 수를 늘려보세요.

수익형 키워드를 분석해 방문자 수를 늘리고 서비스와 사업내용을 연재물로 포스팅해서 블로그에 재방문할 수 있게 하세요.

블로그 상위 노출의 비결

블로그는 양질의 글, 콘텐츠가 사람들에게 도움이 되면, 고품질로 인정받아 네이버와 구글에 검색이 잘됩니다. 네이버의 검색로직은 C-RANK와 DIA로 좋은 블로그를 선별합니다. 검색과 노출이 잘되는 블로그의 조건은 크게 다음과 같아요.

C-Rank

1) Context(글의 문맥): 제목과 글의 주제가 맥락에 맞아야 해요.

2) Content(글의 소재): 블로그 글의 내용이 유익하고 품질이 좋아야 해요.

3) Chain(반응 연결): 방문자의 좋아요, 공감, 댓글, 공유, 저장등 반응이 있어야 해요.

4) Creator(생산자): 믿을 수 있고 인기 있는 크레이터인지를 계산해 검색로직에 반영합니다.

D.I.A.(Deep Intent Analysis) : 깊이있는 정보와 경험

필자의 직접 경험과 유익한 정보의 충실한 문서를 분석해 검색에 반영합니다. C-Rank와 상호적인 역할로 양질의 문서를 상위에 노출합니다.

결국 충실한 정보의 포스팅이 고품질이 됩니다. 인위적인 남용(abusing)의 좋아요, 무분별한 상품링크, 일관성 없는 광고는 저품질로 검색에 밀려요. 좋은 상품명, 키워드 사용, alt태그 사용등도 중요한데, 진정성 있는 콘텐츠와 글이 장기적인 성공요인입니다. 얼마나 사람들에게 도움을 주느냐가 중요합니다.

1주일에 1~2개 이상의 꾸준한 포스팅으로 최신성을 갖고, 방문자의 체류시간, 유입수, 댓글, 공유, 좋아요 등의 높은 반응이 상위노출 되는 조건입니다. 정보, 일상, 리뷰, 비즈니스를 표현하며 애정을 고스란히 녹여낼 때 열정적인 포스팅이 생산됩니다. 네이버 블로그는 숏폼영상인 클립을 올릴 수 있습니다. 클립영상에 블로그 포스팅을 스티커로 태그해 노출할 수 있어요. 유투브와 블로그는 선발주자가 많아도 탄탄한 콘텐츠를 계속 업로드하면 성장할 수 있어요.

블로그 지수 확인하는 사이트

블로그 차트 (https://www.blogchart.co.kr/)

블로그 도우미 (https://bloghelper.co.kr/)

바루다 (https://baruda.co.kr/)

블로그 스탠다드 (https://blogstand.net/)

슈퍼멤버스 (https://www.supermembers.co.kr/)

블로그 유틸 (https://blogutil24.com/HomeAction.do) 블로그 운영팁과 검색이 누락되었는지 확인하는 사이트입니다.

네이버 블로그 vs 티스토리 블로그 전략 비교

네이버 블로그는 네이버 검색엔진에 노출이 잘되고, 티스토리 블로그는 애드센스 광고로 인해 광고수익이 좋습니다.

저는 네이버 블로그와 티스토리 블로그를 동시에 운영하고 있어요. 두개의 블로그에 같은 내용을 포스팅 하진 않습니다. 네이버 블로그는 전자책과 책에 관련된 내용, 자기계발에 콘텐츠를 주로 올려 하는 일을 알리는 수단으로 사용합니다. 티스토리 블로그는 블로그 키우기, 애드센스 승인방법과 광고 수익 올리는 방법, 온라인 사업, 마케팅 관련해서 포스팅 합니다. 티스토리 블로그도 네이버 로직에 문서가 잘 노출 됩니다.

블로그글도 초두에 승부를 보는게 좋습니다. **결과를 먼저 보여주세요.** 예시) "0원으로 시작해 월급보다 더 버는 숏폼, 비결은 기획과 AI에 있었습니다." 공포 및 문제제기. 예시) 월급만 믿기엔 세상은 빨리 변합니다. 든든한 두번 째 월급을 준바하세요.

1. 네이버 블로그 전략:

리뷰, 체험, 홍보와 퍼스널 브랜딩을 하기에 유리합니다. 애드포스트 광고가 붙는데 광고 수익보다는 전문직, 사업가, 자영업, 병원, 보험, 영업, 기업 홍보, 작가들이 자신의 비즈니스를 홍보하는데 중점을 두고 운영하면 좋습니다. 국내 최대 포털 사이트의 검색에 유리해 사업과 제품, 서비스를 알리기 위해 네이버를 선택합니다. 인플루언서 분들도 지속적인 홍보를 일상과 함께, 제품, 서비스 등을 네이버 블로그를 하죠. 또인플루언서를 목표로 한다면 네이버가 더 빠르고 파급효과가 큽니다. 퍼스널 브랜딩으로 자신을 알리고 사업을 홍보하는 용도로 좋습니다. 저장된 블로그 포스팅을 통해 간단한 PDF를 생성할 수 있어요.

2. 티스토리 블로그 전략:

네이버 블로그가 검색기반을 토대로한 홍보성글이 많다면 티스토리는 전문적인 글이 많은 편입니다. IT, 전자/모바일기기 리뷰, 코딩, 컴퓨터, 영상 편집 등 전문적인 내용을 쓰고 올리는 블로거들이 많습니다. 블로그의 레이아웃, 스킨 등을 HTML등으로 가능해서 원하는 디자인으로 블로그를 꾸밀 수 있습니다. 애드센스 수익이 좋아 광고 수익도 원한다면 티스토리 블로그가 좋아요. 직접 운영해보니 검색유입에 있어 네이버 블로그에 뒤쳐지지 않고, 네이버 블로그에 비해 저품질에 걸릴 위험도 적어요. 티스토리를 운영하는 분들도 많아 서로 맞구독도 할 수 있어요. 티스토리 포럼이라는 커뮤니티에서 블로거들과 소통 할 수 있습니다. 몰론 티스토리 블로그로 퍼스널 브랜딩과 리뷰등의 포스팅도 하면 됩니다.

〈티스토리에서 제공하는 포럼, 정보와 팁, 그리고 홍보도 할 수 있어요.〉

블로그 광고수익

네이버: 애드포스트(원화) vs 티스토리: 애드센스(달러)

네이버 블로그에 적용하는 광고가 애드포스트 입니다. 애드포스트 수익은 적어 오히려 제품 홍보를 해주고 받는 금액이 더 많습니다. 애드센스는 티스토리에 적용하는데, 달러를 벌고 수익도 좋습니다. 애드센스 광고를 클릭할 수 있도록 글 사이에 광고를 셋팅해야 합니다.

블로그는 제품 리뷰와 체험 포스팅이 도움 됩니다. 광고성글이 많아져 진정성이 퇴색되는 가운데 순수한 포스팅과 정보전달이 신뢰를 갖게 해요. 직접 사용하고 경험해서 장, 단점을 친구에게 알려주듯 손수 포스팅한 글에 애정이 담겨요. 생활 용품, IT, 전자기기 등의 사용기는 구매예정자에게 도움이 되고 제품은 협찬도 받을 수 있죠. 체험형 블로거도 즐겁운 경험과 정보를 전달합니다.

여유가 되고 콘텐츠가 다양하면 2개다 운영해보는 것도 좋습니다. 물론 어렵다면 좀 더 나은 결과가 있는곳을 선택해 최적화 하세요.

네이버 블로그 저장된 글로 간단한 PDF전자책 만들기

시리즈로 글을 포스팅을 했다면, 내 블로그 -> 메뉴,글,동영상 관리 -> 글 저장에서 PDF를 만들 수 있습니다. 포스팅 글 몇 개를 선택해 PDF파일제목을 적고 '추가 -> '만들기'를 누르면 생성해 다운로드 할 수 있습니다. 포스팅한 글들을 이어 붙이는 결과를 보여주고 링크같은 것들은 디테일한 수정이 필요합니다. 품질 좋은 전자책을 판매하려면 직접 전자책을 만드는 것을 추천합니다.

3_6. 네이버 프리미엄 콘텐츠로 월 구독료 받기.

네이버 프리미엄 콘텐츠는 창작가가 블로그처럼 글을 쓰고, 그 글을 유료로 판매할 수 있는 네이버 공식 유료콘텐츠 플랫폼입니다. 페이월이라는 유료 결제창을 글 중간에 넣을 수 있어요.

1. 네이버 프리미엄 콘텐츠 요약

성격: 유료 채널을 개설해 텍스트, 영상, 파일등을 판매할 수 있는 플랫폼.

특징: 네이버페이 결제가능, 네이버 검색 노출, 블로그와 비슷한 글쓰기 스마트에디터 사용. 수수료: 약10%

2. 글 올리는 방법 (콘텐츠 발행)

1) 네이버 프리미엄 콘텐츠 스튜디오에 로그인 합니다.

2) 새 글 쓰기: 콘텐츠관리 -〉 새 콘텐츠 작성을 클릭합니다.

3) 제목과 본문을 작성합니다. (이미지, 동영상 삽입 가능)

4) 페이월 삽입: 유료 전환할 부분에 '페이월' 버튼을 넣습니다.

위쪽은 누구나 보는 미리보기, 아래쪽은 결제자만 보는 유료내용이 됩니다.

5) 발행설정: 단건판매, 구독자 전용판매 선택후 발행합니다.

3. 구독료 설정 (상품 및 정산)

1) 상품등록: 상품관리 메뉴에서 월간/연간 구독료를 설정합니다. (월 2,900원~19,900원 사이에서 자유롭게 설정가능)

2) 고객이 네이버페이로 결제하면 즉시 구독이 시작됩니다.

3) 정산방식: 매월 1일~말일까지의 수익을 다음달 21일에 입금.

4. 전자책 (PDF) 판매하는 방법.

 단건으로 상품을 판매 할 수 있습니다. 미리보는 위쪽은 '읽을 가치가 있다'고 확신의 글을 적어주세요. 글 본문과 전자책의 핵심 내용을 적고 전자책 PDF파일을 첨부합니다. 페이월을 전자책 첨부파일 바로 위에 설치해 결제한 사람만 파일을 다운로드할 수 있게 설정하세요
. 또 하나의 방법은 재능마켓 플랫폼, 유페이퍼, 대형서점에 등록된 e-북, 쿠팡, 스마트 스토어에 전자책 PDF를 등록하고, 프리미엄 콘텐츠글 또는 블로그 하단에 링크를 걸어 판매 할 수 있습니다.

 페이월(유료결제창) 바로 위에 다음과 같은 문구를 곁들여보세요. "아래 본문에서 실전사례를 확인할 수 있습니다.", "이후 내용은 구독자 분들께 알려드리는 심화가이드 입니다. 미리보기는 구매전 검토 할 수 있도록 가치를 먼저 보여줘야 합니다. 뒤에 나올 더 큰 정보가 매력적으로 보일 시점에 페이월(결제창)을 설정하세요.

 콘텐츠로 돈을 벌 수 있는 시대입니다. 무료로 보는 블로그 포스팅보다 훨씬 도움이 되는 양질의 글을 꾸준히 올려야 월간/연간 구독자가 생깁니다. 하나의 콘텐츠는 단건판매로도 가능하고, 연재물로 꾸준히 글을 쓰실 분에게 추천해요. 글의 윗 부분은 누구나 보는 공간이기에 결제를 할 수 있도록 와 닿는 제목과 좋은 내용을 써야합니다. 쓴 글을 바탕으로 전자책 또는 종이책으로 업그레이드 해 출간하면 됩니다. 네이버에서 프리미엄 콘텐츠를 검색하고 프리미엄 콘텐츠 스튜디오에서 판 매회원 가입을 하면 됩니다.

3_7. 나를 살리는 책 읽기의 힘.

4차 산업시대에는 일을 많이하기보다 날카로운 사고력과 번뜩이는 아이디어가 중요합니다. 물론 좋은 아이디어로 많이 일하면 결과는 기하급수적으로 늘어납니다. 글을 읽으면 두뇌는 생각하는 힘, 사고력이 갖춰지고 몸은 행동력이 길러집니다. 아이디어가 창출되고 글과 결과물이 탄생합니다.

기분이 안좋다면, 기운이 나게 하는 것들을 해야합니다. 사람은 말 실수를 하지만, 불순물을 뺀 책은 실수가 적어요. 특히 마음과 정신력을 강하게 하려면, 좋은 책을 접하는 시간이 필요해요. 그래야 생각속에 긍정적인 것들이 자리잡혀 정신력이 좋아집니다.

여러권의 책 읽기는 두뇌를 자극하고 발달시켜요. 좋은 도파민으로 지겹지 않고 읽는 재미가 배가됩니다. 지식이 쌓이고 연관된 새로운 아이디어가 생성돼요. 사람의 마음에는 좋은 것과 나쁜 것도 있어요. 마음을 가꾸려면 진리의 내용을 마음 겹겹이 쌓는 작업이 필요해요. 인문고전이 잘 변하지 않는 삶의 법칙을 담고 있어 시대가 변해도 통합니다. 변하지 않는 법칙의 글이 실패를 줄이고 성공을 높여요. 또한 외부의 스트레스에 요동하지 않는 단단한 내면을 만듭니다.

탁월한 말과 좋은 글은 양서를 읽는 것으로 시작합니다. 저는 도서관에 가서 제목과 책을 넘겨보며 필요한 책이라면 베스트 셀러를 가리지 않고 읽었어요. 한 줄이 힘을 주고 생각을 바로 잡아 주었습니다. 배움을 통한 지식은 자연스럽게 흘러 넘치고, 지혜는 태도가 되어 생활습관이 바껴요. 변화는 곧 사람들을 향한 영향력으로 나타납니다. 말을 잘하고 글을 잘 쓰려면 독서가 밑바탕이 되어야 해요.

좋아하는 장르의 책 부터 조금 읽어도 좋아요. 독서도 최소한의 노력으로 최대의 효과를 얻어 나를 살리는 책읽기의 힘을 느껴보길 바랍니다. 생명의 근원인 마음에 힘을 얻고 삶이 바뀌는 강한 실행력을 갖추게 됩니다.

종이책, 전자책과 영상강의가 같은 내용이라도 두뇌가 활동하는데는 종이책이 더 좋습니다. 종이위에 떨어지는 자연광과 책을 넘기는 소리등은 정서에 안정을 줍니다. 전자책에 아날로그 감성이 없더라도 글을 읽고 사고하는 습관은 중요합니다. 좋은변화는 자신을 기쁘게 합니다. 즐거운 책 읽기는 성장과 성숙이 있어요.

한 줄 부터 시작해 즐거움과 유익함으로 한페이지를 몰입해 읽었다면 독서에 성공한 것입니다. 글로 힘을 얻고, 다시 쓰고 실행해 삶을 변화시키길 바랍니다.

나를 살리는 독서의 7가지힘

1) 회복과 치유의 토대. ('모든 일은 마음먹기에 달렸다'는 말처럼 강한 마음이 모든 것을 할 수 있는 바탕이 됩니다.)

2) 미래의 나의 태도가 바뀌고 생활습관이 바뀝니다.

3) 세상으로 나아가는 길이 열립니다. (비전과 꿈을 갖게 되고 인생의 좋은 목표가 생깁니다.)

4) 두뇌가 독서의 환경을 통해 더 발달합니다. (뇌 가소성 지적향상)

5) 지식이 쌓이고 스피치 능력이 좋아집니다.

6) 한계를 돌파하는 마음의 에너지를 증폭시킵니다.

7) 배려하는 사람이 됩니다. 깊은 독서는 공감의 폭을 넓혀요.

4. 쉽고 빠른 전자책 만들기

4_1. 시작하기 쉬운 전자책 판매와 기대효과

"훌륭한 생각을 하는 사람은 많다. 하지만 실제로 실행하는 사람은 적다."

누구나 시작할 수 있지만, 실제 전자책 만들기를 실행하고 완료하는 사람은 많지 않아요. 정보를 주고 수익을 얻기 위해 소책자를 기획해 시작하는 것만으로 설레이는 꿈이 되고 많은 기회가 열립니다.

– 전자책으로 얻을 수 있는 기대수익과 결과들
1) 크몽등의 재능마켓플랫폼에서 자동수익을 얻습니다.
2) 스마트 스토어, 쿠팡에도 업로드해 판매량을 늘릴 수 있습니다.
3) 강의, 강연, 온라인 강의로 활동하고 수익을 얻을 수 있습니다.
4) SNS, 블로그, 유투브 홍보로 퍼스널 브랜딩을 할 수 있습니다.
5) 종이책 출간으로 커리어를 쌓을 수 있습니다.
　또한 작은 소책자를 완성하며 성취감을 얻고 정보전달로 인해 보람과 기쁨을 느낄 수 있습니다.

시작하기 쉬운 전자책 만들기의 특징

제작비는 0원, 마진율은 약 80%, 시공간을 초월한 24시간 자동화 수익, 리스크제로의 안전하고 품격있는 부업. 시작하는 것이 전자책 만들기 성공의 핵심입니다. 소책자이기에 시작할때 길이 열리고 빠르게 완성합니다. 자신의 경험을 쓰면 작업이 더 효율적입니다. 힘든 에너지와 많은 시간이 들지 않아 작업이 부담없어요. 전자책은 종이책보다 적은 분량인 20페이지 이상이면 되고 기획부터 제목, 목차, 내용까지 작성하는 것은 크게 어렵지 않아요.

문학적으로 문장을 잘 써야 한다는 강박보다는 경험을 누군가에게 전달한다는 생각으로 쓰세요. 부담이 적어지고 글을 쓰는 속도도 빨라집니다. 구체적으로 이야기하면 글감이 풍성해져 분량을 채울 수 있어요. 글쓰기는 계속 발전하는 지식창업입니다. 글을 쓰는 좋은습관으로 전자책, 종이책, 강연, 온라인 강의 개설등 지식창업과 관련된 새로운 기회가 생겨요. 한번 궤도를 타면 기하급수적으로 발전하는 안전한 창업입니다.

. 크몽과 탈잉 등 재능마켓 플랫폼 뿐 아니라 스마트 스토어와 쿠팡, 오픈마켓, 유페이퍼를 통한 대형서점에도 판매할 수 있는데, 등록하는 것도 쉽고 키워드 광고, 개인 SNS마케팅등으로 판매량을 높일 수 있습니다.

많은 사람들이 경제적 자유와 부의 추월차선을 꿈꿉니다. 사업, 부업, 투자, 부동산등 돈 버는 방법들이 많은데 그 중에 하나는 온라인사업 그리고 글쓰기입니다. 작고 쉬운 습관인 정보성 글쓰기로 온라인에서 돈을 벌 수 있는 시스템을 구축해보세요.

4_2. 전자책 쓰기 계획.

누군가에게 도움을 주는 글을 쓰는 것이 전자책의 주된 목적입니다. 정보성 글이나 한 분야의 성공 노하우, 문제를 해결한 경험을 통한 시행착오와 이루었던 업적, 필요한 좋은 자료들을 모은 PDF 파일 등이 전자책의 종류입니다. 물론 전자책에도 문학적인 도서들이 많습니다. 에세이나 소설, 시도 전자책으로 충분히 만들 수 있어요. 오프라인으로 읽는 종이 책을 PC와 모바일 기기에서 읽을 수 있는 e-book 형태로 옮겼을 뿐입니다.

기획에서 완성까지: 전자책 집필 계획

1) 고객의 결핍과 나의 재능을 연결하세요. 전자책은 나의 재능을 상품화 하는 것입니다. 고객의 필요와 문제에 노하우를 제시하세요.

2) 제목을 '목표지점'으로 설정하세요. 제목은 단순한 이름이 아닌 방향성을 나타내는 나침반 입니다. 지속적인 글쓰기로 끝까지 전자책을 완성하는데 도움이됩니다.

3) 추진력과 열정이 있을 때 쓰는 게 좋습니다. '다음에 써도 되겠지' 라는 생각으로 미루면 흐지부지 되어 포기합니다. 염감과 추진력이라는 힘이 있을 때 박차를 가하는 게 좋아요.

4) 데드라인을 정하세요. 촉박한 일정도 완성도를 떨어뜨리지만, 기한이 없는 작업은 끝나지 않습니다.

3~4주 정도의 시간은 한 권의 전자책을 만드는 좋은 시간이 됩니다.

 5) 목차는 설계도입니다. 책 전체의 기둥을 세우고 내용을 기승전결로 만드는 작업입니다. 처음에 다 적을 수 없으면 크게 생각나는 것부터 3가지 정도 적어도 괜찮습니다. 작업시 흐름을 파악하기 쉬워요.

 6) 명확한 문장과 진정성 있는 경험담. 글로 독자가 실행하기 쉽도록 도와줘야 합니다. 실용서이기에 추상적이고 모호한 표현은 안 좋습니다. 구체적인 글로 전달력을 갖추고 좋은 가독성으로 생각할 수 있는 여운을 남기게 해줘야해요. 그리고 독자의 삶을 더 낫게 만든다는 의도를 가져야합니다. 직접 시도한 경험과 노하우, 본인의 이야기 즉, 스토리텔링 형식으로 진정성 있게 적습니다.

 7) 상품평을 통한 완성도의 진화. 고객이 부족하다고 리뷰 할때, 품질을 위해 보충하고 더 낫게 수정해야 해요. 발행전 다른 사람의 피드백을 받는것도 객관성을 확보하는 좋은방법입니다.

 몰입하면 짧은 시간에도 소책자를 쓰지만, 본업을 하면서 전자책 쓰기를 병행한다면 매일 조금씩 글쓰기 시간을 가지세요. 또는 글쓰기, 스터디모임등에서 사람들과 모여 작업하면 집중할 수 있습니다. 자신에게 맞는 효율적이고 효과적인 글쓰기 루틴을 가져야 하나의 콘텐츠, 전자책을 완성할 수 있어요. 완벽한 글은 수정의 반복에서 창조되고, 위대한 창작가는 일상의 루틴에서 탄생됩니다.

4_3. 전자책 빨리쓰는 방법. (최소 분량 적기)

전자책을 쓸 때도 쉬운 공식을 선택해 만들면 작업이 어렵지 않습니다. 효율적으로 만들어야 시간과 에너지를 아낍니다.

□**주제 선정하기**: 고객의 문제를 알고 가려운곳을 찾아라. 타겟 고객의 구체적인 문제를 해결해주기로 결심하세요.

□**목차부터 적어보기**: 책의 큰기둥과 지도의 이정표를 세워라.

목차는 독자가 문제에서 해결로 가는 길이 됩니다. 서론:이 전자책이 중요한이유.(동기부여), 본론:단계별 실행방법(Step 1,2,3..), 결론: 바로 시작하는 액션 플랜 및 Q&A

□**정보를 전달하고 노하우를 이야기하기**: 문학적 표현이 아닌 학생에게 노하우를 전하듯이 쓰면 작업속도가 붙고 내용을 채울 수 있어요. 녹음한 뒤 텍스트로 변환 STT하면 초안을 만듭니다.

□**시각자료. 많은 설명보다 이미지와 인포그래픽 이용**: 문데이터와 수치를 인증하면 품질이 좋아집니다. 그래프, 그림등으로 이해하기 쉽게 표현해보세요.

Point. 전자책 쓰기 집필 노하우.

첫째. 결승선을 먼저 긋고 시작하라. 매력적인 제목은 독자의 선택을 받고 작가 또한 동기부여가 됩니다. 눈에 보이는 선명한 목표는 결국 완주하게 하는 힘입니다. 제목이 결승선이 되어 나아갈 방향과 해야할 작업을 알 수 있어요.

둘째. 구매결정의 핵심은 목차입니다. 처음부터 완벽한 구성을 짜기보다, 독자가 돈을 지불해서 해결하고 싶은 '핵심 결핍' 3가지를 먼저 선정하십시오. 중요한 목차 세가지에서 더 늘려나가세요. 크게 장-챕터-꼭지 순의 질서를 잡으세요. 책의 구성과 흐름을 작업자가 파악할 수 있도록 하는게 좋아요. 큰 목차를 장으로 잡고 챕터1또 는 1장으로 표현하고, 밑에 세부적인 소주제를 꼭지로 적습니다.

셋째. 가독성, 읽기 편한 글이 끝까지 읽힌다. 텍스트가 너무 빽빽하지 않도록 단락과 줄 바꿈을 활용하세요. 읽기 편한 가독성을 만드세요. 그림이나 실제 도전한 사진, 그래프, PPT 디자인을 통한 숫자나 설명은 독자의 이해력을 높입니다. 정보를 시각화하는 인포 그래픽이 전달력을 높이는데 좋습니다.

넷째. 경험으로 신뢰감을 제공하라. 고객은 이론이 아니라 경험을 삽니다. 주관적인 경험에 객관적인 근거를 덧입혀 신뢰도를 확보하십시오. 성공했던 결과들을 신빙성있게 첨부하세요. 실제 매출내역, 성과를 올린것, 수익금 내역, 팔로우 증가지표 등은 개인정보만 가린채 조작없이 올려야 합니다. 어떻게 성공했는지에 대한 증명은 반드시 사야 하는 정보로 격상시킵니다. 전문성있게 표현하면 좋아요.

다섯째. 짧은 발췌는 지혜롭게 잘 이용해 중간에 넣어줍니다. 발췌 경로는 밝히고 저작권에 문제가 없는지 확인해야합니다. (참고. 일반 적으로 저작권은 저작자 사후 70년까지 보호됩니다. 다만, 보호기간이 연장된 개정법 시행일인 2013년 7월 1일 이전에 보호 기간이 만료된 저작물은 저작권이 저작자 사후 50년간 존속합니다.)

여섯째. 퇴고과정 (원고를 확인하며 맞춤법, 틀린 문장을 수정하는 작업)을 거치면서 좀 더 읽기 편한 좋은 내용의 책으로 만듭니다.

중요한 문구는 한눈에 알아 보도록 만드세요. 중간 핵심적인 내용에 색상이나 밑줄, 볼드처리로 가독성 있게 쓰세요. 전자책을 쓸 때 이용하면 좋은 것이 '블로그'입니다.

체류시간 늘리기와 가독성 연습을 하기 좋은 곳이 블로그죠. 독자의 체류시간 데이터는 수익성을 미리 점검할 수 있어요. 흥미로운 글, 가독성 있는 포스팅을 해보면 전자책쓰는데 도움이 됩니다. 또 블로그는 책 홍보와 마케팅을 할 수 있어요. 포스팅을 잘 모아 전자책으로 엮는 것도 좋은 방법이고, 또 반대로 책 내용중 일부를 블로그에 포스팅 할 수 있습니다.

책의 전체 내용을 공개하기보다, 핵심 챕터를 요약하거나 호기심을 자극하는 일부만 발췌해 포스팅하십시오. '더 자세한 내용은 전자책에 있다'는 메시지로 책을 구매 하도록 유도해보세요. 책상에 앉아서 생각이 나는 대로 무작정 쓰기보다 **조각콘텐츠(SNS, 블로그)를 모아 완성형 자산(전자책, 종이책, 롱폼영상)으로 만드는 것이 좋습니다.**

일과 작업은 단순하고 명확할 수 록 강력해집니다. 중요한 문장부터 명확하게 짧게 쓰는 방법이 좋아요. 문장에서 단락, 단락이 모여 목차를 이루고 소주제들을 완성시키세요.

모든 답을 쏟아내기보다, 핵심문장이나 질문을 던진 후 독자 스스로 생각하고 적을 수 있는 공간을 마련해 두는 것도 좋습니다. 실용서는 능동적인 참여를 끌어낼 때, 진정한 변화를 만드는 보물이 됩니다. 중요한 문장을 적고 나머지는 읽는 독자들이 스스로 생각하고 실행하게 하는것도 좋습니다. 딱딱한 정보 사이에 유머와 위트로 정서적 거리를 좁혀주는 것도 완급조절에 도움됩니다. 글과 전자책을 쓸 때 쉽게 써야 됩니다. 이는 퀄리티를 낮추라는 뜻이 아닌 '작업과정 자체를 파악 가능하도록 단순화' 시키라는 의미입니다. 내가 무얼 쓰는지, 전체과정 중 어느 지점인지 알 수 있어야 해요. 분량이 많아지면 헷갈릴 수 있습니다. 구조가 단순해지면 집필의 혼란을 없애며 완성할 수 있습니다. 명쾌하고 보람된 창작의 즐거움을 느껴보시길 바랍니다. 유쾌하고 재미있는 작업이 분명 독자에게 전달 될 것입니다.

Point. 전자책: 성공을 팔지 말고 방법을 팔아라

1) 직접 했던 경험을 쓰세요. 진짜는 진심과 진정성을 나타냅니다. 좋아하는 사람에게 알려 주듯 쓰면 정성이 들어갑니다. 거창한 성공이 아니어도 좋아요. 시행착오와 성과에서 얻은 통찰을 얘기해주세요. 충 분히 인사이트를 전할 수 있습니다.

2) 자신의 노하우와 작게 성공한 것도 근거와 함께 쓰면 됩니다.

(예시. 스마트 스토어 광고 비용 없이 매출 천 만원 올린 방법, 짧은 숏폼 영상만으로 한 달만에 구독자 1만명 만든 노하우, 다이어트 성공법, OOO자격증 빨리 취득했던 노하우, 시험 공부법, 학습법, 블로그 마케팅, 직무스킬 등)

3) 문제와 해결을 결합한 유혹적인 제목.

(현재의 결핍-> 드라마틱한 변화-〉 구체적인 방법론. 예시: 육아 만 하던 내가 블로그로 월100만원 수익 얻게 된 방법)

4) 핵심부터 보여주는 두괄식 전개. 장황한 머릿글, 서론은 과감히 생략하고 고객이 실행할 수 있는 글이어야 합니다. 우선순위가 명확할수록 독자의 만족도는 올라갑니다.

5) 경험이외 부족한 부분은 관련자료와 지식을 수집해 보완하십시오. 어떻게 목표를 달성했는가에 대한 논리적인 설명과 검증이 설득하는데 있어 강력한 무기입니다.

6) 사람은 이득보다 손해를 더 싫어합니다. 문제를 방치했을 때 생기는 시간, 감정, 금전적 손해를 짚고 해결할 솔루션을 다각화 한 목차를 나열하세요. 목차는 소비자를 책의 중심으로 안내하는 네비게이션입니다.

전자책은 양보다 질, 희소성입니다. A4용지 30페이지는 적은 책의 분량입니다. 30페이지만 쓰고 인기와 가치에 따라 큰 수익을 얻는 것이 전자책입니다. 최소분량 A4용지 20페이지로 먼저 등록해보세요.

유명한 플랫폼 사이트와 사람들이 몰리는 곳에 등록하는 것이 판매확률을 높입니다. 크몽, 탈잉, 유페이퍼, 오픈마켓등 고객이 많은 곳에 업로드 해보고 대표 플랫폼 1,2위에 집중하는 것도 좋습니다. 기획력이 뛰어나면 후원금을 받는 펀딩사이트에 올려보세요.

글쓰기는 뜨거운 열정이 일어날 때 완성하는 것입니다. 타오르는 에너지가 완벽한 문장으로 거듭나게 할것입니다.

4_4. 효과적인 글 쓰기 순서_ 블로그와 병행

블로그는 검색유입을 위한 '키워드 설계'가 중요합니다. 방문자가 검색으로 들어왔다면 정보를 정독할 가능성이 있습니다. 이탈되지 않도록 핵심내용, 사진, 가독성의 구조로 포스팅하세요. 시리즈 연재는 다음 포스팅도 읽게 만듭니다. 정보뿐 아니라 "검색을 통해 들어온 당신의 고민을 본문 하단에서 완벽히 해결해 드립니다." 라는 강력한 예고로 시선을 붙들어야 해요. 정보성 키워드로 검색이 잘 되도록 하세요. 책의 핵심노하우 일부를 공개하세요. "전체노하우의 일부를 오픈합니다. 구체적 실행방안 90%는 전자책에 담겨 있습니다." 호기심을 유발하고 유료결제라는 최종행동을 이끌어내는 장치입니다. 콘텐츠 제작의 효율적인 순서입니다. SNS(숏폼,카드뉴스) -〉 블로그(중형글) -〉 전자책(완성형) -〉 종이책(최종) 순으로 분량을 확장해 보세요.

'전자책 집필과 마케팅을 동시에 하는 블로그연재 프로세스'

전자책의 목차 내용을 따라 블로그에 포스팅을 연재하는 방식을 추천합니다. 블로그 검색도 되고 나의 콘텐츠와 글이 인터넷상에 홍보가 되어 책 광고 효과로도 좋아요. 유료 판매되는 전자책의 모든내용을 블로그에 다 오픈 할 필요가 없습니다. 책의 요약, 브리핑과 독자에게 어떤 유익을 줄 수 있는가에 대한 설명에 집중하세요.

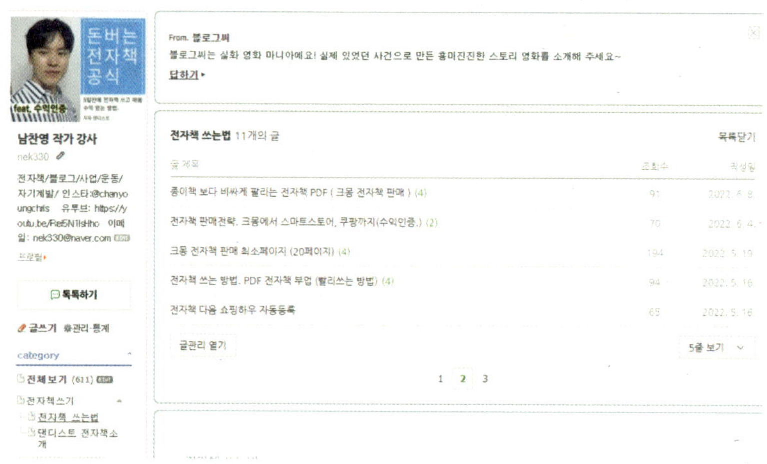

〈네이버 블로그에 하나씩 포스팅 하면서 올린 전자책 내용〉

블로그는 소통하듯 글을 쓰는 것에 중점을 두어도 좋습니다. 블로그 이웃들과 검색해서 들어오는 사람들과 공감하는 것이 운영에 도움이 돼요. 독자의 마음을 여는 소통 글쓰기와 짧은 글이 거대한 자산이 될 것입니다. 전문가의 일대일 코칭느낌으로 가르쳐주는 컨셉도 좋습니다. **지식의 양도 좋지만 전달하는 방식의 온도도 중요합니다.**

애드센스 빠른 승인방법과 블로그수익 극대화 모음을 알려드...

애드센스 빠른 승인방법과 블로그 수익 극대화 모음 애드고시라고 불릴 만큼 애드센스 승인이 요즘 어렵습니다. 애드센스 광고 빠른 승인 방법과 블로그 수익 극대화 모음집을 출간하였습니다. 특히 시간낭비하지 않기 위해 서론을 과감히 없애고, 바로 애드센스 빠른 승인 ...

2022. 7. 12.

상단광고 2개 넣는 간단한 방법. 애드센스 수익 극대화 티스토...

상단광고 2개 넣는 간단한 방법. 애드센스 수익 극대화 티스토리 블로그 애드센스가 플러그인이 없어져 예전처럼 포스팅 위에 상단광고 2개 넣는것이 어려워졌습니다. 저 또한 상단광고 2개로 잘 운영해오다가 카카오 애드핏 연동을 해본다고 시도 했더니 기존 플러그인이 ...

2022. 6. 30.

애드센스 승인 방법. 빨리 승인 받는 방법 (애드고시)

애드센스 빠른 승인 방법 티스토리 블로그를 하는 가장 큰 이유는 애드센스 광고수익 때문일것입니다. 블로그를 만들고 애드센스승인까지 조금의 노력과 인내심이 필요한데 최대한 빠르게 승인받는 방법 알려드립니다. 애드고시라고 불릴 만큼 최근 애드센스 광고승인이 ...

2022. 5. 29.

애드센스 수익금 입금. 국내 통장으로 입금

애드센스 수익금 입금 애드센스 수익금이 국내통장으로 입금이 되었습니다. 128달러 였는데, 미리 입력해 놓은 통장 계좌로 어제 입금되었습니다. 개설 은행에서 전화가 왔고 간단히 유투브 수익금이냐고 묻자, 티스토리 애드센스 수익금이라고 대답했습니다. 다음부터는 ...

〈티스토리 블로그에 하나씩 포스팅 하면서 올린 수익형 블로그 만들기 내용〉

　결과와 수익은 책으로 얻고, 과정은 블로그에 담으세요. 검색으로 들어온 유입을 구매로 바꿀 수 있도록 해야 합니다. 카피라이팅 문구를 연구하고 사진과 GIF를 넣고 남들과 차별된 방법을 적으세요. 블로그는 과정을 표현하며 브랜드를 세울 수 있습니다. 또 숏폼영상으로 유입된 사람들에게 더 많은 정보를 보여주기에 크리에이터의 전문성을 높여줍니다. 블로그에 쌓인 글을 엮어 한 권의 소책자를 완성해 보십시오. 판매를 통한 수익의 보상은 지속하는 좋은 연료가 됩니다.

- 블로그를 통해 전자책을 판매할 때

비밀 댓글을 통해 고객이 받을 이메일 주소를 기입하도록 하고 판매자는 입금 받을 계좌번호를 입력하면 됩니다. 입금이 되면 전자책 PDF 를 발송하면 되죠. 비밀 댓글, 쪽지등으로 받아도 괜찮지만 전자책 신청폼을 만들면 또 좋습니다.

신청 폼은 네이버 오피스, 구글 드라이브를 이용하면 되고, 구글 드라이브를 이용하면 링크를 고객에게 전달하면 드라이브에 저자가 올린 전자책을 고객이 확인할 수 있어 이메일로 직접 전자책을 보내주는 번거로움을 줄일 수 있습니다. 그리고 향후 수정, 업데이트한 내용도 고객이 바로 볼 수 있습니다.

1) 구글 드라이브를 통해 전자책을 올리는 방법 (구글의 드라이브를 클릭합니다.)

2) 새로만들기를 해주고 새 폴더에 전자책 제목을 넣어줍니다.

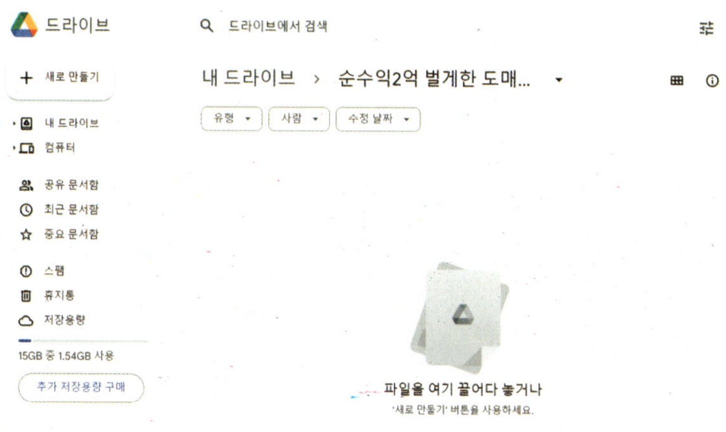

3) 전자책 PDF파일을 드래그해서 옮기거나 업로드해줍니다.

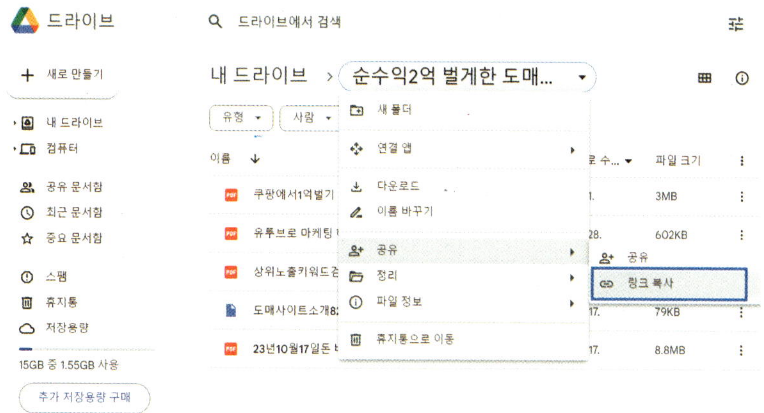

4) 링크 복사를 해주고 링크가 있는 모든 사용자를 클릭합니다. 복사
한 링크를 고객에게 전달해주면 구글 드라이브를 통해 보고 다운로드도

고객이 직접 할 수 있습니다. 이렇게 하면 이메일로 파일을 전달하는 번 거로움을 줄일 수 있어요.

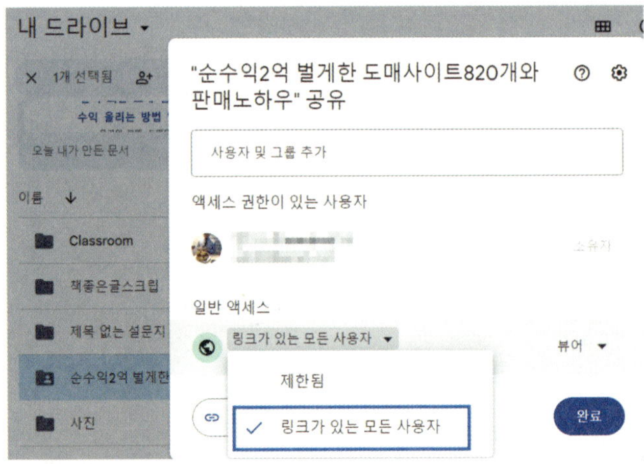

- 네이버 폼을 통해 전자책 신청양식 만들기.

네이버 오피스에서 네이버폼을 선택해서 전자책 신청을 만들어도 좋 습니다.

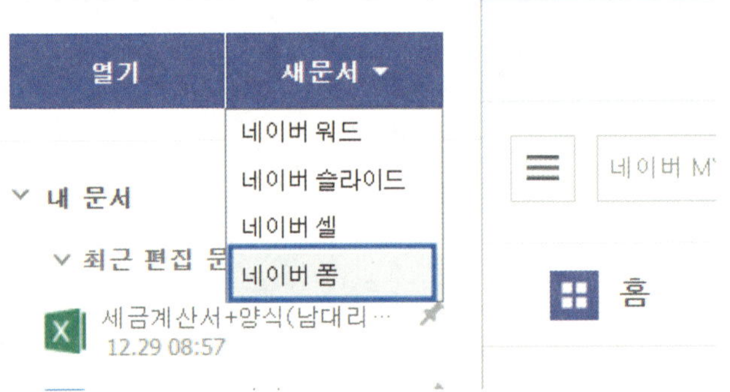

블로그에 글을 쓰고 전자책 샘플 나눔을 통해 브랜딩을 하고 전자책 서비스도 판매할 수 있습니다. 가치가 되는 정보를 먼저 주고 관계를 맺는다면, 잠재고객이 생기고 그 후에 마케팅과 서비스 판매는 쉬워집니다. 블로그는 작가로서 퍼스널 브랜딩을 하는 과정을 담고, 소통하며 이웃과 팔로워를 맺는 공간입니다.

4_5. 표지 이미지와 목업 이미지 만들기

전자책 표지도 직접 디자인 할 수 있습니다. 전문 디자이너에게 맡기는 방법도 좋지만 디자인을 할 수 있는 쉽게 디자인 할 수 있는 프로그램도 많습니다. 대표적으로 미리캔버스(https://www.miricanvas.com/), 망고보드 (https://www.mangoboard.ne), 캔바 (https://www.canva.com/) 등이 있습니다. 미리 캔버스로 표지를 만들고 스마트 목업을 통해 책 이미지를 만들어보겠습니다.

a. 미리캔버스에서 템플릿 -> 북커버를 선택합니다.

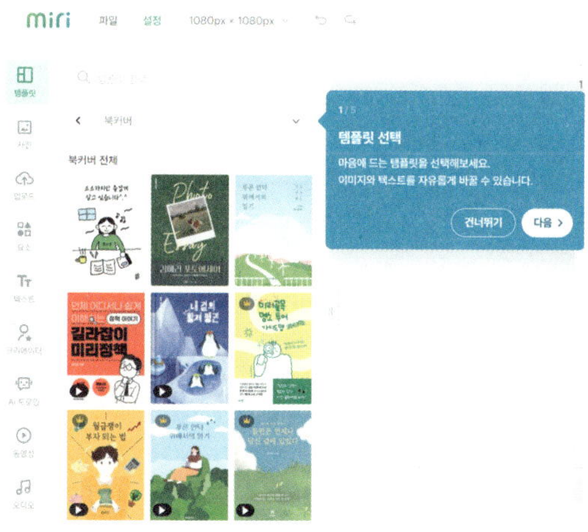

b. 원하는 컨셉의 북커버를 선택한 후 책의 제목과 글을 적고 디자인을 해줍니다. 저는 블로그를 주제로 한 전자책을 만든 후 표지이미지를 만들려고 해서 네이버의 컬러와 비슷한 초록색바탕의 이미지를 선택했습니다. 전자책의 주제의 성격과 비슷한 템플릿을 선택해 디자인하는 것이 작업시간을 줄이고 고객에게 어필하기 좋습니다.

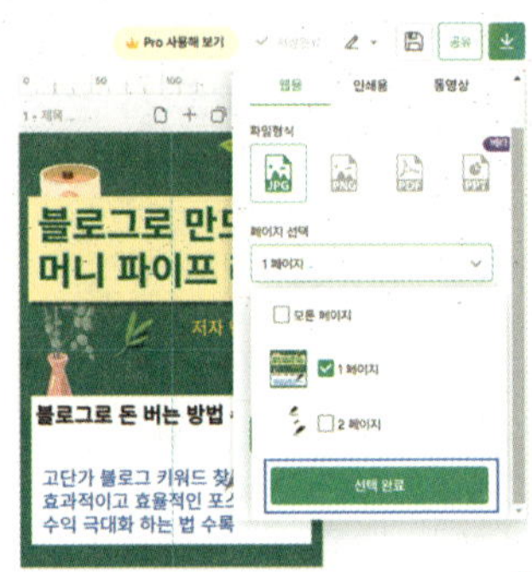

c. 다 만든 북 커버 디자인을 JPG파일로 다운 합니다.

d. 스마트 목업 (https://smartmockups.com/)을 검색해서 들어갑니다.

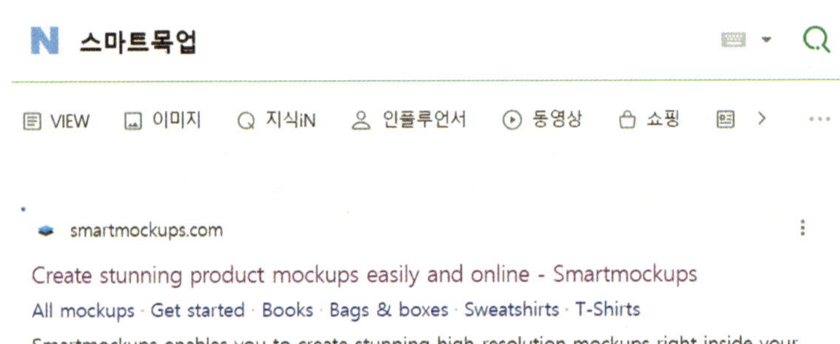

(영문사이트라 크롬이라면 한글번역으로 바꾸면 됩니다.)

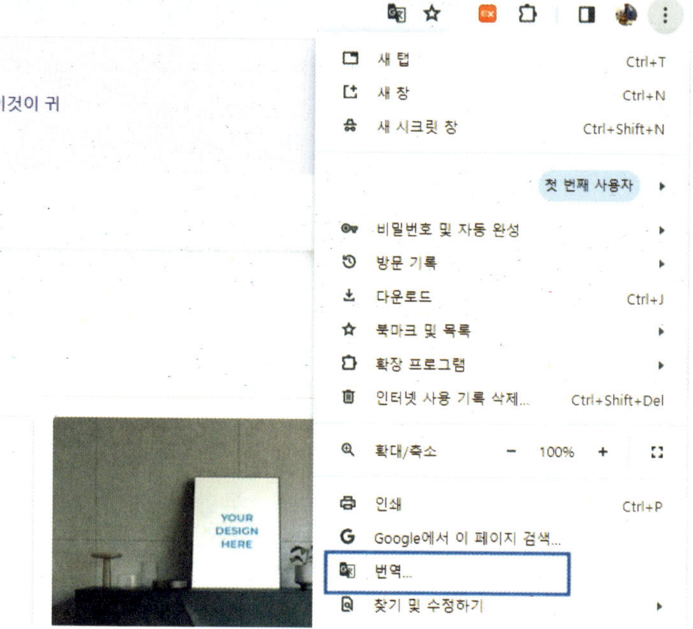

e. 인쇄에서 서적을 클릭합니다.

f.이미지 업로드를 통해 미리캔버스 에서 작업한 북커버 파일을 업로드합니다.

g. 이미지 업로드를 하면 다양한 스타일의 목업(mokup) 표지가 나옵니다. 원하는 스타일로 다운받으면 됩니다.

〈 북커버를 목업 스타일로 변환시킨 모습. 스마트 목업 이용 〉

책 표지를 목업 스타일로 연출하면 온라인 상에서 입체적인 종이책의 느낌을 줄 있어 SNS마케팅과 홍보용으로 좋습니다.

4_6. 챗 GPT 의 활용 방안과 도움되는 AI사이트

챗 GPT와 제미나이를 통해 질문을 하고 자문을 구할 수 있습니다. (https:// chat.openai.com/)

아이디어를 참고 할 수 있지만 한 분야에 저자가 직접 시도한 도전과 실제 경험, 노하우가 반영된 전자책이 독자들에게 더 도움이 됩니다. 실제 경험한 것과 시행착오는 무엇도 대체할 수 없는 콘텐츠와 글로 저자의 인사이트가 책에서는 가장 중요합니다. 챗 GPT는 정보를 탐색하고 객관적이고 부가적인 설명을 얻는 도움 정도로 사용하면 좋습니다.

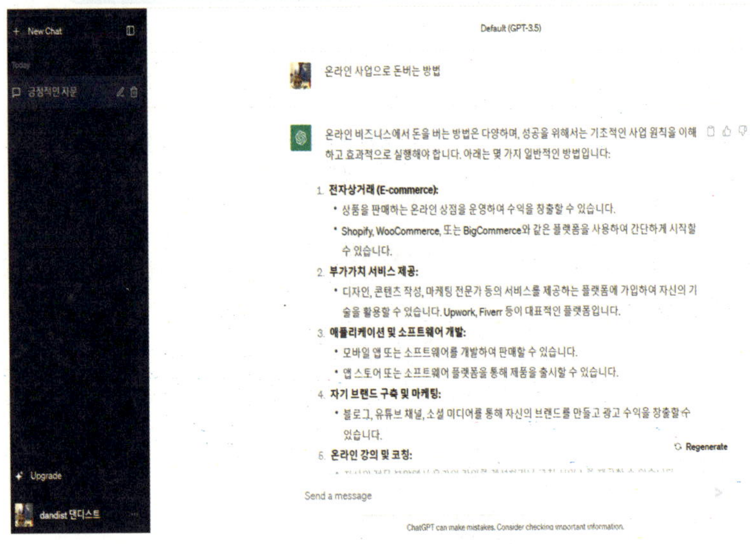

〈챗 GPT를통해 질문을 하고 답을 얻은 모습〉

온라인 사업으로 돈버는 방법에 대해 질문을 했더니 사업 방향의 가이드를 간단히 설명하고 몇 가지 실행방법들을 나열해줬어요. 가이드라인으로 참고 하면 좋고 전체 뼈대로 사용해도 될 것 같습니다. 직접 공부하고 실행한 자세한 설명이 들어가야 내용의 품질이 좋아집니다.

다음은 목표관리에 관한 책 목차 9개로 구성해달라고 질문하고 얻은 답변입니다.

챗 GPT가 더 발전함에 따라 답변의 수준도 굉장히 좋습니다. 책 제목부터 뽑아주고 요구한 목차가 단계별로 9개로 답변을 얻을 수 있었습니다.

책 제목: "목표달성 마스터: 효과적인 목표관리 전략"

목차:

1. **서론: 목표관리의 필수성과 독자를 위한 안내**
   - 목표의 정의와 중요성
   - 목표관리의 필요성
   - 독자를 위한 책 이용 안내
2. **단계 1: 목표 세우기**
   - SMART 목표의 이해와 설정
   - 비전과 목표의 일치
   - 심층적인 목표 분석과 우선순위 정하기
3. **단계 2: 계획 수립과 전략 구축**
   - 효과적인 계획 수립의 핵심
   - 행동 계획의 구체화
   - 장기 및 단기 목표를 위한 전략의 중요성
4. **단계 3: 실행과 돌파구 찾기**
   - 목표 실행의 핵심 원리
   - 도전적인 순간을 극복하는 방법
   - 돌파구를 찾기 위한 창의적 전략
5. **단계 4: 성과평가와 조정**
   - 주기적 성과평가의 중요성
   - 목표 조정을 위한 피드백 수용
   - 성공과 실패에서의 교훈
6. **단계 5: 습관의 힘과 효과적인 습관 형성**
   - 습관의 역할과 영향
   - 효과적인 습관 형성을 위한 전략
   - 목표 달성을 위한 긍정적인 습관 만들기
7. **단계 6: 목표 달성의 심리학**
   - 목표와 동기부여의 심리학
   - 스트레스 관리와 목표 도달의 관계
   - 자기효능감과 목표 성취의 상호작용
8. **단계 7: 목표 관리 도구와 소프트웨어 활용**
   - 목표 달성을 위한 현대적인 도구 소개
   - 효과적인 소프트웨어 활용 전략
   - 목표 도달을 지원하는 앱과 플랫폼
9. **단계 8: 집단 목표와 협업 전략**
   - 팀원 간의 목표 조율과 협업 전략
   - 집단 목표의 장점과 도전

↻ Regenerate

인공지능인 챗 GPT로 질문의 답을 객관적으로 얻을 수 있지만 사람의 경험과 스토리는 대체하거나 따라가지 못합니다. 특히 전자책은 노하우를 전달하는 목적이 있는 책으로 직접 도전하고 경험한 스토리텔링이 중요한 콘텐츠 입니다.

전자책 내용의 가장 중요한 핵심은 저자만의 차별화된 이야기입니다. 챗 GPT로 얻을 수 있는 객관적인 지식은 참고해 각색할 수 있으며, 내용을 좀 더 풍부하게 하는 역할로 사용해도 좋습니다. 직접 글로 적는 사람의 감성과 진정성이 결국 힘이 되고 책의 생명력을 독자에게 전달해 줄 것 입니다.

영상과 글쓰기에 도움되는 AI사이트

1) Runway (https://runwayml.com/)

• 텍스트(프롬프트) 입력 → 비디오 변환
• 이미지->비디오 변환, 비디오->비디오 변환. 기존 영상을 새로운 느낌으로 연출할 수 있습니다.

2) Kling AI (https://kling.kuaishou.com)

• 텍스트로 실사에 가까운 영상을 생성하는 플랫폼

3) InVideo (https://invideo.io)

• 템플릿 기반 AI 영상 제작
• 키워드나 스크립트 입력 → 숏츠 스타일 영상 자동 생성
• 유튜브, 인스타그램 숏폼 콘텐츠에 적합

4) 구글AI스튜디오 (https://aistudio.google.com/)

• 구글 AI스투디오 veo로 영상 제작이 가능합니다.
• Generate Media에서 영어 프롬프트를 넣으면 됩니다.

5) 제미나이 (https://gemini.google.com/)

• 이미지 제작은 무료, 영상 제작은 유료로 하루3개 제작.
• 나노바나나로 완성도있는 이미지제작, veo로영상을 만듭니다.
• 인기 유투브영상 링크를 입력하고 분석해 새 프롬프트를 만들 수 있습니다.

6) PIKA AI (https://www.pika.art)

• 텍스트만 입력하면 AI가 숏폼 스타일의 영상 자동 생성
• 이미지를 넣으면 그걸 기반으로 영상 만들기 가능
• 기존 영상을 스타일 바꿔 재생성 (예: 실사 → 애니메이션)
• 애니메이션, 사이버펑크, 판타지 등 다양한 영상 스타일

7) 그록 (https://grok.com/)

• 영상제작 속도가 빠르며, 무료로 하루 15개이상 제작가능

• 이미지 -> 영상변환

8) veo3 (https://gemini.google.com/)

9) 구글플로우 (https://labs.google/flow/about)

• 장면추가를 통해 8초이상의 영상을 만들 수 있습니다
• 확장을 통해 만든영상의 뒷부분을 추가 할 수 있습니다.
• 텍스트 프롬프트 -> 영상 제작 ai사이트

10) veo3 (https://gemini.google.com/)

11) AI 블로그 글쓰기 사이트 워들리 (https://wordly.im/)

12) PPT AI 제작사이트 감마 (https://gamma.app/)

13) 음성 생성 AI 사이트 (https://play.supertone.ai/)

14) 타입캐스트 텍스트로 영상과 음성을 만들어주는 사이트
(https://typecast.ai/kr)

15) 브루AI 영상, 음성제작 (https://vrew.ai/ko/)

영상을 만들 수 있는 ai사이트들, 구글 제미나이, 나노바나나, 그록 등을 이용해 고품질 ai영상을 만들 수 있습니다. 어색함이 없는 디테일을 살린 영상을 위해 사용자가 명령 프롬프트를 잘 넣어야 합니다. 영상의 완성도를 위해 캐릭터, 피사체, 장면, 영상스타일, 동작, 촬영 앵글 명령어를 잘 적어야 어색한 부분이 없는 고품질의 결과물을 얻어요. 무료AI사이트에서 직접 영상을 만들고 결과물을 확인해보길 바랍니다. 몇 번 반복하면 더 빠르고 효율적인 영상을 만듭니다.

실사화 같고 재미있는 콘텐츠를 업로드하고 여러분의 서비스를 직, 간접적으로 홍보하세요.

5. 팔리게 하는 글쓰기

5_1. 끌리는 제목과 카피라이팅

콘텐츠 노동자에서 사업가로 도약해보세요. 책은 제목이 차지하는 비중이 꽤 큽니다. 끌리는 표지과 호기심을 자극하는 제목, 카피라이팅이된 목차는 책을 펼치게 합니다.

전자책도 썸네일 대표이미지를 잘 만들고, 끌리는 제목을 지어야 클릭을 부르고 구매 가능성이 높아지죠. 물론 책 안의 내용이 기본이상 좋아야 합니다. 제목, 썸네일은 좋은데 내용이 안좋고 시시하면 상품평을 안 좋게 받을 수 있어요. 그럼에도 제목을 잘 지어야 하는 것은 많은 콘텐츠 중에서 눈에 띄는 선택을 받아야 하기 때문입니다. 마케팅에서 후킹(Hook- ing)작업은 '고객의 마음을 사로잡아 낚아챈다'라는 뜻입니다. 소비자의 구매욕구를 일으키는 후킹전략, 전자책을 썼다면 사람들이 선택하도록 제목과 한 줄의 카피라이팅으로 알려야 해요.

카피라이팅은 마케팅과 광고의 목적으로 텍스트를 작성하는 행동이에요. 마케팅 문장을 위해 주목(Attention), 흥미(Interest), 욕구 (Desire), 행동(Action)을 글로 구성해 고객들이 참여 혹은 구매등의 행동을 일으켜야 합니다. 책의 제목도 마찬가지입니다. 사람들의 흥미를끌어 구매욕구를 자극시켜야 해요. 온라인은 수많은 마케팅 글이있고, 판매하는 전자책도 많은데 눈에 띄도록 작업해야합니다.

카피라이팅, 나의 생각을 사람들 마음과 머릿속에 강렬히 남기는 일은 쉽지 않습니다. 콘텐츠로 인기있는 제목은 짧은 시간과 적은 노력 으로 원하는걸 이룬 제목들이 많았습니다. 'OO개월 만에 매 출 OOOO만원 올린 노하우', '인스타 개설하고 짧은 릴스만으로 팔로워 1만명 만든 법칙', '무재고 과일 위탁배송으로 쿠팡 판매하기', 'OOO아이템 단 몇개로 지속적인 수익 얻은 방법'등 입니다. 이 글은 읽을 가치가 있다고 확신을 주고 안의 내용을 궁금하게 표현하세요. 상품을 설명하고 고객의 행동을 이끄는 것이 카피라이팅입니다.

1. 고객의 문제를 공감해보세요. 2. 문제를 방치했을 때 발생하는 손해비용을 표현하세요. 사람은 손실을 두려워합니다. 3. 고객의 유형을 파악하세요. 4. 몇가지 해결책의 옵션 선택할 수 있게 해주세요.

저도 제목을 바꾸면서 전자책 판매량이 좋아진적이 있었습니다. 좋은 제목으로 구매심리를 높이면 매출과 수익으로 이어져요. 이번 장은 팔리게 하는 글쓰기에 관해 설명했습니다. 제목과 카피라이팅 문장에 잘 적용해보고, 시대의 흐름에 맞는 유행하는 패턴의 글을 캐치해 적용해보세요. 이미 잘 판매되고, 인기있는 책의 제목들을 보면서 영감을 얻는것도 방법이에요.

전자책 제목은 언제든 바꿔도 되는 장점이 있어 더 개선하면 구매 심리를 높일 수 있어요. 썸네일과 제목을 바꿔가며 판매량을 늘려보세요. 다만 잘 판매 되고 있는 전자책이면 굳이 제목을 바꿀 필요는 없습니다. 키워드가 바껴 검색시 노출순위가 변동될 수 있어요. 판매가 잘 안된다면 일하는 방식을 바꾸면 결과가 다르게 나올겁니다.

5_2. 팔리게 하는 글쓰기

'내가 서비스 받고 싶은 대로 다른 사람을 서비스 하라.'- 황금률의 법칙

지식창업과 책의 성공 비결은 가치 제공에 있습니다. '내가 받고 싶은 대로 남에게 대접하고 서비스해라.' 라는 법칙을 잘 적용해야 해요. 사 업할 때 이 법칙은 크고 장기적인 성공방법입니다. 고객은 단순히 글솜씨가 아닌 글로 성과를 내고 변화한 사람에게 돈을 지불합니다. 가치를 제공하고 혜택을 표현해야해요. 서비스는 내가 대접받고 싶은 대로 다른 사람을 서비스 할 수 있어요. 특히 지식, 정보 사업의 경우는 황금률의 법칙을 가장 잘 적용할 수 있습니다. 지식은 먼저 나에게 유익합니다. 지식을 나누면 사람들에게도 유익을 전하고 그로인해 고객과 수익을 얻습니다. 배운 것을 나누면 손해 보는 것이 아니라 더 많은 기회가 생겨요.

이익이 되는 엄선된 정보, 통찰의 글에 고객의 좋은 평가와 리뷰가 달리면, 책 판매가 늘어나고 저자의 인지도가 올라갑니다.

고객은 더 나은 삶을 원합니다. 제품의 특징을 잘 설명해야 하지만, 나의 상품, 책으로 얻게 되는 이익(benefit) 즉, 편익을 얘기하는 것이 중요해요. 고객이 원하는 갈망과 필요한 말을 써야합니다.

아이폰의 기능, 제품사양, 스펙도 중요하지만 아이폰을 갖게 되면서 얻게 되는 생활 변화, 만족스러운 디자인, 예쁜 사진을 찍는 것, 애플기기와 호환으로 생산성있는 삶을 표현하는 것이 충성고객을 확보하는데 도움이 되죠.

상품과 서비스를 구매했을 때, 멋지게 변하는 모습을 묘사해야해요. 명품과 고급 승용차를 소유한 모습의 기대 때문에 비싼 값을 지불합니다.

여러분의 글과 전자책으로 인해 고객이 얻게되는 이익과 해결되는 문제, 결과와 변화를 표현해야해요. 사람은 이성적일 때보다 감정적일 때 큰 행동을 합니다. 소비에 있어 감정은 사고 싶다는 욕망을 자극합니다. 강렬한 카피라이팅으로 감정을 건드려야합니다.사람들의 문제를 짚어, 공감하고, 해결하는 구체적 방안을 제시해야 합니다. 문제해결과 삶의 질을 높이는 기대치를 갖고 구매하기 때문입니다.

첫째. 고객의 문제와 해결하고 싶은 부분을 짚고 건드려야 합니다.

예시) - 당신의 지친 감정에 즉각 처방을 주는 심리처방 + 대인처세술 가이드.

- 높은 물가로 월급만으로 안되는 시대 - 부수입 만드는 사업리스트 30가지

둘째. 좋은 질문을 던져 생각하고 행동변화를 이끌어 내보세요.

예시) - 새해숫자는 바껴도 당신의 허리둘레 사이즈는 그대로인가요**? 쉽게 따라 하는 뱃살 줄이는 운동법.**

좋은 질문은 행동변화를 일으킵니다. 마케팅으로도 많이 쓰이는데요. 예시로. 당신은 올해 안에 차를 구입할 의사가 있습니까? 라는 질문에 40%의 비율이 그 해 안에 차를 바꿨다고 합니다. 또 하루에 커피를 몇 잔 마시나요? 라는 질문만 했을 뿐인데, 평소 카페인 섭취가 많다고 생각한 응답자는 이후 커피 섭취를 줄였다고 합니다.

셋째. 몇 가지 확실한 방법을 제시

예시) - 상대의 마음을 훔치는 카피라이팅 기술.

 - 인스타그램 팔로워 늘리기 전략. 인기 릴스를 만드는 4가지 솔루션.

 - 경쟁이 치열하지 않는 위탁 판매 아이템 사이트 30곳 소개.

 - 하루 20분 글쓰기로 월 100만원 부수입을 원하는 당신을 위한 비즈니스 글쓰기 특강.

고객의 문제를 얘기하고 공감해주며, 몇 가지 해결책을 옵션으로 제시하는 것입니다. 그리고 결제, 구매등의 행동을 촉구합니다. 책을 쓰고 콘텐츠를 만드는 이유는 읽는 독자와 고객에게 행동 변화를 일으키기 위함도 있습니다. 해결책을 제안하고, 구체적인 행동을 하라고 권유해야 해요.

1. 사람들의 문제를 제기하세요. (예시. 요즘 물가가 올라서 생활이 힘들고 고정비가 걱정이시죠?)

2. 그 문제를 공감하세요. (예시. 우리 가정도 이번달 생활비로 적자가 발생했어요. 생활비 부담을 덜려고 시작했던 온라인판매로 수익을 얻게 되었어요.)

3. 고객의 문제를 해결해주세요. (예시. 위탁판매로 스마트스토 어 부업. 한달 200만원의 부수익을 얻은 저의 방법을 정리했습니다.)

4. 문제 해결을 위해 노하우를 제시하세요. (예시. 스마트스토어 판매방법 샘플 전자책을 팔로워분들께 나눠드립니다.)

5. 고객의 행동을 유도하세요. (예시. 팔로워하고 댓글로 '부수익' 이라고 적으면 저의 스마트스토어 판매방법 전자책을 드립니다.)

구매를 결정짓는 상세페이지 마케팅 문장입니다. '나를 위한 서비스' 또는 전자책이라고 느끼게 만들어야 합니다. .

문제 제기 : 사람들이 안고 있는 '문제'를 얘기한다. 예시) "인스타그램 성장이 느리고 팔로워들이 늘지않아 고민인가요?"

문제에 대한 공감 : 문제와 고통을 공감하고 해결 방법이 있음을 얘기한다. 예시) "저도 여러 계정을 시도했는데 이 방법으로 팔로워도 늘고, 조회수와 매출, 수익을 얻게 되었습니다."

손실회피 자극 : 방치시 발생하는 손해를 표현해서 행동하게 한다.
예시) "바꾸지 않으면 노력만 계속하고 조회수는 그대로, 팔로워는 하락할꺼예요. 방향성만 바꿔도 알고리즘을 탑니다."

해결책을 제시 : 문제원인을 파악하고 해결하는 접근법을 소개한다.
예시) "기존 옛날방식이 아닌 최신 바이럴되는 방법과 조회수 터지는 릴스제작법으로 전자책과 영상을 만들었습니다."

사회적 증명 : 긍정적인 고객의 반응, 리뷰 상품평을 보여준다.
예시) "이미 본 고객들의 후기 만족도 9.9/10.0만점! 실제 팔로워를 늘리고 매출을 올린 고객들은 나만 알고 싶다는 평도 있어요 저의 노하우가 담긴 콘텐츠가 도움이 될것입니다."

강력한 혜택제공 : "지금 구매시 3만원 상당의[AI숏츠 만들기와 AI 활용 사이트100개] 부록을 함께 드립니다." ~언제까지 마감기한을 정하면 행동을 촉구할 수 있다.
예시) "오늘 밤 12까지 30% 할인된 가격으로 드립니다. 내일부터는 정상가격으로 올라갑니다."

행동유도 : 마지막 부분은 구제적인 행동을 하라고 지시한다.

예시) "댓글로 문의나 신청양식을 적어주세요. 구매링크는 프로필에 있습니다. ~00일까지 부록은 마감되니 서둘러주세요."

해결방안을 제시해 팔로워와 구독, 댓글 등의 행동을 이끌어냅니다. 콘텐츠에 좋아요, 댓글반응이 있으면 알고리즘의 선택을 받아 조회수 증가로 노출이 더 잘됩니다. 잘 쓰이는 마케팅 글의 구조들은, **PAS구조:** Problem(문제제기)-Agitation(위기감 조성)-Solution(해결책제시), **AIDA구조:** Attention(주의)-Interest(흥미)-Desire(욕구)-Action(행동), **QUEST구조:** Qualify(타켓팅)-Understand(공감)-Educate(교육)-Stimulate(자극)-Transition(구매전환) 이런 구조를 상황에 맞게 적절히 섞거나 더하고 빼 좋은 문장으로 만들어 보세요.

사람은 이성적일 때 보다 감정적일 때 행동할 가능성이 큽니다. 고민과 문제를 얘기하면서 감정을 건드리면 행동으로 이어질 가능성이 커요. 소비자는 이성을 갖고 합리적이다 생각하지만, 감정과 감성을 통해 행동하고 소비하는 경우가 많습니다. 건강이 중요한 걸 알지만 갈증을 풀어줄 당분이 있는 탄산음료를 감정적으로 소비하거나, 비싸고 실용성이 떨어져도 희소한 명품을 갖고 싶다는 욕망으로 구매합니다. SNS의 콘텐츠도 감동, 슬픔, 유머, 재미, 공포 등 감정을 불러 일으키는 콘텐츠를 많이 공유해요. 감정에는 큰 동력이 있기에 마케팅 글은 고객과 소비자의 어떤감정을 불러 일으킬지 기획하고 써야 해요. 글과 콘텐츠를 집중시키는 감정을 찾고 표현해 이목을 끌 수 있도록 해야합니다.

판매기한과 할인기한을 설정하면 마감전까지 빠른 행동을 촉구할 수 있어요. 매진임박과 같은 긴급성을 표현하는 말로 빠른 구매를 유도해야 해요. 한정수량과 재고가 없다고 얘기하면 희소성으로 가치를 올려 고수익을 올릴 수 있습니다. 글과 콘텐츠로 독자의 실행력을 키워 문제를 해결하도록 해야해요. 고객의 삶의 질을 높여주는 글이 유익한 정보성 콘텐츠입니다. 릴스도 위와 같은 구성으로 만든다면, 고객을 모으고 홍보와 수익을 얻습니다.

전자책과 콘텐츠는 계속 읽을 수 있는 흥미로운 구조여야 합니다. 전문성과 신뢰를 강조하는 지식/정보성 글, 재미와 호기심/집중력을 높이는 스토리텔링, 독자의 혜택을 강조하는 실용적인 글. 상황별로 좋은 글로 구성해 읽게 만들어 보세요. 블로그나 SNS도 보는 체류시간이 늘어나면 홍보와 판매등의 결과를 도출할 수 있습니다. 지식 창업은 다른 사람에게 도움을 줘요. 책을 쓰는 것은 정보와 삶의 지혜를 주지만 글을 쓴 저자도 크게 성공할 수 있습니다.

5_3. 유혹하는 제목과 문장, 흥미를 유발하는 글쓰기.

비즈니스 글쓰기에서 사람들이 이목을 끄는 주제는 돈, 건강, 인간관계입니다. 전자책을 만들기 좋은 주제인데, 세분화하는 것이 좋고 자신만의 노하우가 담긴 내용으로 만들어야 합니다. 사업과 서비스, 전자책을 판매하려면 무엇을 판매할지 정하고, 판매할 고객을 찾아야 합니다. 다음은 제목 또는 카피라이팅에 도움되는 예시를 보고 자신의 글에 맞게 변형해 적용해보시길 바랍니다.

1) 돈에 관련된 주제.

　돈을 벌고 싶고 수익과 매출을 올리고 싶은 욕망은 사람들의 보편적관 심사입니다. 관심사를 주제로 전자책을 만들면 판매가 쉬워져요.

- 알고리즘의 선택을 받는 숏츠제작으로 유투브 수익얻는 법.
- **내 재능이 돈이 되는 순간! '현생' 탈출을 위한 치트키 부업.**
- 연봉 올리는 PPT제작법과 프레젠테이션 스킬
- 퇴근 후 1시간. 전 세계 구매대행으로 나의 월급 만들기
- 직장 다니면서 바로하는 현실 부업 50가지
- 끌리는 카피라이팅 만들기로 판매량 올리기.
- 사람의 마음을 간파해 원하는 것을 얻는 부자들의 노하우.
- 하루10분 블로그마켓 판매로 수익 얻은 마케팅 비법.
- 스마트 스토어 3개의 상품으로 월 500만원 버는 판매방법.
- 자동화 수익! 쉬는 동안에도 팔리는 전자책 쓰기 방법.
- 상승 종목만 선택하는 주식차트 보는 법.
- 인스타그램 페이스북 연동 광고로 매출 올리는 방법.
- 100만원씩 더 받는 배당주 종목 추천과 재테크 노하우.
- 인스타그램 팔로워 단기간에 늘리는 효율적인 방법.
- **터지는 유투브 숏츠로 빠르게 채널 성장한 노하우.**
- 영업고수에게 듣는 효율적인 방법과 영업건수 올리는 법.
- 오늘의 부업이 내일의 사업이 됩니다.

2) 건강과 다이어트에 관련된 주제.

건강과 다이어트는 고령화 시대에 잘 맞는 주제입니다. 어려 보이고 젊어지고 예뻐지고 싶어하는 욕망을 건드리고 표현하면 좋습니다. 또

활력이 돌고 일에 에너지를 내고 싶어하기 때문에 카피라이팅을 잘하
면 클릭을 부를 수 있습니다.

- 복잡한 건 질색이니까, 딱 3동작으로 끝내는 '뱃살 삭제' 레시피
- 당뇨! 이 식단과 운동이면 혈당관리 쉬워진다.
- 늘어난 허리둘레, 골든타임을 놓치면 내 살이 됩니다.
- 시간을 거꾸로 돌리는 비밀. 주름은 퇴장, 동안은 입장.
- 책3권 쓰게한 두뇌 발달에 좋은 음식과 작은 루틴들
- 불면증이 달아나는 숙면법과 음식들.
- 아침에 하면 활력이 돋는 10분 운동법.
- 무기력증과 우울증을 개선하는 명상법과 독서
- 하루 10분투자로 바디프로필 찍은 노하우
- 힘든 운동은 필요 없습니다. 핵심은 '정확한 한 번'의 자극.

3) 대인관계에 관련된 주제

직장생활에서 일보다 더 힘든 건 대인관계라 합니다. 또 사람들과 대
화에서 스트레스 받지 않고, 자신의 할 말을 잘하고 싶은 욕구도 있습
니다. 원하는 사람과 사랑을 하는 법, 헤어진 연인과 재회하는 방법도
감정을 자극하는 주제입니다. 대인관계 처세술, 대화법 등의 제목을
잘짓고 설명하면 인간관계로 힘들어하는 사람에게 도움이 됩니다.

- 오늘부터 관계 호감지수 200%상승 스킬 공개
- 소통의 기술로 일상의 평화 만드는 법.
- 상대의 마음을 여는 질문의 기술.
- 말 잘하는 소리 듣게 한 자신감 있는 7가지 대화법

- 호감부터 연애까지, 매력 200% 끌어올리는 연애 공식
- 발표 잘하는 능력자들이 꼭 쓰는 스피치 기술 7가지
- 재회는 우연이 아니다 - 전략적 타이밍, 마음가짐, 태도"
- 심리학에서 말하는 상대의 마음을 훔치는 말과 행동.
- **무례한 인간유형을 대처하는 슬기로운 대화법.**
- 억대연봉자들의 남다른 인맥관계 노하우.
- 일보다 예민한 직장상사와 대인관계가 힘든 당신을 위한 처세술
- 헤어진 연인 다시 만나게 하는 골든타임 대화법.
- 말 한마디로 상처 주는 사람 제압하는 기술.

4) 취업, 창업에 관련된 주제

20대, 30대의 관심사는 취업, 창업, 이직, 커리어 등의 주제입니다. 사회 초년생이 직장에 도전하는 것, 창업하기 전에 준비해야 하는 것들과 비용, 지원금, 이직준비 등에 경험이 있다면 전자책으로 써보세요.

- 단춘취업이 아닌 선택받는 커리어로 도약하라.
- **취업준비, 이직전략, 창업성공까지! 커리어의 명확한 전략.**
- 정부로부터 바로 받을 수 있는 창업 지원금 리스트
- 실제 투자금 지원 받았던 사업계획서 샘플과 PPT 디자인.
- 이직준비! 방향성을 바꾼 준비로 연봉이 달라진다.
- 공기업, 대기업과 주요기업 면접예상 질문과 자소서 샘플

제목을 짓고 카피라이팅을 짓는 기술은 함축적이면서 이익, 공감, 문제를 담아야 합니다. 고객이 얻을 수 있는 이익을 나타내야 합니다. 안고 있는 현재의 문제를 건드려줘야 관심을 끌고, 현실에 공감을 해줘

야 감정을 일으킵니다. 저자의 해결방식을 말하고 행동을 제안해야 합니다.

한정성, 시간제한, 리스크를 강조, 대안을 제시, 실제 손실을 피한사례들을 카피라이팅 문장으로 만들어보세요. 사람들은 손해 보고 싶지 않은 심리가 더 강하고, 잃어버린 소중한 것(돈)을 복구할 때 기쁨이 큽니다. 이것을 손실회피 편향(Loss aversion)이라 하는데 이익의 기쁨보다 손실로 오는 괴로움이 더 큰 심리상태를 말합니다.

당신이 '몰랐던~'이라는 글이나 손실을 일으키는 방법을 얘기하면서 글을 읽게 유도해야 합니다.

- 이 혜택을 모르면 더 큰비용을 지불하게 됩니다.

- 모르고 계속 내고 있던 세금 아끼는 합법적인 절세 방법.

- 놓치면 손해! 한정 혜택, 지금만 유지됩니다.

- 오늘까지 할인유지 - 내일부터 정상가격으로 올라갑니다.

- 기회를 놓친 90%의 고객이 아쉽다고 답했어요. 지금 잡으세요.

카피라이팅과 끌리는 문장을 적을 때 팁입니다.

1. 숫자의 힘: "100%", "3가지", "10분"같은 구체적인 숫자를 적으면 이해가 빠르고 눈에 더 들어옵니다.

2. 은유, 상징, 비유로 시각화 유도: 재미난 비유로 사용자가 상상할 수 있게 만들어보세요.

'북극곰도 미끄러지는 곳' 교통안전공단의 광주전남본부에서 게시한 도로결빙 주의 문구에 비유를 들어 사용한 현수문구가 재미있습니다. 좋은 카피라이팅의 예시입니다.

글의 중간도 다음과 같은 문단으로 유도해주면 좋습니다. 전자책, 블로그, 콘텐츠도 체류시간이 중요합니다. 리듬감 있게 흥미로운 다음문장으로 이어갈 수 있도록 써보세요.

다음은 글 쓰기 할 때 중간 중간 넣어주면 흥미를 유발해 계속 읽을 수 있도록 만들어 주는 문장입니다.

- 여기까지가 10%내용입니다. 아래 본문에 실전사례가 있습니다.
- 지금부터 ~을 하는 방법을 알려드리겠습니다
- 여기서 정말 중요한 결론이 나옵니다.
- 이 부분을 반드시 기억하세요.
- 아직 중요한 사실이 하나 남아있습니다.
- ~ 을 하는 노하우가 궁금하신가요?
- 이제 본론으로 들어가보겠습니다.
- ~에 대한 비밀을 알고 싶으신가요?
- 이쯤에서 중요한 문제가 등장합니다.
- 하지만 이것은 수 많은 사실 중 일부에 불과합니다.

내용을 계속 진전시키는 글을 써야 합니다. 특히 정보성 글이 지루하면 고객은 이탈합니다. 글이 길어질 때 위와같이 흥미를 유발하는 문장을 넣어서 흐름을 이어가게 만드세요.

초반에 중요한 이야기로 승부하고 문제설정, 과정, 해결책의 3단계 구조로 만들어보세요. 수익이 나는 전자책을 쓰려면 제목을 작성할 때 읽는 사람에게 이익이 되는 글을 써야 합니다.

예를 들면 '육아만 하던 내가 에드센스 블로그로 한달 100만원 수익을 얻은 방법'

같은 제목으로 현재 육아만 하고 있는 분들을 공감하고 부업으로 수익을 얻고자 하는 사람들의 욕구를 표현합니다. 그리고 한 달 100만원이라는 비교적 현실적인 이익까지 제시해주세요.

즉, 전자책 제목은 '욕망'을, 본문은 '확신'을 건드려야 합니다. 현재 문제와 상태로(수익이 없는 전업주부) 공감하고, 수익을 얻는 방법(에드센스 블로그)을 제시하며 부업으로 현실적인 수익 금액 (100만원)를 보여줍니다. 블로그 제목도 이와 비슷하게 적어도 됩니다.

체류시간이 길면 글이 상위노출 되고 그로인해 조회수가 많아질텐데, 여러분이 하고싶은 좋은 이야기가 더많이 전해지길 바랍니다.

SNS글과 전자책 쓰기, 책 출간까지 글쓰기가 돈이 되고 마케팅에서 퍼스널 브랜딩까지 할 수 있어요. 전자책으로 수익을 얻고 종이책 출간으로 퍼스널 브랜딩에서 부의 추월차선까지 이루시길 바랍니 다.

- 전자 책PDF! 우선 A4용지 20페이지 이상이면 됩니다.
1) 전자책 도전하고 계속 수익이 들어오는 구조를 만드세요.
2) 돈이 들어오는 머니파이프 라인을 만드세요.
3) SNS 콘텐츠로 홍보, 마케팅을 강화하세요.
4) 강의, 콘텐츠, 종이책 출간등의 기회를 만드세요.

5_4. 꾸준하게 글을 쓰는 비법.

한줄 부터 쓰고, 루틴화 하고 작게나눠 합치세요. 반응과 수익을 연료 삼아보세요. '자기개발 습관을 많이해야한다.'는 강박에서 벗어나 작게 하세요. 지속하면 미래가 변하고 삶의 정체성, 방향성과 인생이 바껴요. 작은 것을 자주 하는 것이 습관이 되어 한 사람의 인생이 됩니다. 짧은 글쓰기, 메모를 자주하세요. 목표는 20페이지 전자책으로 잡고 에너지와 시간을 투여 해야합니다. 시간을 정해놓고 과정과 목표에 집중하세요.

글과 같은 생산적인 습관을 들이면 쌓이는 글이 데이터가 됩니다. 아이디어를 생산적인 일에 사용할 수 있습니다. 책을 쓰거나 콘텐츠를 만들 때 저장되어 있는 글들을 꺼내 수월하게 완성할 수 있어요.

하루 5분, 10분 글을 쓰는 습관은 여러분을 더 집중력 있는 사람으로 만들고 끈기있는 사람으로 만듭니다. 실력은 습관이 반복될 때 더 좋아지고, 몰입의 경험을 통해 완성과 카타르시스를 얻습니다.

좋은 글쓰기는 외적인 삶의 성장과 내적인 깊은 성숙을 만들어 줍니다. 책을 읽고 글쓰는 사람들의 특징은 사람을 이해하는 인문학적인 관점을 가집니다. 그래서 노력하는 사람은 자신을 개발하고 타인은 이해하는 성품을 갖습니다.

혼자 글을 쓰고 콘텐츠를 만들기 어렵다면 다른 사람과 함께 하는 것이 지혜로운 해답이에요. 독서모임 등에서 책읽고, 건설적인 토론에 참여해보세요. 생각을 글로 표현하는 글쓰기 모임에 참여하세요. 함께 작업하면 옆의 다른 사람으로 힘을 얻고, 누군가 지켜보고 있다는 감각은 나태해질 때 안전 장치가 됩니다. 사람들과 함께 하면서 능률을 올리는 법을 택하세요. '건강한 사회적 압박'이 자신과의 약속을 지키게 합니다.

오프라인 모임이 힘들다면 요즘은 온라인 글쓰기 모임도 많습니다.

거리에 상관없이 실시간으로 캠을 키고, 각자 글을 쓰거나 자신이 하고 싶은 생산적인 작업을 온라인으로 충분히 할 수 있어요.

생산적인 글쓰기를 하면서 중요한 건 작가의 의지입니다. 어떤 환경이든 마음을 굳게 한다면 해낼 수 있고 책도 완성할 수 있습니다. 하지만 역설적이게도 사람은 유혹에 약하기에 좋은 환경을 조성하거나 만들어져 있는 환경속으로 들어가야 합니다.

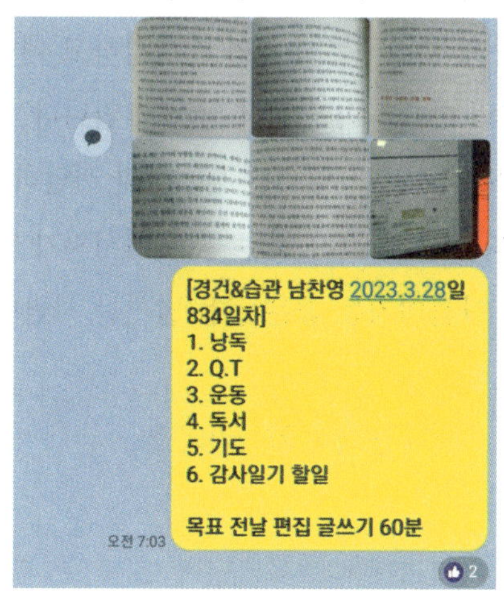

〈습관과 글쓰기 목표를 꾸준히 하게 한 단톡 방 인증〉

의지와 환경을 조성하세요. 환경의 울타리를 치고 그 속으로 들어가는 것은 집중력을 높이고 생산성을 극대화 하는 방법이 됩니다. 저의 경우 좋은 습관과 목표를위한 모임에서 사람들과 단톡방에 매일 했던 좋은 습관과 목표들을 인증합니다.

좋은 습관과 글쓰기는 혼자 해도 좋지만 함께 할때 동기부여가 되고 서로에게 덕을 끼치고 영향력을 줍니다. 빠른 포기가 아닌 끈기 있게 이어가게 해주며 지쳤을 때 격려로 힘을 얻습니다. **글쓰기 성공은 탁월한 능력보다 포기하지 않는 끈기 입니다.**

루틴화 하면 두뇌가 '당연한 일과' 라고 인식합니다. 평소 글감창고를 만들어 메모로 모아두고 이중 하나를 골라 확장시키세요. 작게 나눠 하나로 합치는 모듈형 글쓰기를 하세요. 제목, 목차, 문단, 살붙이기로 작은 한편의 글을 완성해보십시오. 완벽이 아닌 발행이 먼저일 때가 있어요. 나중에 수정하는 초고라고 생각하고 데이터와 실력을 쌓으세요. 온라인상의 마케팅의 시작은 글쓰기 입니다. 글로 콘텐츠를 기획하고 영상에도 텍스트가 있으면 시인성과 전달하고자 하는 메시지가 확실해집니다. 전달하고자 하는 좋은 메시지가 있다면 글로 표현해보세요. 쓰면서 다듬어지는 좋은 글을 남기는 사람이 될겁니다.

5_5. 돈이 되는 스피치 능력과 말하기의 힘.

말의 능력은 돈을 버는데도 필요합니다. 영업, 마케팅, 홍보, 쇼호스트, 강연, 교육, 유투브, 숏폼영상등의 비즈니스의 접점에는 말이 있습니다. 글쓰기와 마찬가지로 언어를 자본화 할 수 있습니다. 같은 정보라도 화자의 전달력에 따라 매출과 수익이 좋아져요. 대개 사업가와 영업, 강연가와 선생님, 교수, 유투버, 직장인들은 스피치를 중요하게 생각하고 그 능력을 높이려 합니다.

사람을 모으고 영향력을 결정짓는 스피치의 온도

카리스마(Charisma)있는 스피치는 확고한 태도에서 나옵니다. 그래서 영향력을 말하기 전에 배우고 확신하는 일에 시간과 에너지를 투자해야합니다. 그리고 말하는 사람의 분위기가 더 중요합니다. 텍스트와 내용은 잊혀도 화자의 '느낌'은 남습니다. 고유한 분위기와 정서는 선명히 기억합니다. 좋은 선생님의 강의는 가물가물해도 그 분위기와 인품은 오래 남는것과 같아요. **여러분의 말에 에너지와 긍정과 사랑을 담는다면, 듣는 이도 좋은인상을 오래 간직할 것입니다.**

확신있는 메시지는 뇌리에 오래남고 커뮤니티를 형성합니다. 스피치 능력과 카리스마를 통해 사람을 모으면 잠재고객을 얻을 수 있어요. 모든 모임을 수익화 개념으로 볼 순 없습니다. 지속가능한 커뮤니케이션이 더 중요합니다. 스피치로 재미를 주고 감동을 주세요. 유익과 지식을 전해주세요. 동기부여를 제공하세요. 심신을 안정시켜 주세요. 다 할 수 없다면 이중에 한 가지를 되도록 많은 사람에게 전하세요. 당장의 돈보다 좋은 신념을 선택할 때 당신의 평판은 자리에 없을때도 기회와 부를 불러오게 할 것입니다.

스피치 능력으로 사람들에게 가치를 전달하세요.

1. 지식과 유익, 정보를 전하세요. 사람들은 요약된 꿀팁을 빠르게 받는 것을 좋아해요. 시간과 에너지를 아껴주고 효율성을 극대화 시켜주세요.

2. 재미와 웃음을 제공하세요. 사람들은 별 내용이 없더라도 재미있는 것을 좋아합니다.

3. 편안함을 제공하세요. 위로와 공감, 심심을 안정시키는 말은 힐링을 선사해요. 사람들에게 안정감을 제공하세요. 이런 콘텐츠는 반복적으로 보고 읽고 듣습니다.

4. 강한 동기부여를 주세요. 힘있는 확고한 메시지는 확신을 심어줍니다. 매력과 카리스마있는 스피치는 사람을 모을 수 있고 커뮤니티를 형성하면 잠재고객이 생겨요.

5. 당장의 돈보다 신념을 선택하세요. 좋은 이미지와 평판을 구축하는 것이 장기적인 성공방법 입니다.

스피치 컨셉을 잡는 화술의 품격. 지식을 잘 전달하면 화자를 전문가로 격상시키며 짧는 시간에 신뢰감을 전합니다. 재미있게 말하거나 순간적인 위트가 있는 화술은 재치있는 이미지를 심어 줍니다. 그런 사람의 대화나 말은 다음을 기대하게 합니다. 감정과 정서적 교감의 편안한 톤의 스피치는 힐링을 선사합니다. 동기부여를 주는 스피치는 강하고 확고해야 합니다. 그렇게 되기 위한 내공은 결코 우연히 만들어지지 않습니다. 평소 독서와 생각, 글쓰기, 스피치 연습으로 다져놓아야 해요. 부드럽고 강한 카리스마로 청중을 사로잡는 것이 성공요인 입니다.

스피치유형 컨셉을 잡으세요.

1. 전문가 처럼 말하세요. 빠른 신뢰감을 줍니다. 지식을 반복적으로 전달하면 실제 전문가가 됩니다.

2. 위트(wit)있고 재미있게 말하세요. 재치있는 사람으로 보이고 다음 말을 기대하게 해요. 유머는 모두의 무장을 해제시키는 최고의 무기입니다.

3. 편하고 다정하게 말해보세요. 경쟁에 지치고 관계에 상처입은 사람들은 많습니다. 그들이 안정감을 느끼도록 말하세요.

4. 카리스마를 가지고 힘있게 말하세요. 동기부여가는 대중을 사로잡아야하고 확신있게 말해야합니다.

말은 전달하려는 내용만큼 발음, 리드미컬한 억양, 음의 높이, 적절한 속도도 생동감을 불어넣는 요소입니다. 명료한 전달을 위해 볼펜을 깊게 물고 연습하면 혀의 힘이 생겨요. 복잡한 받힘이 있는 단어를 두세번 말하면 발음이 정교해집니다. 평소보다 반 음 높은 '미' 톤의 목소리는 청중에게 밝은 에너지를 전달합니다. 분위기에 맞는 적절한 속도와 중요한 부분에서는 강약을 조절해주세요. 하지만 일일이 신경쓰다보면 정작 생각나지 않을 수 있습니다. 스킬보다 말을 통해 돕는다는 마음이 전체 스피치 능력을 향상시켜요. 감각적인 기술은 덤으로 따라오기 때문이며 중요한 것은 호흡입니다. 긴 문장도 끝까지 편안히 유지하며 말하는 것도 깊은 복식호흡에서 나와요. 사람이 아기때는 복식호흡을 하지만 성인이 되면서 흉식호흡을 합니다. **길게 들이마시고 내뱉는 연습은 압박감 속에 평정을 찾고 말을 잘하게 합니다.**

충분한 호흡은 기어들어가는 목소리를 단단하게 하고, 문장 사이의 여백인 '쉼'을 안정적으로 만들어줍니다. 호흡을 지배하면 사람앞에서 말할 때, 또 무대를 지배하게 됩니다.

긴 호흡은 몸의 자율신경계를 안정시키는 강력한 습관입니다. 혈액순환과 장기, 심장의 이완을 돕고 긴장 상황에도 침착함을 유지해주는 훈련이 되죠. 발표할 때도 한결 침착해져 말하는 사람과 듣는 사람이 분명 안정감을 느낍니다. 하지만 호흡의 중요성을 자주 망각합니다.

긴장과 스트레스, 분주할 때 잊어먹기에 평소에 호흡을 체득해야해요. 명상 습관이 좋은 이유가 복식호흡, 긴 호흡을 익히기 때문입니다. 저의 경우 긴장이나 사람들 속에 어떤 압박감을 느낄때는 조심스럽게 복식호흡을 합니다. 순간적으로 에너지를 얻고 침착해지며, 무슨 말을 해야 할지 알게 되는데 '쉼호흡의 파워' 라고 할 수 있습니다.

나를 다스리는 법이 호흡이라면, 상대를 변화시키는 기법은 심리학의 '라벨링 효과'가 있습니다. 상대의 장점에 가치를 부여하면, 그는 그 기대에 부응하기 위해 스스로의 태도를 유지하는 본능이 있습니다. 상대의 장점을 찾아내는 예로 "당신은 성실하고 믿음직한 분이군요" 라는 라벨을 붙여주십시오. **진심 어린 인정과 칭찬은 상대의 방어 기제를 허물고 긍정적인 변화를 이끌어내는 설득이 됩니다.**

고객들의 장점을 얘기하면 행동변화를 주고 좋은 선택을 할 수 있게 합니다. '배움에 대한 의지가 확고하시니, 이 책을 보고 반드시 성과를 올릴거예요.'라고 말해보세요. 고객은 스스로 성공할 사람 이라는 라벨링에 맞춰 적극적으로 실행에 옮기게 됩니다. 이처럼 스피치에는 능력이 있습니다. 지식을 효과적으로 전하고, 고객이 듣고 싶어하는 표현을 하게합니다. 사람의 심리를 파악해 말하는 스피치의 능력이 향상되는 것이죠. 진정한 스피치는 완벽함이 아닌 '인간미'에서 나옵니다. 우리가 겪은 삶의 고통과 갈등, 예기치 못한 문제들은 그 자체로 훌륭한 스토리텔링의 재료가 되고 진심이 됩니다.

수익형 스피치의 5가지 방법.

1. 말의 능력으로 돈을 벌 수 있습니다. (어떻게 말하느냐에 따라 성공여부가 결정되고 잘 말하면 매출과 수익이 좋아집니다.)

2. 스피치유형 컨셉을 잡으세요. (전문가형, 위트형, 동기부여가형, 치유형. 적절히 섞는것도 좋습니다.)

3. 무엇을 말하고 독자에게 무엇을 제공할지 결정하세요.

4. 미디어에 영향력을 확장하세요. (홍보, 마케팅, 유투브, 숏폼영상도 말을 잘해야 영향력을 확대할 수 있습니다.)

5. 아우라를 가지세요. 무의식에 남는 것은 분위기와 이미지, 태도와 예의입니다. 연습으로 체득화세요.

성공은 잘하려는 '욕심'보다 말로써 타인을 돕겠다는 '진심'에서 시작합니다. **이타적인 마음이 담긴 일과 스피치는 능력이 배가 됩니다.**

6. 전자책 등록하고 대형 서점, 오픈마켓 등록방법

6_1. 크몽 사이트 전자책 등록 방법

전자책 판매가 가장 원활히 이뤄지는 크몽 사이트에서 전자책 등록하기 방법입니다. A4용지 20페이지 이상의 원고가 준비가 되었다면, 크몽 플랫폼에 등록하면 됩니다. 크몽은 ISBN번호를 받지 않고 워드나 한글 프로그램으로 쓴 원고를 PDF로 저장해서 등록하면 됩니다.

1) 크몽 사이트에서 서비스 등록하기를 누릅니다.

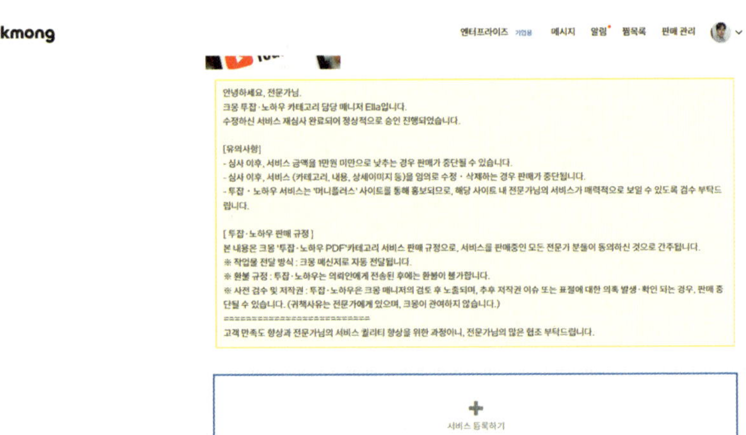

2) 기본정보에서 제목을 적고 카테고리와 파일 형식 PDF를 선택.

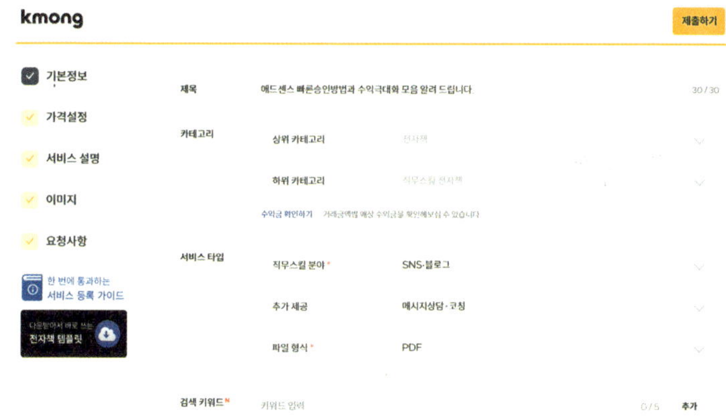

3) 가격설정을 옵션 없이 판매가격을 정해도 되고 패키지로 설정해서 다음과 같이 서비스를 등급을 나눈 옵션을 설정해도 좋아요. 서비스 등급을 나눌 때는 높은 서비스등급에 전자책 이외에 컨설팅 교육 또는 온라인강의 자료 전송 등 등급이 높은 서비스에 맞게 좋은 전자책과 콘텐츠를 발송해주면 됩니다. 아래는 원고를 쓴 전자책 페이지 숫자를 입력합니다.

〈패키지로 서비스 등급과 가격 설정 모습〉

4) 전자책 목차를 입력하고 서비스설명에 전자책의 내용을 잘 설명해
줄 내용들을 구매자가 보기 편하게 명확하고 간결하게 적습니다.

특히 독자가 얻을 결과물과 기대치를 얼마나 제시하고 설명하느냐가 중요합니다. 당신만이 가진 '차별화된 해법'을 강조하십시오. 예를 들어 '스마트스토어로 매출 올리기'라는 책 이라면 '경쟁이 치열하지 않는 아이템 몇 개로 매출을 올린 판매자의 노하우를 알 수 있습니다' 와 같이 자신만의 방법을 소개로 적으면 책의 가치는 상승합니다.

그리고 전자책을 쓴 전문가, 자기 소개를 구체적이고 돋보이게 해주세요. 예를 들어 '저는 온라인 쇼핑몰 운영 3년차 개인사업가입니다. 온라인 판매는 치열한 경쟁으로 판매에 어려움을 겪곤 했습니다. 하지만 키워드를 잘 찾는 방법을 알게 된 후로 경쟁이 치열하지 않는 아이템들을 찾게 되었습니다. 몇 개의 아이템 만으로 매출을 올리며 지속적인 판매를 이어오고 있습니다. 3년간 쇼핑몰을 운영하며 얻은 노하우와 빠른 수익을 얻을 수 있는 아이템을 찾는 방법, 효율적인 광고셋팅까지, 온라인판매를 하려는 분들께 시행착오를 줄이고 매출발생을 돕는 전자책입니다.'이렇게 경험에서 우러나오는 스토리가 설득력을 발휘할 수 있습니다. **독자는 당신의 노하우와 시간을 삽니다.**

그리고 크몽에 등록한 다른 전자책이나 강의자료가 있다면, 포트폴리오로 기재해서 전자책을 쓴 커리어를 나타내주세요.

5) 이미지에서 썸네일인 메인 이미지 한 장과 전자책을 설명해 줄 수 있는 이미지 최대9장(목차 이미지나 책 안의 내용도 괜찮습니다.) 책 내용중의 일부인 미리보기 상세이미지 최소 5장 (책 본문내용 4장) 최대 9장까지 올립니다.

작성한 전자책 원고파일을 등록하고 판매가 되면 전자책 PDF파일이 고객에게 자동전송이 돼요. 전자책을 설명해 주는 동영상이 있으면 등록합니다.

전자책은 크몽에서 최소 판매금액을 1만원으로 설정해야 하며, 카테고리가 자료모음집이나 소설, 에세이 등은 최소 5천원부터 설정을 할 수 있습니다.

제출하기를 클릭하면 1~2일 이내 심사를 하고 승인이 되면 크몽에서 전자책 판매가 시작됩니다. 심사 후 반려가 되면 사유가 나오는데 그에 맞게 수정해 다시 제출하면 됩니다.

6_2. 유페이퍼 사이트 등록과 서점 유통 시키기

전자책을 개인이 올릴 수 있는 사이트는 유페이퍼입니다. (https://
upaper.kr/) 이곳으로 직접 작성한 전자책을 양식에 맞게 올려서 판
매도 가능합니다. 승인절차가 있으며 반려사유가 있으면 규율에 맞게
고치면 됩니다. 보통 메일로 승인, 반려내용을 보내줍니다.

〈전자책 판매 유페이퍼〉

유페이퍼는 전자책을 판매 할 수 있는 플랫폼입니다. ISBN 발행 예스
24, 교보문고, 알라딘등 제휴되어 있는 대형 서점에 유통과 판매 대행을
해줍니다. 판매 대행을 해주는 만큼 수수료가 발생합니다.

1) 유페이퍼 판매 수수료:

- 유페이퍼 내에서 판매가 될 때 수수료는 30%입니다.

- 예스24, 교보문고, 알라딘등 제휴판매사에 판매 대행이 이뤄질 경우 수수료는 40% 입니다.

2) 회원가입과 판매자전환

우선 회원가입을 하고 전자책을 판매하려면 판매자 전환을 해야합니다.

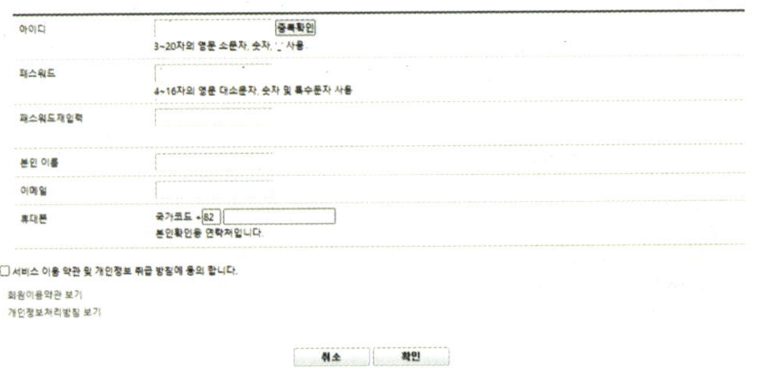

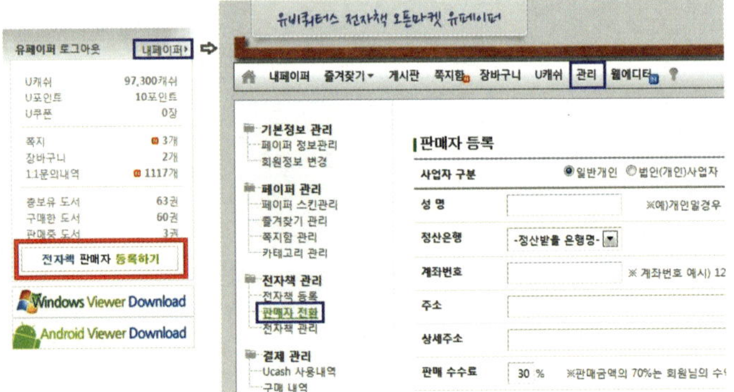

회원 가입을 하고 판매자도 전환하려면: 내페이퍼 -> 관리 -> 판매자 전환 메뉴를 선택하면 됩니다. 개인회원과 개인사업자(법인사업자) 2가지로 가입할 수 있습니다. 출판사 등록이 되어있지 않다면, 출판사를 유페이퍼로 하면 됩니다.

- **성명** : 실명으로 등록해야 합니다. 실명이 아닌경우 판매정산시 입금처리가 안됩니다.
- **정산은행** : 정산받을 은행명을 선택하시면 됩니다.
- **계좌번호** : 계좌번호를 입력하세요. 본인 실명으로 개설된 계좌만 등록 가능합니다.
- **주소** : 소득세신고를 위한 주소를 입력하세요.
- **상세주소** : 상세주소를 입력하세요.
- **판매수수료** : 판매수수료는 7:3으로 판매금액의 70%를 회원님께 드립니다.
- **계약시작일** : 계약시작일은 오늘날짜로 셋팅됩니다.
- **계약기간** : 계약기간은 2년으로 설정 변경가능합니다.

성명은 가입시 이름과 같아야 하며, 정산 입급 받을 은행계좌를 넣어줍니다. 특히, 유페이퍼 홈페이지에 판매자 등록시 유의해야 할 사항이 자세히 나와있습니다. 참고해서 읽어보시길 바랍니다. (https://www. upaper.net/Customercenter/upaper_help.html)

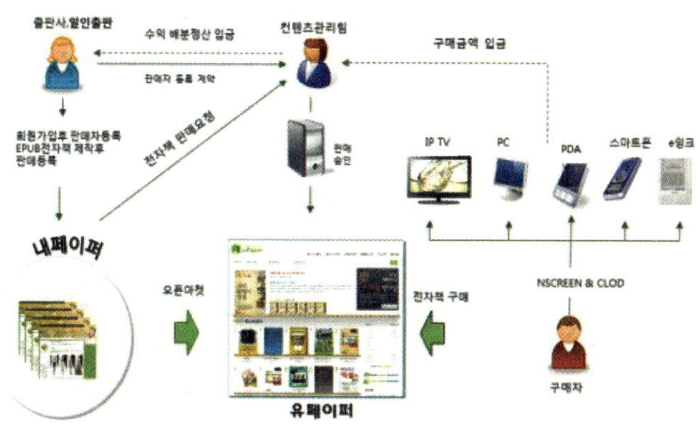

〈전자책 유페이퍼 사이트 도움말〉

유페이퍼(uPaper)는 언제 어디서나 스마트폰, 패드, 윈도우 PC를 이용하여 전자책을 구매하여 볼수 있습니다. 유페이퍼에 회원가입을 해야 합니다. 회원가입은 구매한 전자책을 보관하기 위해 필요해요. 구매한 전자책은 내페이퍼에 보관되며, 유페이퍼에 접속해 전자책을 볼 수 있습니다. 윈도우 PC, 스마트폰, 태블릿등 기기와 디바이스와 웹브라우져만 있으면 전자책을 볼수 있도록 '웹뷰어'를 제공해요. 윈도우 PC에는 사이트메인 우측에서 윈도우PC뷰어를 다운받아 설치하면 편리하게 전자책을 볼 수 있습니다. – 유페이퍼내 설명글 www.upaper. net

유페이퍼는 PDF파일로 또 EPUB방식으로 올리는 방법이 있어요. PDF파일은 만든 그대로 보여지는데 책갈피 기능을 이용해 목차 바로가기를 해주면 고객이 보기 편합니다. EPUB방식은 각 모바일기기에 최적화로 보여져서 고객이 보기 편합니다. 대형서점의 e-북이 EPUB방식이라 보시면 됩니다.

쉽게 설명을 드리면,

1. PDF등록은 쉽습니다. 먼저 써 놓은 한글파일 또는, 워드의 글을 PDF로 저장해서 올리면 됩니다. 한글이나 워드 파일을 PDF로 변환하는 것은 쉽게 재생산되는 것을 막기 위함이 있습니다. PDF의 문서 형태는 크몽과 같은 재능마켓 플랫폼에 등록하거나 개인 SNS를 통해 고객에게 전달할 수 있습니다.

2. EPUB등록은 유페이퍼 웹에디터에서 목차 설정하고, 내용을 복사하고 붙여넣어야 합니다. (웹 에디터로 작업해야해서 시간이 걸립니다.)

EPUB의 장점은 고객이, 태블릿, 스마트폰, 컴퓨터로 책을 볼때 기기의 상황에 맞게 크기가 자동조정되어서 책을 볼 때, 독자들의 편의성이 더 좋습니다. PDF 파일로 등록하면 만들어 놓은 그대로 보여집니다.

유페이퍼에서 EPUB 등록

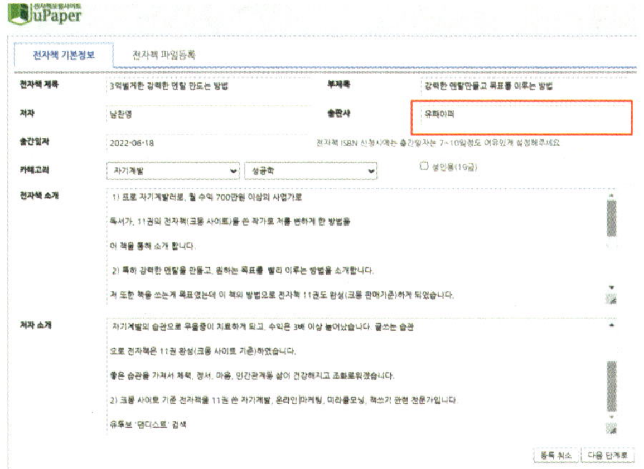

유페이퍼에 회원가입을 하고, 웹에디터로 들어갑니다. 제목과, 저자명, 소개등을 입력하고, 출판사가 없다면 유페이퍼로 출판사 이름을 적으면 됩니다. ISBN과 ECN은 아직 나오지 않았으니 그냥 넘어가면 됩니다. 표지를 올려야 하는데, 표지 템플릿을 누르면 간단히 만들 수 있는 템플릿이 있지만, 미리캔버스, 망고보드 등에서 미리 만들어 놓은 표지로 올리길 바랍니다.

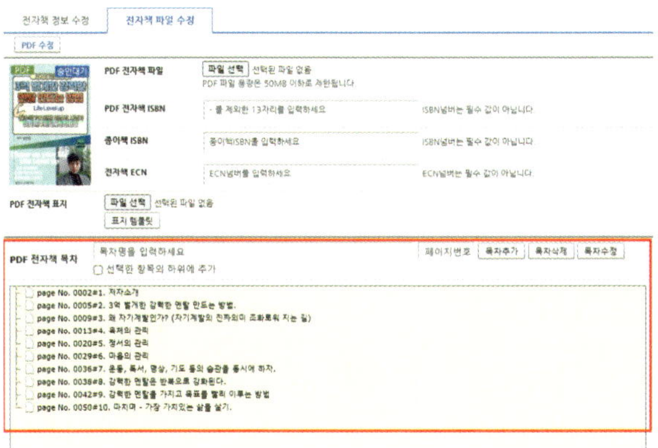

전자책의 각 목차를 넣어줘야 합니다. 목차 제목과 써놓은 원고의 페이지를 입력하면 고객이 목차를 클릭 했을 때 바로 해당 부분의 내용으로 갈 수 있게 해줍니다. 전자책 수정, 등록을 해줍니다.

책의 카테고리, 가격을 입력하고 판매신청을 합니다. 소장용으로 판매되기도 하고 대여용으로도 판매가 가능합니다. 판매가격과 대여가격을 입력해줍니다.

ISBN과 ECN은 7일~10일정도 걸립니다. 책을 등록하고 나서 번호를 받아도 되니 판매신청부터 하세요. 유페이퍼내 검수 후 반려가 되면 메일로 보완할 사항이 전달되고, 판매신청승인을 받으면 판매가 시작됩니다. 유페이퍼를 통해 판매채널을 넓힐 수 있습니다. 유페이퍼를 통해 제휴된 대형 서점 등에 유통이 되고 전자책이 동일하게 올라가기 때문입니다.

– 유페이퍼 등록으로 대형서점에 자동으로 전자 책 업로드 시키기와 한번에 여러 서점에 동시 판매하기 유페이퍼 제휴사 판매

유페이퍼를 통해 전자책을 등록하고 판매신청을 하면 제휴된 인터넷 서점에도 판매신청을 할 수 있습니다. 한번에 여러 서점에 판매를 할 수 있는 방법입니다. 예스24, 알라딘, 교보문고, 밀리의서재, 부커스등 대형서점에서 온라인 전문서점까지 제휴된 곳에 판매를 할 수 있는 것이 큰 장점입니다.

교보문고와 예스 24, 알라딘은 구매자들이 많은 대형서점이기 때문에 판매가 잘됩니다. 판매신청을 할때는 제휴사 전체 선택을 하면 됩니다. 계약조건이 제휴사 마다 다른데 전체 선택을 해서 판매해보길 바랍니다. 제휴사 마다 승인이 오래 걸리기도 하고 대기상태가 오래 가는 경우도 있습니다.

콘텐츠 히스토리	구분	내용	날짜
	검수승인	검수 승인	2022-06-29
	검수승인	검수 승인	2022-11-29
	관리자입력	알라딘 : 상용화 판매진행	2023-02-23
	관리자입력	예스24 : 상용화 판매진행	2023-03-10

제휴사 구분	수익 배분	판매 신청일	제휴사 관리
유페이퍼	70% 지급	2022년 06월 11일	판매중
예스24	B2C 60% 지급, B2B 40%지급, B2BC 40% 지급	2022년 06월 25일	요청 대기중
알라딘	B2C 60% 지급, B2B 40%지급, B2BC 40% 지급	2022년 06월 25일	요청 대기중
교보문고	B2C 60% 지급, SAM 50%지급, B2B B2BC 40% 지급(대여는 정가 1/25의 40%)	2022년 06월 25일	요청 대기중
와이투북	B2C 60% 지급, B2B 50%	2022년 06월 25일	요청 대기중
북큐브	B2C 60% 지급, B2B B2BC 40%지급(대여는 정가1/25의 40%)	2022년 06월 25일	요청 대기중
2디오북제작납품	납품케이스별돌림	2022년 06월 25일	요청 대기중
밀리의서재	구독당 1/25의 B2C 70% 지급, B2BC 40% 지급	2022년 06월 25일	요청 대기중
웹소설연재제공	순매출액의 50% 지급 (장르소설만 가능)	2022년 06월 25일	요청 대기중
부커스	대여당 1/25의 40%지급	2022년 06월 25일	요청 대기중

〈유페이퍼 사이트에 제휴된 대형 서점에도 전자책 등록을 요청할 수 있다.〉

예스24, 알라딘, 교보문고, 북큐브, 밀리의서재, 부커스등 유페이퍼 사이트에 제휴된 서점에도 전자책 등록을 요청할 수 있습니다. 1주일 정도의 시간이 지나면 제휴된 서점에 전자책이 올라갑니다.

전자책을 등록하고 저자 페이퍼의 공간에 등록한 전자책을 확인 할 수 있고 책 URL을 복사해서 블로그 및 SNS로 홍보 할 수 있어요.

6_3. 이 퍼플 사이트를 등록

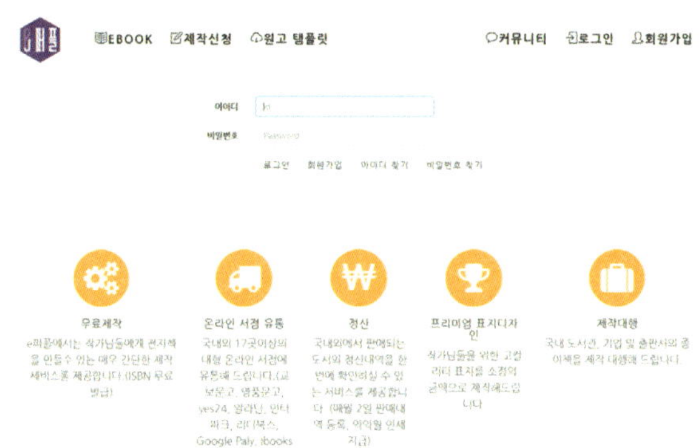

〈전자책을 제작하고 온라인 대형 서점에도 유통할 수 있는 이 퍼플 사이트〉

이 퍼플은 (http://www.epubple.com/) 온라인 대형 서점에 유통할 수 있는 전자책 제작 사이트입니다. ISBN은 무료로 발급받을 수 있고 전자책의 경우 책의 앞 표지만 만들면 됩니다. 등록할 때 절차와 검수 과정이 있지만 까다롭지 않고 제작과 등록까지 무료입니다.

유페이퍼와 마찬가지로 제휴사인 대형 온라인 서점에 유통할 수 있는 좋은 사이트이기 때문에 전자책 원고가 있다면 이 사이트를 통해 등록하는 것도 추천합니다.

6_4. ISBN 등록으로 책 번호 부여 받기. 나만의 고유의 책.

유페이퍼에서 전자책 등록과 판매신청을 하고, 승인이 되면 ISBN 인 책 고유번호를 신청할 수 있습니다.

ISBN, ECN는 신청 후 7일에서 10일 후 번호가 나옵니다.

ISBN: 국제 표준 도서 번호이고 책을 유통시키기 위해 발급받는 번호 입니다. 국제적으로 정한 출판물번호 입니다. 유페이퍼 사이트내 발급 비용은 약 1,000원입니다.

ECN: 한국전자출판협회에서 발급 관리하는 코드 입니다. 자가출판 인 경우 ECN번호가 필요합니다.

DRM: 다운과 출력을 방지하는 기능입니다.

우선 ISBN 번호를 발급 받는 것이 좋고 ECN 번호로 관리하는 서점 이나 유통사들도 있기 때문에 특정 유통사에 유통하려면 ECN 번호도 받아야 하는 정도만 알고 계셔도 좋습니다.

유페이퍼 사이트내에서는 발급비용이 저렴하기 때문에 ISBN과 ECN 번호를 함께 받는 것도 좋아요. 책의 고유번호를 받을 수 있기 때문에 향후 저작권도 지킬 수 있어요.

유페이퍼에 전자책을 등록했다면, 유페이퍼 사이트에서 ISBN번호와 ECN번호를 신청하고 받을 수 있습니다.

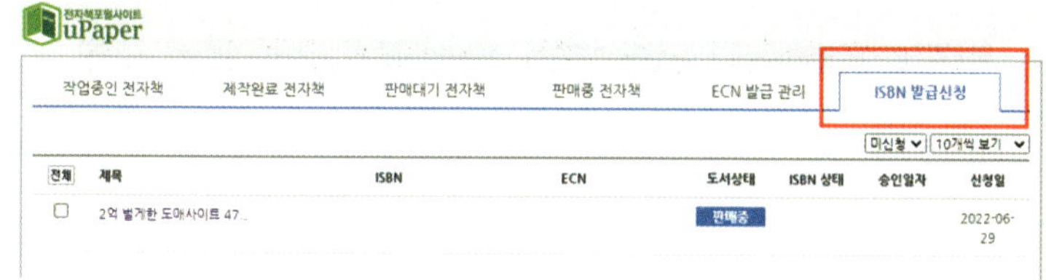

〈유페이퍼 사이트에 전자책을 등록하고 ISBN번호를 받을 수 있습니다.〉

유페이퍼 사이트를 통해 ISBN 발행을 쉽게 할 수 있습니다. ISBN번호를 받으면 쿠팡, 스마트 스토어에도 전자책을 판매 할 수 있습니다. 유페이퍼 사이트가 아니라도 ISBN(책 고유번호) 발행은 국립중앙 도서관 ISBN신청란에서도 할 수 있습니다. (https://www.nl.go.kr/seoji/ contents/S30201000000.do) (https://www.nl.go.kr/seoji/)

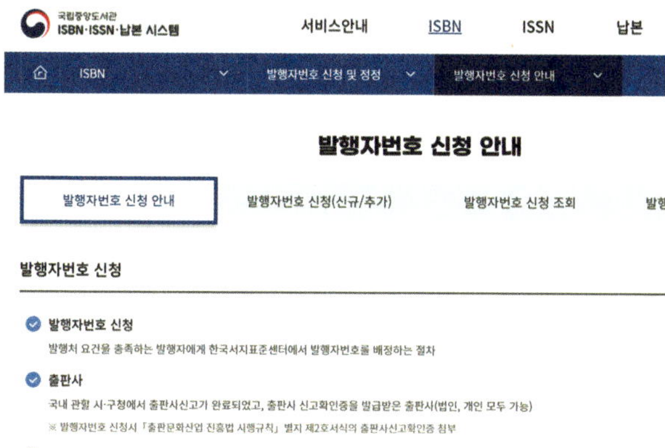

〈국립중앙 도서관 ISBN신청 방법〉

납본시스템에서 ISBN 신청은 온라인으로 신청방법과 팩스 신청방법
이 있습니다.

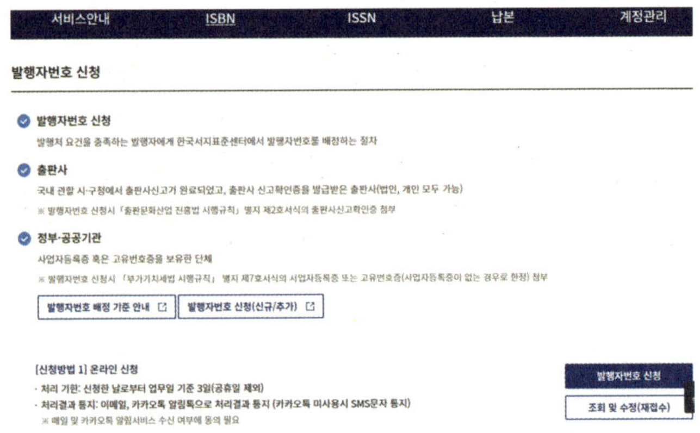

3일정도 후에 처리결과가 나오고 문자, 카카오톡, 이메일 등으로 연
락이 옵니다. ISBN 번호를 대신 받아서 7~10만원 가량의 수수료를 받
는 업체도 있던데 유페이퍼나 납본시스템을 통해 직접 하면 비용이 상
대적으로 저렴하니 직접 ISBN번호를 받는 걸 추천합니다.

전자책도 저작권을 지킬 수 있는데 저작권을 지킬 수 있는 방법은 한
국 저작권위원회 (https://www.copyright.or.kr/main.do) 사이트
를 통해 일반저작물 등록을 하면 됩니다.

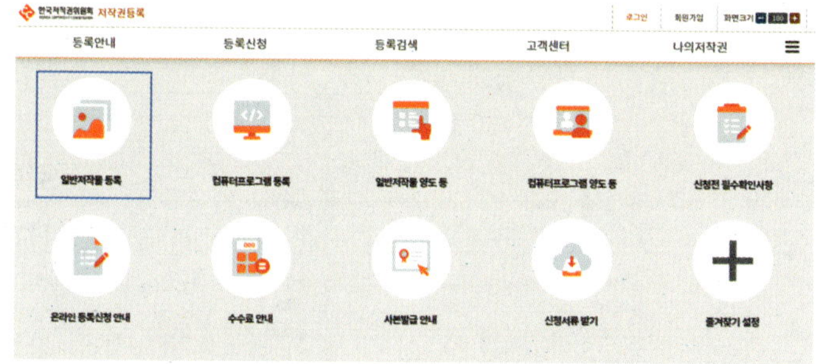

〈일반 저작물을 등록할 수 있는 한국 저작권위원회〉

6_5. 스마트 스토어에 전자책 등록하고 판매하는 방법

스마트 스토어에 전자책을 등록하고 판매 할 수 있습니다. 특히 스마트 스토어에 전자책을 등록하면 네이버 포털 사이트의 검색으로 들어올 가능성이 많습니다. 직접 검색하는 구매자는 구매확률이 높아요. 스마트 스토어를 아직 개설하지 않았다면 처음엔 개인 판매자로 스토어를 개설하면 사업자 등록증을 내지 않아도 됩니다. 매출금액이 많아지면 세무서에서 사업자를 내라고 하겠지만 처음부터 매출과 수익이 많이 안 날 가능성이 있으니, 사업자 판매자가 아닌 개인 판매자로 스토어를 개설하면 됩니다.

스마트 스토어에서 전자책 판매의 최대 장점은 판매 수수료 약 4~7%를 제외하고 90%이상의 순 수익이 이뤄진다는 것과 부가가치세도 면세가 된다는 점입니다.

1) 처음 등록 시 카테고리 설정을 정확히 해줘야 합니다.

제가 올리는 전자책처럼 마케팅 관련 책 이라면 도서>경제/경영>마케팅/세일즈>마케팅일반 카테고리로 정합니다. 스마트 스토어는 카테고리가 정확해야 검색에서 노출이 잘 됩니다.

2) 책의 제목과 대표 판매가격을 넣어줍니다. ISBN 번호를 받은 도서, 전자책판매의 경우 할인율이 최대 10프로까지만 설정할 수 있습니다.

3) 옵션 설정을 통해서 서비스등급을 크몽처럼 나눌 수 있어요.

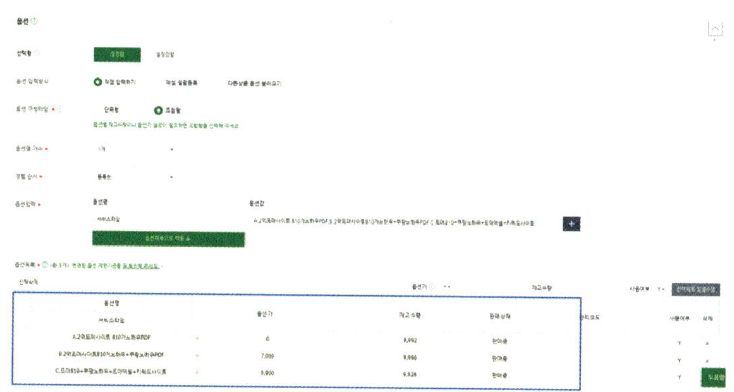

　　옵션은 하나의 옵션으로만 설정해도 되고 서비스에 등급을 나눠 여러 가지 옵션을 설정할 수 있습니다. 가격설정만 잘 해주면 중간등급의 서비스를 구매할 가능성이 높으며, 중간등급과 최고급 등급 서비스 가격이 많이 차이나지 않다면, 최고급 서비스를 구매할 가능성은 더 높아집니다. 구매 심리 마케팅 용어 중 골디락스 효과를 노려야 합니다. 실제 저의 경우도 고객분들이 최고급 서비스를 구매를 많이해 매출과 수익을 극대로 올릴 수 있었습니다.

　　4) 640 x 640 픽셀이상의 정사각형의 메인 이미지를 넣어주고 추가 이미지에 전자책을 잘 설명해줄 수 있는 썸네일을 추기로 올려주기니 책의 내용 중 중요한 일부분만 올려 구매를 유도하면 좋습니다. 동영상은 책을 재미있게 홍보해줄 수 있는 숏폼 영상이 있으면 올려주세요.

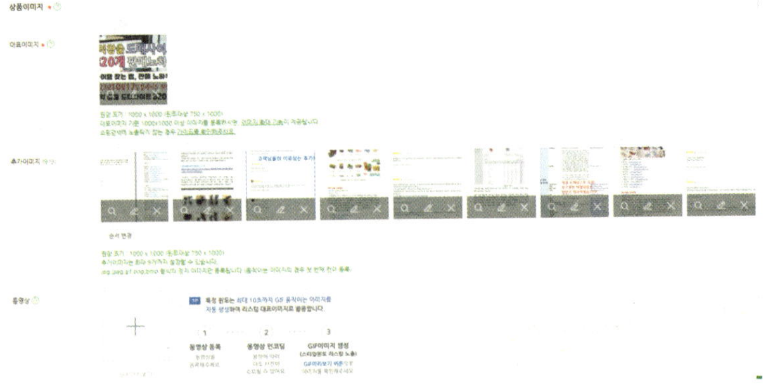

5) 상세이미지는 스마트에디터 원으로 블로그 포스팅 쓰듯이 작성하면 됩니다.

상세이미지에 글을 써 구매고객에게 구매 시 배송 메시지에 메일주소를 기입해달라고 적으세요. 혹은 고객이 구매를 하고 나면 고객에게 전자책을 올려놓은 구글 드라이브 링크를 보내줘도 좋습니다. 구글드라이브에 전자책파일을 올리는 방법은 4_4. 효과적인 글 쓰기 순서_블로그와 병행 장을 참고해주세요.

상세페이지에 각 서비스 옵션의 설명을 잘 해줍니다. 상세페이지 상단에는 고객후기를 올려서 후기가 좋은 전자책 서비스 임을 표현하면, 먼저 구매한 사람들의 경험담과 후기가 있기 때문에 구매의사를 결정할 때 큰 영향을 미치게 됩니다. 긍정적인 구매평과 후기가 전자책 판매로 이어질 확률이 높습니다.

〈구매후기를 상세페이지에 표현해서 후광효과를 노려야 합니다.〉

6) 도서 정보를 입력해야 하는데 ISBN 번호를 넣으면 됩니다. ISBN 번호를 받으면 도서로 인정되어서 부가가치세 면세가 됩니다.

ISBN 번호를 즉시 못 받았다면 번호 신청을 하고 부여받은 후 입력해주세요. 네이버측에서 바로 모니터링을 하지 않지만, 번호를 먼저 입력하는걸 추천하고 빠른시일 내 입력해야 합니다.

출판사와 출간일, 글 작가를 입력 해줍니다. ISBN번호를 유페이퍼에서 받았다면 출판사를 유페이퍼로 적어주세요.

*** 전자책 판매 부가가치세 면제에 관하여**

종이책과 전자책은 면세라서 부가가치세를 면제받을 수 있는데, 책 뒷편의 바코드나 ISBN 등의 고유 번호를 부여 받았다면 정식 도서 판매로 인정되어서 부가세를 면제 받을 수 있습니다. 하지만 PDF 전자책의 경우라도, ISBN 고유 번호가 없다면 부가가치세를 면제받지 못합니다. ISBN 번호를 받는 것이 향후 판매가 지속적으로 이루어졌을 때 부가세도 면제 받아서 더 큰 이익이어서 ISBN 번호를 받아 부가가치세도 면제받으시길 바랍니다.

7) 상품정보와 상품정보제공고시 등을 입력해줍니다. 도서에 맞게 정보를 입력해주면 됩니다.

8) 노출 채널을 설정해주고 저장하기를 누르면 전자책이 상품으로 스마트스토어에 게시가 됩니다.

이후 네이버 키워드 광고를 통해 전자책을 더 노출시키는 방법으로 광고를 진행해도 좋습니다. 전자책은 메일로 발송하거나 구글드라이브로 확인이 가능하기 때문에 택배 발송이 없어요. 구매가 되고 전자책을 고객에게 메일로 전해주었거나 구글드라이브링크를 안내했다면 상

품 발송을 직접발송으로 선택하고 발송합니다. 고객에게 구매확정을
부탁하면 빠르게 정산을 받을 수 있습니다. 혹은 직접발송 선택 후에
도 가만히 있어도 약 14일 이후에는 정산이 됩니다.

　　스마트 스토어에서 전자책을 등록하고 판매하고 있는 모습입니다. 스
토어 내 도서 카테고리를 만들고 등록해서 판매하시면 됩니다. 스마트
스토어에서 전자책 판매의 장점은 상품명과 상세페이지내의 키워드를
적절히 배치하면서 검색으로 유입할 수 있는점입니다. 블로그를 노출
시키고 유입시키는 방법과 비슷할 수 있는데 네이버 도서검색 상단에
노출시키는 것을 목표해야 합니다.

　　이외에도 개인 홈페이지를 통해 전자책을 등록하고 판매할 수 있습니
다. 홈페이지 템플릿에 따라 자동발송과 다운로드 설정도 가능합니다.

네이버 도서 ⓘ

다른 사이트를 보시려면 클릭하세요 다른 사이트 더보기

순수익 2억 벌게한 도매사이트 소개와 판매노하우
저자 남찬영
출판 유페이퍼 · 2022.11.29.

e북 알라딘 **Npay** 13,000원

[eBook] 순수익 2억 벌게한 도매사이트 소개와 판매노하우
출판 유페이퍼 · 2022.11.29.

e북 예스24 **Npay** 11,700원

순수익 2억벌게한 도매사이트 820개와 판매 노하우 알려드립니다
저자 댄디스트, 남찬영
출판 댄디출판 · 2022.04.22.
구매 13 · 찜 53

도서 댄디플레이스 **Npay+** 17,000원

스마트 스토어로 전자책을 판매할 때 장점.

1) 수수료가 저렴합니다. 크몽은 20프로인데 비해 스마트스토어는 무통장 입금과 카드매출에 따라 수수료가 다르지만 4~8프로 정도여서 저렴한 편입니다. 그에따라 순 수익은 더 높습니다.

2) ISBN번호를 받고 등록하면 부가가치세 면세가 됩니다. 세금에 대한 부담이 적어집니다.

3) 검색을 통해 들어오는 구매자가 많습니다. 국내 최대 포털 사이트인 네이버에 키워드 검색 등으로 유입되는 고객은 구매율이 높습니다. 그렇기 때문에 스마트 스토어에서 전자책을 판매할 때는 상품명이나 키워드를 잘 활용하면 네이버 검색에서 유리해집니다.

4) 까다로운 검수과정이 없습니다. 재능마켓 플랫폼인 경우 규율을 따라야 하고 검수에서 승인을 못 받으면 반려가 됩니다. 스마트 스토어의 경우 전자책만 올리면 됩니다. 대신 판매가 지속적으로 이루지고 고객의 만족도를 높이려면 전자책의 내용과 품질이 좋아야 하며, 마케팅이나 광고를 직접 해야할 수 있습니다.

6_6. 쿠팡에 전자책 등록하고 판매하는 방법

쿠팡에 입점을 하고 판매를 하려면 사업자 등록증이 있어야 합니다. 스마트스토어와는 다른 점이지만 쿠팡은 국내 최대 오픈마켓이고 쿠팡 앱을 통한 많은 충성고객이 있어요. 사용자들이 많은 만큼 장사가 잘되는 플랫폼이에요. 매출과 수익을 올리는 데 있어 도움이 되고 판매를 위해 필요한 곳이 쿠팡입니다. 쿠팡에서 종이책 또한 판매가 원활히 이루지고 있습니다.

1) 상품등록을 누르고 판매자 배송으로 선택합니다. 고객에게 노출될 상품명을 적습니다.

2) 옵션을 입력하는데 한 권, 하나의 옵션으로 해도 되고 서비스가 등급으로 나뉜다면 몇 가지 옵션으로 설정할 수 있습니다. 쿠팡은 상품 등록 때 옵션을 잘 구성해야 합니다. 한번 등록하고 다음에 옵션을 추가하면 두 개의 상품으로 나뉘어지게 되니 처음 등록할때 옵션을 잘 선택하고 설정해야 합니다.

3) 대표이미지와 전자책을 요약해서 보여줄 추가이미지를 등록합니다.

4) 상세설명을 통해 구매 후 전자책을 받는 방법과 전자책 설명을 작성한 상세페이지를 올립니다.

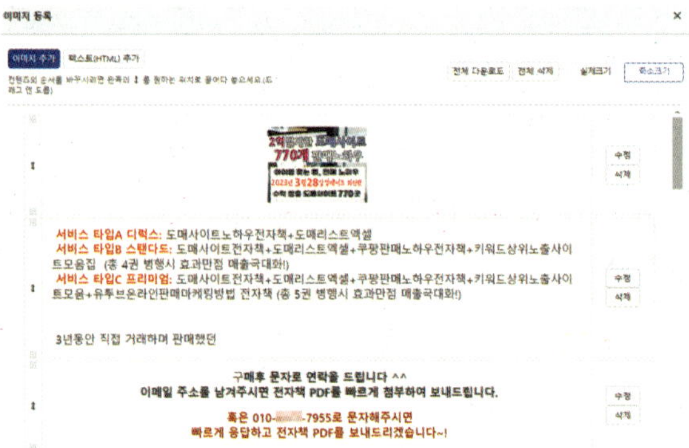

5) 상품 고시 정보와 상품 정보를 도서에 맞게 넣고 검색필터에 ISBN번호를 넣습니다.

종이책과 전자책은 ISBN 등의 고유 번호를 부여 받았다면 부가세를 면제 받을 수 있어요. PDF 전자책의 경우 ISBN 고유번호가 없다면 부가세를 면제받지 못할 수 있고 쿠팡에서 판매 등록할 때 도서 카테고리는 ISBN번호를 꼭 넣어야 합니다.

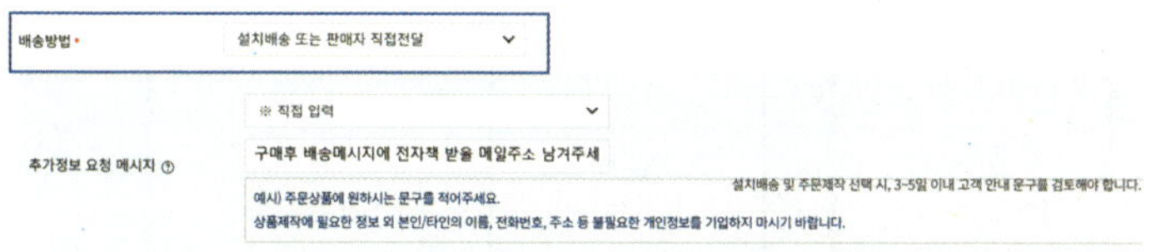

배송방법은 '설치배송 또는 판매자 직접전달'로 설정하고 메일로 전자책 파일 전송 후 택배사를 '업체직송', 송장번호에 '발송날짜'를 입력하면됩니다. 예시.20260103

6_7. 전자책 PDF에 워터마크 넣어서 무단복제 막기

완성한 전자책 또는 이미지 등의 컨텐츠를 무단 복제 및 기타용도로 사용하는 것을 막는 수단으로 워터마크를 표기하는 방법이 있습니다.

MS워드프로세서의 워터마크 기능을 이용해서 워터마크를 표기해 보겠습니다.

1) 페이지 레이아웃 -〉 워터마크를 클릭합니다.

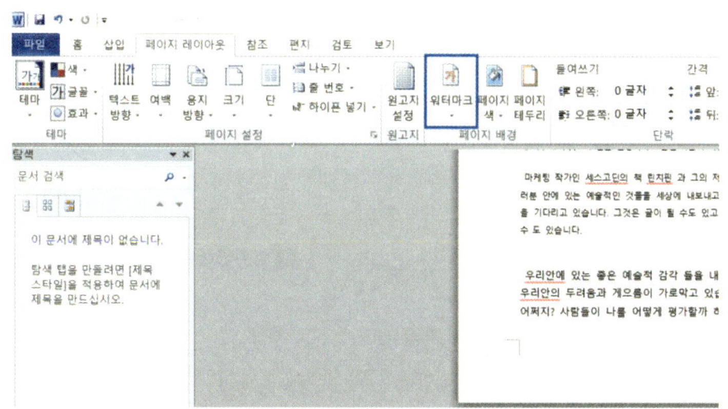

2) 워드에서 제시한 워터마크를 바로 쓸 수 있지만 워터마크의 문구를 직접 넣고 싶다면 사용자지정 워터마크를 클릭합니다.

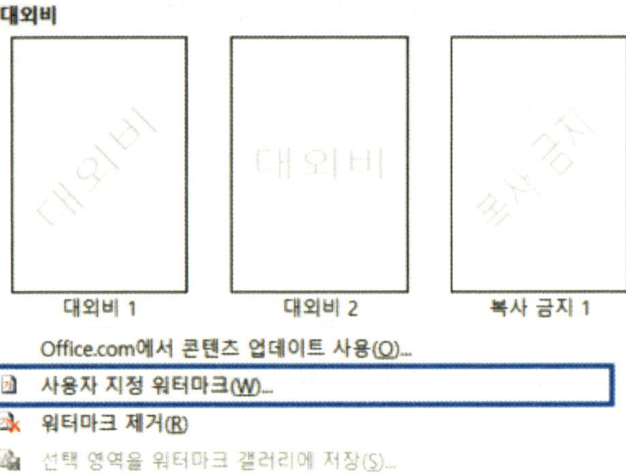

3) 텍스트에 넣고 싶은 문구를 입력합니다. 글꼴과 크기, 워터마크 색상을 선택할 수 있습니다. 적용을 클릭합니다.

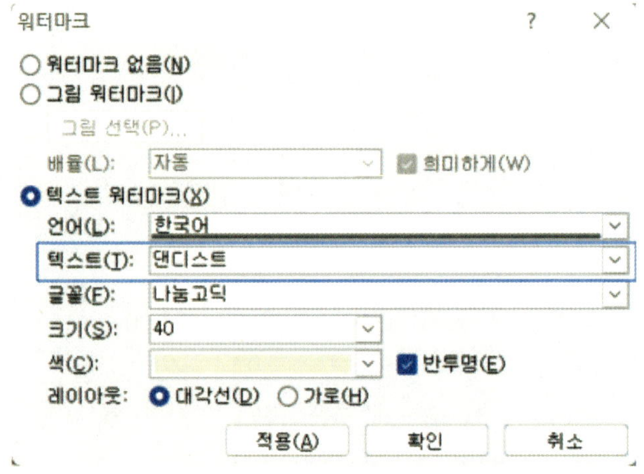

4) 워터마크가 적용된 모습을 확인할 수 있고 워터마크를 없애고 싶다면 2)에 워터마크 제거를 클릭하면 워터마크가 사라집니다.

5) 그림 워터마크는 PC에 저장되어있는 이미지 워터마크를 불러내서 표기하는 것입니다.

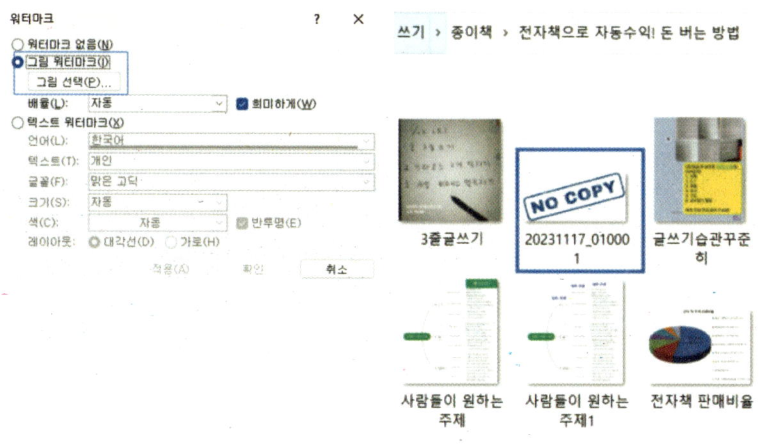

그림 워터마크를 선택하고 PC에 저장되어있는 워터마크 이미지를 불러옵니다.

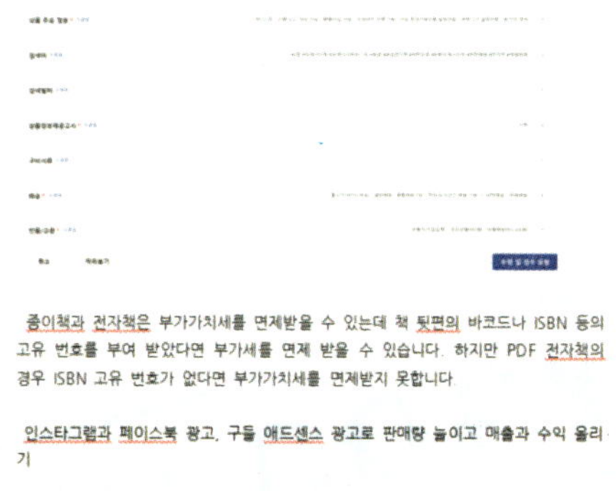

종이책과 전자책은 부가가치세를 면제받을 수 있는데 책 뒷편의 바코드나 ISBN 등의 고유 번호를 부여 받았다면 부가세를 면제 받을 수 있습니다. 하지만 PDF 전자책의 경우 ISBN 고유 번호가 없다면 부가가치세를 면제받지 못합니다

인스타그램과 페이스북 광고, 구글 애드센스 광고로 판매량 늘이고 매출과 수익 올리기

위와같이 그림으로 문서에 워터마크가 표기된 것을 확인할 수 있습니다. 역시 워터마크를 제거하고 싶다면 페이지 레이아웃 -> 워터마크로 들어가서 워터마크 제거를 클릭하면 없어집니다.

갈수록 전자책을 많이 작성하고 만들다보니 불법복제 및 재사용, 기타용도로 사용될 가능성도 있습니다. 워터마크로 자신의 콘텐츠와 글을 미리 지키시길 바랍니다.

6_8. 대형서점도 수익형 전자책과 종이책은 잘 판매됩니다.

제휴유통사별 일별매출현황

2025년12월 ∨ 판매내역

날짜	유페이퍼	예스24	리디북	교보문고	북큐브	알라딘	일합계
2025-12-01	0	12,000	0	12,000	0	0	24,000
2025-12-02	0	0	0	891	0	0	891
2025-12-04	0	0	0	0	0	12,000	12,000
2025-12-07	0	12,000	0	0	0	0	12,000
2025-12-10	0	0	0	4,892	0	0	4,892
2025-12-11	0	12,000	0	0	0	0	12,000
2025-12-12	0	12,000	0	0	0	0	12,000
2025-12-13	0	12,000	0	0	0	0	12,000
2025-12-15	0	0	0	3,838	0	0	3,838
2025-12-17	0	0	0	1,626	0	0	1,626
2025-12-19	0	0	0	12,735	0	0	12,735
2025-12-26	0	12,000	0	0	0	0	12,000
2025-12-27	0	0	0	5,629	0	0	5,629
합계	0	72,000	0	41,611	0	12,000	125,611

<꾸준한 판매를 보이는 유페이퍼 제휴 판매>

수익형 전자책을 재능마켓을 넘어 교보문고, 예스24 대형 서점까지 확장하는 것은 '신뢰도'와 '채널'의 차원이 다른 전략입니다.

전자책을 파일을 넘어 자산으로 등록해야 합니다. ISBN번호를 발급받으면 국가공인 도서가 되어 온라인에 노출됩니다.

판매채널을 동시확장 할 수 있어요. 유페이퍼에 등록해 제휴판매를 신청하면 국내주요 서점에 자동입점이 됩니다.

한달 간 국내 대형 서점에 판매해보니 수익형 전자책 판매가 원활히 이루어지는 결과를 얻었어요. 소비자가 원한다는 뜻입니다. 설정에 따라 단건 판매도 있었고 대여형 판매도 있었어요.

여러 서점에 팔려도 정산은 유페이퍼에서 받고, 유페이퍼에서 관리해서 작가의 운용효율이 극대화 됩니다.

대형 서점 유통은 '자동항해 시스템'이 될것입니다. 마케팅에 지친분께 더 추천해요. 재능마켓이나 개인 홈페이지에서 판매할 때보다 작가로서 대우가 있고 '브랜딩 가치'가 수직상승 합니다. 별도의 광고없이도 책 제목을 검색하면 도서정보로 검색되고 검색을 통해 들어온 독자들이 알아서 구매해주니 매출과 판매현황을 확인해주기만 하면 됩니다.

대형서점에서도 분명 수익형 전자책과 책이 잘 판매됩니다. 종이책과 전자책이 등록되도록 글을 쓰고 콘텐츠를 만드세요. 매달들어오는 정산을 연금처럼 만들어보세요. 그동안 대형서점에 판매되는 베스트셀러는 이상적인 내용의 책들이 많았어요. **당신의 지식을 가두지 말고 많은 독자의 서재로 가치를 전달하세요.** 등록은 한번이지만 영향력은 영원한 유산이 됩니다.

7. 전자책 판매 극대화하기 – 마케팅

7_1. 효과적인 전자책 마케팅

전자책 마케팅은 온라인으로 적극적으로 해야합니다. 릴스, 숏츠, 틱톡, 스레드, 블로그 홍보, 크몽내에서 광고하기, 인스타그램 페이스북 연동 광고, 쿠팡에서 광고하기 등이 효율적인 마케팅 방법입니다. 적은 광고 비용으로 최고의 결과 즉, 전자책의 수익과 매출을 올리는 것을 목표로 한다면 효과적이죠. 수많은 정보들 사이에서 상품과 서비스를 알리려면 홍보에 열을 올려야합니다. 모두가 알만한 대기업과 유명인플루언서도 홍보를 쉬지 않는다는 걸 염두해두세요.

제가 추천하는 마케팅은 다음과 같습니다. 다 실행할 수 없다면 결과가 잘나오는 것에 선택과 집중을 해보세요.

블로그로 전자책 마케팅: 내가 이분야의 전문가임을 증명하세요. 전자책 내용의 10~20%를 시리즈물로 연재하세요. 인기 키워드를 분석해 블로그 유입수를 늘리세요. 글의 하단부분은 전자책을 구매할 수 있는 링크를 넣어서 홍보 하도록합니다.

장점: 광고비용이 없고 마케팅 글쓰기 습관을 들이며 전자책을 홍보할 수 있습니다. 이경우 블로그도 키우고 전자책도 홍보할 수 있어요.

단점: 경우에 따라서 마케팅효과가 느리게 나타납니다. 블로그는 좋은 글을 꾸준히 올려야 방문자도 늘어나고, 이웃도 많이 생겨요. 좋은 키워드를 넣어 유입자 수를 늘리는게 효과적인 방법입니다. 포스팅을 꾸준히 하고 적어도 5~6개 이상의 글을 올려보세요.

크몽내에서 광고하기: 플러스 광고 (입찰형): 특정 키워드(예: 부업, 숏폼, 구매대행)를 검색했을 때 최상단에 노출됩니다. 경쟁이 너무 센 키워드보다 '얼굴 없는 숏폼', '직장인 무자본 부업' 같은 세부 키워드에 입찰해 광고 효율을 높이세요. 클릭당 광고상품인 클릭업 광고, 스마트픽이 있고, 기간제 광고상품도 다양하게 있습니다.

장점: 크몽내에서 직관적으로 광고진행을 할 수 있습니다.
단점: 노출위치에 따라 광고비용이 다릅니다. 비즈머니를 크몽에서 한번씩 지급하니 잘모아서 광고진행시 사용하세요.

인스타그램 릴스 숏폼영상 마케팅: 릴스로 관심을 끌고 프로필 링크로 유도해 전자책을 판매하는 [릴스 ➔프로필 ➔전자책] 기획을 하세요. 초반 3초~10초는 후킹연출로 이목을 끄세요. 영상은 고화질, 시간은 25초내외, 최신유행 음악, 영상, 음향효과를 넣어 만드세요. 보이스오버와 캡션(설명글)으로 릴스를 더 시청하게 만드세요. 자동 답장기능으로 정보를 전달해 팬을 모으세요. 릴스를 올린 후 스토리로 마지막 푸쉬를 해주세요. 문의가 많아 답변이 늦어지네요. "선착순 책 할인은 오늘 밤 12시에 마감합니다. 링크를 확인해주세요."

장점: 알고리즘을 잘 타면 빠르게 팔로워를 얻고 성장할 수 있어요.

단점: 영상을 만들어야 하는 어려움이 있습니다. 트렌드에 맞게 짧고 임팩트있게 만드는 것이 좋습니다. 유행에 민감해 현재 잘하고 있는 사람의 릴스에서 영감을 얻고 벤치마킹해보세요.

인스타그램, 페이스북 마케팅: 적은비용으로 인스타그램과 페이스북에 노출시키는 광고방법입니다. 인스타그램을 프로페셔널 계정으로 변경하면 광고를 진행시킬 수있고 페이스북 계정도 비즈니스 계정으로 변경하고 인스타그램과 연동을 시키면 한번 광고 설정으로 인스타와 페이스북 동시에 광고가 노출이 됩니다.

또는 인스타그램 단독으로 광고를 진행시킬 수 있습니다. 제가 두 개를 진행시켜본 결과, 효과는 비슷하고 좋았습니다. 적은 광고비용으로 1,000%이상의 광고효과도 얻을 수 있었습니다. (자세한 설명은 7_6. 적은 비용으로 전자책 인스타그램, 페이스북 광고하기를 참고해주세요.)

장점: 적은 비용으로 인스타그램과 페이스북에 광고를 노출 시킬 수 있습니다. 많은 사람들이 실시간 이용하는 SNS이다보니 광고진행시 효과도 좋은 편입니다.

단점: 광고대비 효과가 좋아 사실 아직 단점은 잘 없습니다. 광고노출이 잘 되니 사람들에게 끌릴만한 썸네일과 텍스트, 카피라이팅으로 광고효과를 얻으세요.

전자책 + 숏폼영상, 카드뉴스 홍보 + 블로그 글쓰기

숏폼영상: 수많은 사람들에게 노출되는 걸 목표하세요. 빠른 템포와 자극적으로 연출해야합니다. 기발한 콘텐츠로 자신을 알리세요. 많은 사람에게 일시 노출하려면 릴스/숏츠/틱톡이 좋습니다.

카드뉴스: 공감/저장을 유도하세요. 책의 핵심 노하우 3가지를 추려 만들고 마지막 장에 더자세한 97가지 비법은 프로필 링크 확인!

네이버 블로그: 전문가의 신뢰를 얻을 수 있도록 하세요. 자세한 정보, 마케팅 문장구조, 행동유도, 성과를 연재물로 포스팅해보세요.

스레드: 글 중심의 '성공서사'가 잘 먹혀요. 퇴사 후 3개월간 고생하면서 깨달은 것들 진솔한 스토리로 소통하세요. 숏폼영상으로 최대한 많이 노출시키고, 프로필 링크로 자세한 내용을 전자책 구매페이지나 블로그로 연결시키세요. 블로그 포스팅안에 전자책을 소개하면 판매율이 올라갑니다. 저 또한 이방법으로 사업노하우의 글, 전자책, 종이책, 강의를 소개하고 판매합니다.

전자책 서비스 옵션설정하기 (골디락스 전략): 전자책 판매 서비스를 등급을 나눠 판매하는 전략이 매출과 수익을 올릴 수 있습니다. 상품과 서비스 가격설정을 '저가'와 '고가' 사이의 '중간'가격과 서비스를 설정했을 때 고객들이 많이 구매하는 심리가 있습니다.

크몽에서 판매할 때도 스탠다드, 디럭스, 프리미엄 세가지 등급으로 나누어 판매하면 디럭스나 프리미엄으로 구매하는 고객들이 많아요. 관련 패키지를 서비스화 하면 평점과 매출을 올릴 수 있어요.

(7_5. 매출을 2배올릴 수 있는 전략. 골디락스 효과 편을 참고해주세요.)

장점: 매출과 수익을 2배올릴 수 있는 전략이 됩니다.

단점: 서비스를 옵션으로 나눠야 해서 프리미엄 서비스로 갈수록 더 좋은 서비스와 고객에게 발송해 줘야해서 관련전자책이나 온라인강의 등을 더 준비해야 합니다.

7_2. 전자책 판매 극대화 전략

우선 전자책은 크몽 사이트에서 제일 잘 팔립니다. 사람들이 가장 많이 이용하는 재능마켓 플랫폼 이기 때문입니다. 마케팅을 크몽에서 해주는 경향이 있고 알고리즘의 선택을 받으면 노출이되고 판매가 됩니다.

크몽과 탈잉은 수수료가 20프로이상 입니다. 장기간 전자책을 판매하려면 개인 쇼핑몰, 블로그, 쿠팡, 오픈마켓에 판매 해야합니다. 개인 홈페이지와 블로그, SNS에 판매할 경우 마케팅은 개인의 몫입니다. (블로그를 통한 꾸준한 양질의 포스팅이 좋은 마케팅이 되기도 하고 글쓰기 공간이 됩니다.)

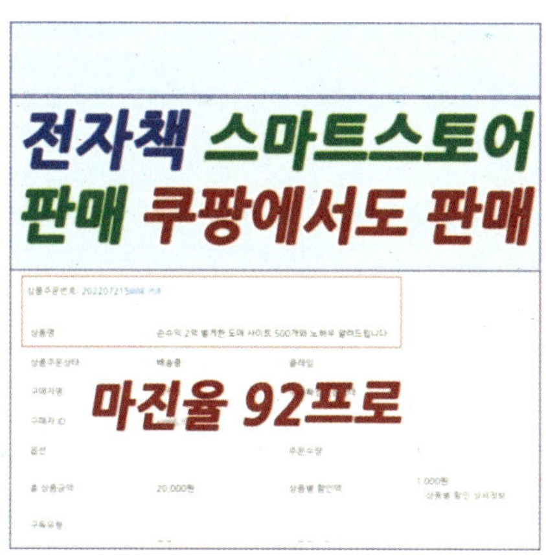

〈전자책 스마트스토어와 쿠팡 판매〉

– 전자책 판매 극대화 전략 방법들

1) 크몽에 먼저 올린다. (사람들이 많이 찾는곳에 판매와 장사를 해야합니다. 비즈니스의 본질은 이윤이며, 수익은 창작자의 동기부여를 지속시킵니다. 경영의 법칙)

2) 전자책에 핵심내용을 테마별로 나누어 포스팅한다. (포스팅은 집필습관을 다지고 마케팅이 됩니다. 독자에게 도움 되는 글로 포스팅하고 구매 페이지로 유입시키세요.)

3) 유페이퍼, 스마트 스토어, 쿠팡, 펀딩사이트 등에 등록한다. (스마트 스토어는 장기적으로 개인 쇼핑몰로 사용하여 판매를 위해 만들고 등록해야합니다. 쿠팡은 압도적 트래픽으로 노출이 잘되고 판매가 잘

됩니다. 그리고 전자책을 등록하고 판매할 수 있는 오픈마켓이나 와디즈, 텀블벅과 같은 펀딩 사이트등으로 화제성도 창출 할 수 있어요. 자신에게 잘 맞는 마켓을 찾아 판매 채널을 확대해야 합니다.)

5) 퍼스널 브랜딩이 되어있는 SNS 계정을 통해 홍보한다. (인스타그램, 유투브, 블로그를 통해 전자책을 알리고 적극 홍보합니다. 꾸준한 SNS홍보로 최대한 많은 사람들에게 노출시키세요.)

6) 블로그와 SNS를 통해 판매한다. (크몽, 탈잉은 수수료가 20프로 이상이지만, 블로그와 개인SNS를 통해 판매하게 되면 수수료가 없습니다. 대신 조금 저렴하게 판매한다고 홍보를 해서 구매유도를 높여야 합니다.)

5) 스마트 스토어를 통해 판매한다. (아직 스마트 스토어가 없다면 개인 판매자로 시작하면 됩니다. 개인 판매자는 사업자 등록증을 내지 않고도 시작할 수 있기에 개설만 하고 시작하면 됩니다. 스마트스토어에 전자책과 도서를 판매하려면 ISBN번호를 받아야 합니다. ISBN번호는 받기 쉽고, 비용도 저렴해 부담이 없습니다. 먼저 등록하고 그 후에 ISBN번호를 받아 빠른시일 내 상품설명에 넣어주면 됩니다.

6) 쿠팡에 판매한다. (현재 우리나라 최대 오픈마켓은 쿠팡입니다. 충성고객도 많고 쿠팡 앱을 통해 구매하는 고객이 많기에 경쟁이 많은 네이버 가격검색으로부터 자유로워요. 쿠팡에서 전자책을 등록하고 판매가 되면 고객 안심번호로 연락해 메일로 전자책 PDF 파일을 보내주면 됩니다. 쿠팡 판매자 센터에서 키워드 광고를 통해 전자책 노출을 더 시킬 수 있습니다. 쿠팡은 사업자 등록증을 내야 하지만, 매출 극대화를 위해 쿠팡에 입점해보세요.

7) 유페이퍼에 등록해 대형서점 유통까지 진행시키세요. 알라딘, 교보문고, 예스24등 대형서점에서 판매율이 좋습니다.

8) 기획력과 홍보, 마케팅 실력이 있다면 텀블벅과 와디즈 크라우딩 펀딩사이트를 통해 펀딩을 받고 전자책을 프로젝트로 진행해보세요.

9) 별도의 비용이 들지 않는 아이디어로 숏폼영상을 제작해 홍보하세요. 얼굴이 안나와도 영상과 텍스트, 보이스 오버, AI등으로 영상을 만들 수 있습니다.

10) 크몽에서 판매되는 전자책들을 비교 분석해서 차별화하거나 디테일을 개선하세요. 더 눈에 띄는 썸네일과 제목으로 수정해보세요.

〈 스마트스토어 판매와 쿠팡을 통해 전자책 판매가 이루어진 모습 〉

스마트스토어에 올려도 전자 책의 내용이 좋다면 충분히 판매가 됩니다. 특히 네이버의 검색을 통해 고객이 들어오기 때문에 키워드를 제목과 상세페이지에 배치하면 검색으로 들어와 구매하기도 해요.

검색해서 들어올 정도면 구매심리가 크게 작용했다는 것인데, 상세 페이지내용이 매력적이라면 판매가 잘 이루어집니다. 특히 스마트스토어의 판매수수료는 카드, 현금 결제에 따라 조금씩 다르겠지만 대략 5 ~6%이기 때문에 20%인 크몽보다는 수익률이 더 좋습니다. 쿠팡의 판매수수료는 10%~11%정도 입니다.

전자책 판매는 상품판매에 비해 재고와 리스크가 없으며 지속가능한 부의 추월차선 전략사업입니다. 그런 측면에서 콘텐츠 사업이 좋아요. 온라인 활성화로 더 확산시킬 수 있는 사업과 창업아이템입니다.

Point. 전자책 판매가격과 판매량 높이는 노하우

1) 처음 판매가격은 낮게 설정해서 구매부터 유도하세요.

2) 좋은 상품평이 달릴 수 있도록 하는 것을 목표로 하세요. 가격에 비해 책 내용과 퀄리티가 좋다는 만족감을 주면 됩니다.

3) 상품평이 많이 달리는 것을 두 번째 목표로 하세요. 많은 상품평은 잘 팔리는 상품의 증거가 되기 때문에 구매심리가 더 올라갑니다.

4) 좋은 상품평이 달리면 가격을 올려도 좋습니다. 오히려 높은 가격과 좋은 평이 책의 가치를 높여줍니다.

5) 판매가 저조해지면 가격을 일시적으로 낮추거나 세일을 해서 다시 판매를 지속적으로 이어가게 해야 합니다. 인터넷 상에서는 판매지수가 높아야 알고리즘의 선택을 받고 그에 따라 상위 노출 된 전자책은 다시 고객들의 선택을 받게 됩니다.

6) 전자책은 지속해서 개선해주세요. 피드백을 받고 부족한 부분을 보완해야 합니다.

7_3. 크몽에서 광고 진행시키기

크몽내에서 광고를 진행시킬 수 있습니다. 광고비용이 상품에 따라 상이해 고가인것도 있고 저렴한것도 있습니다. 크몽에서 비즈머니를 한번씩 지급하니 잘 모아서 광고비용으로 사용하면 좋습니다.

1) 상위노츨 광고 진행방법 - 마이 크몽에서 광고신청을 선택한 뒤 신규서비스를 홍보 (등록한지 60일이내 전자책)를 위한 저렴한 비용으로 할 수 있는 광고는 루키입니다. 노출 위치는 1,2차 카테고리에 노출시켜주고 3회이상 30분씩 프리미엄 광고위 상위노출도 시켜줍니다. 루키 이외 플러스, 플로스UP등 상위로 갈수록 광고비용은 비싸지만 크몽 페이지내 상위 노출을 할 수 있는 기회가 생깁니다.

2) 리뷰상위 노출 광고 - 이 광고도 진행해보는 것이 좋습니다. 상품평이 많이 달리게 되면 그 중 좋은 리뷰를 가장 상위로 보여줘서 구매 심리를 높이는 방법입니다.

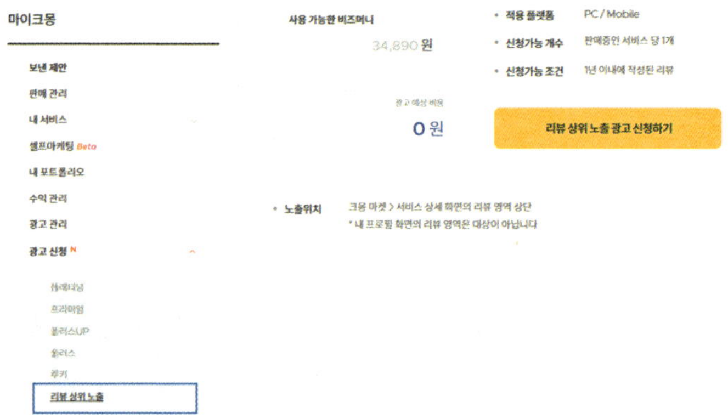

3) 가장 좋은 리뷰를 선택해주면 됩니다. 혹시 최근 안좋은 상품평이 생겨 판매가 주춤하다면 리뷰상위 노출 광고를 통해 다시 판매량을 높일 수 있으니 참고해주세요. 광고비용도 저렴한 편이라 필요할때 진행시키세요.

4) 클릭업 광고진행 - 새로생긴 클릭당 과금 (CPC) 형태의 광고상품입니다. 설정한 클릭 광고비용이 높은 순으로 1,2,3차 카테고리 리스트에 상위노출이 됩니다.

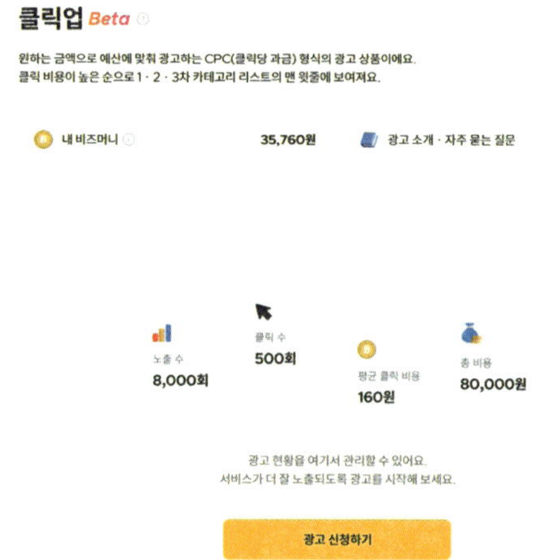

    1회당 클릭했을 시 희망 클릭 비용을 넣어주면 됩니다. 금액이 높을 수록 상위노출이 되겠죠. 하루 예산을 기입합니다. 설정한 광고비용이 상으로 나가지 않도록 해주세요. 그리고 광고 종료일을 설정해줘서 광고를 일정기간 테스트해보면서 결과를 봅니다.

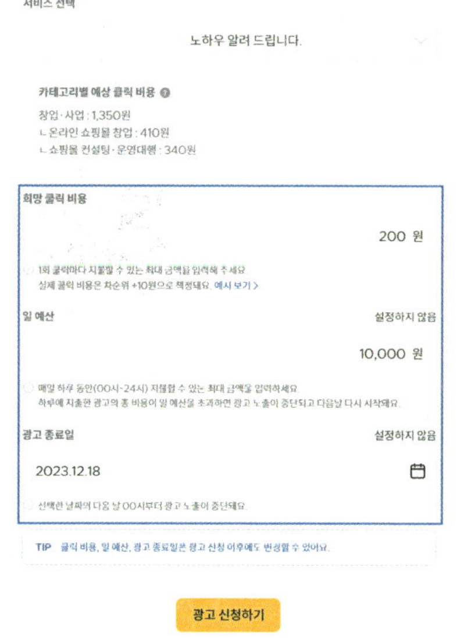

7_4. 효과적인 짧고 임팩트 있는 마케팅

3초의 숏폼과 진정성이 있는 소통, 그리고 풍성한 텍스트로 연결해야 합니다. 정보가 많은 시대, 길고 지루한 것은 SNS에서 외면 받기도 해요. 숏폼 영상은 많은 조회수를 유도하며 브랜드를 가장 빠르게 확산시킵니다. 눈에 띄는 시각적 요소로 이목을 끌었다면, 텍스트로 깊은 연결을 해야합니다. 스레드(Threads)는 진솔한 글로 격식을 차린 존대보다 친근한 반말 문화가 주를 이룹니다. 거리감을 좁혀주고 창작자의 가치관을 인간적으로 전달하는 통로가 됩니다. 사용자들이 눈치 보지 않고 자유로운 댓글을 달며 소통합니다. 인스타그램 앱과 상호노출 되어 유입을 자연스럽게 유도합니다.

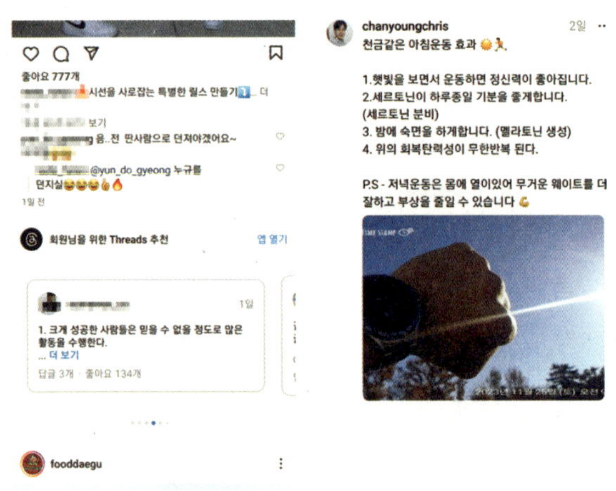

〈인스타그램 에서 노출이 되고 있는 글 중심의 서비스 Threads〉

스레드의 사진은 인스타그램 처럼 비율의 제한이 없는 장점이 있습니다. 영상또한 사이즈가 잘리지 않고 음성 파일까지 올릴 수 있어요. 질문을 통한 설문 조사방법도 좋아요. 스레드는 글만 적어도 되고, 사진과 영상업로드가 편하다는 장점이 있어요. 편한 유대감을 가지며 눈치보지 않는 편한 댓글반응이 많은 공간입니다. 잘 연출해야한다는 생각에 지쳤다면 스레드를 추천합니다.

인스타그램이 사진기반이었지만 현재 모든 주요 플랫폼의 로직은 정지된 사진보다 임팩트 있는 영상을 선호합니다. 처음부터 마케팅을 기획하여 감각적인 릴스를 업로드하고, 이를 유튜브 숏츠, 네이버 클립, 틱톡, 카카오톡 숏폼, 당근마켓 스토리까지 전방위로 배포하십시오.

SNS마케팅의 본질은 '시선의 확보'와 '관계의 심화'입니다. 낯선사람들의 이목을 끌고 진심어린 소통으로 내사람을 만들어 보세요. 성과는 복잡한 것은 줄이고 핵심적인 일을 하는 것에 있어요. SNS와 숏폼 영상 마케팅이 바로 그 방법을 적용할 수 있는 예입니다.

7_5. 매출을 2배올리는 수익전략. 골디락스 효과.

매출수익을 2배 높이는 심리판매 전략. 마케팅 효과를 알려드리겠습니다

저는 이 방법으로 매출과 수익이 약 70퍼센트에서 두 배 가까이 오르게 되었습니다. 마케팅, 경제용어 중에 골디락스 전략이 있어요.

'골디락스'전략은 세가지 선택지(저가- 중가-고가)를 제시하여, 중간가격대 이상의 상품을 선택하게 만드는 심리전략입니다. 전자책과 상품판매에 어떻게 적용하는지, 왜 효과적인지 요약해드립니다.

크몽에서 전자책 판매, 스마트 스토어, 쿠팡, 오픈마켓, 오프라인 사업을 할 때나 쇼핑몰에 적용해서 판매하면 좋은 효과를 거둘 수 있어요. 매출과 수익을 60퍼센트에서 2배 이상도 올릴 수 있습니다.

크몽에서 저의 전자책 판매 옵션을 보면 스탠다드, 디럭스, 프리미엄의 3단계 옵션을 설정했습니다. 기본 스탠다드 옵션에서 한 단계 높은 디럭스 옵션을 추가해 다른 잘 팔리는 전자책을 함께 구매할 수 있도록 설정 했더니 골디락스 효과처럼 한 단계 더 높은 디럭스 서비스 또는 프리미엄 서비스가 많이 판매가 됩니다.

스마트스토어 판매도 이런 옵션을 넣으면 저가와 고가사이 중간가격의 상품을 주력으로 팔 수 있는 전략이 될 수 있어요. 경제용어 중에 골디락스 효과라는 말이 있습니다. 경제에서 너무 차갑지도 또 뜨겁지도 않은 이상적이고 적절한 중간정도의 상태를 뜻합니다.

구분	구성 예시	심리적 역할
Option 1 (저가)	전자책 단권 (기본형)	기준점 제공 (비교 대상)
Option 2 (중가)	**전자책 + 추가전자책 + 템플릿**	**합리적 선택지 (주력 상품)**
Option 3 (고가)	전자책 + 추가본+ 1:1 코칭 + 지속 업데이트	중가 상품을 합리적이고 저렴해 보이게 함

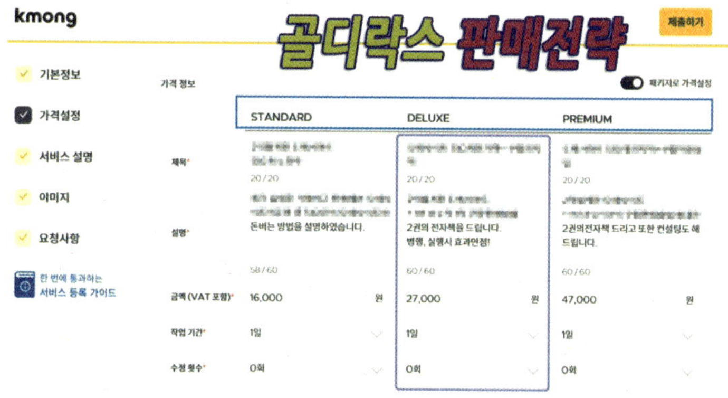

〈크몽에서 할 수 있는 골디락스 판매 전략〉

중간옵션에 'BEST' 배지를 달면 효과가 극대화 되죠. 고객은 너무 싼것은 '부실할까' 적정하고, 너무 비싼 것은 '부담'스러워 합니다. 가성비가 좋은 중간옵션으로 구매유도를 하는 것입니다.

이 골디락스 효과를 사업과 판매, 장사, 서비스에 충분히 도입할 수 있어요. 그에 따라 좋은 결과가 나오는것이 골디락스 효과 입니다.

고객의 구매심리 또한 낮은 옵션보다 조금 더 나은 서비스가 있는 중간 등급의 상품과 서비스를 구매하는 비율이 높아 매출과 수익을 올리는 좋은 전략이 됩니다.

저는 책을 쓰고, 또 전자책을 판매합니다. 그리고 상품과 제품을 온라인으로 판매하며 사업합니다. 위의 사진과 같이 제가 크몽에서 판매하고 있는 판매옵션을 보면 스탠다드, 디럭스, 프리미엄 3가지로 설정했습니다. 스탠다드는 원래 드리는 전자책 1권을, 더 나은 옵션인 디럭스는 더 시너지 효과를 낼 수 있는 전자책 1권을 더 드립니다. 그리고 프리미엄 옵션은 전자책 2권과 노하우를 직접 컨설팅을 해드리는 서비스로 설정했어요. 선택 옵션이3가지로 나뉘어 있습니다.

디럭스의 한단계 더 좋은 서비스 도매사이트 500개 판매노하우 전자책과 함께 보면 좋을 쿠팡 판매로 수익 얻는 판매노하우 전자책 2권을 함께 드립니다. 그리고 프리미엄은 관련 전자책3권과 저의 노하우 컨설팅까지 결합해서 드리는 서비스를 제공합니다.

스탠다드 판매가격이 1만 6천원이었습니다. 여기에 디럭스 옵션을 추가해 다른 스테디셀러 전자책을 함께 구매할 수 있도록 설정 했더니, 구매 비율이 디럭스 옵션이 훨씬 많았어요. 그리고 디럭스 서비스 프리미엄 서비스의 가격이 크게 차이가 나지 않도록 설정했더니 결국 프리미엄 서비스로 구매하는 비율도 많았습니다.

이 판매전략의 3가지 강력한 장점이 있습니다. 첫째. 고객의 구매 결정 장애를 해소합니다. '살까, 말까?'를 고민하는 대신, 세개중에 '어떤 걸 살까?' 선택지안에서 고민하게 만들어요. 구매여부가 아닌 옵션 선택의 프레임안으로 데려와 구매전환을 높입니다. 단지 전자책에만 국한 되는것이 아닙니다. 둘째. **평균** 주문가격 상승으로 매출, 수익이 상승합니다. 부록을 추가한 패키지에 고객은 조금의 추가금과 함께 금액을 지출합니다. 셋째. 최고의 서비스를 배치해서 중간옵션을 상대적으로 저렴하고 합리적이라는 느낌을 줍니다. 골디락스 효과를 제대로 내려면 단계별로 진행하는 게 좋습니다. 상품의 품질이 처음부터 좋거나 판매가 이뤄지면서 브랜 딩이 되어있든지, 고객들의 좋은 평점이 있을 때 효과가 극대화됩니다.

저는 골디락스 판매 전략을 통해 전자책 판매량을 올렸고 수익과 매출을 더극대화했습니다. 마찬가지로 온,오프라인 사업, 판매, 서비스에도 적용하면 좋습니다.

〈전자책 수익 높이기. 매출 극대화. 골디락스 전략〉

크몽에서 전자책 판매 수익 극대화 할 수 있는 방법은 바로 패키지로 묶어 판매하는 방법입니다.

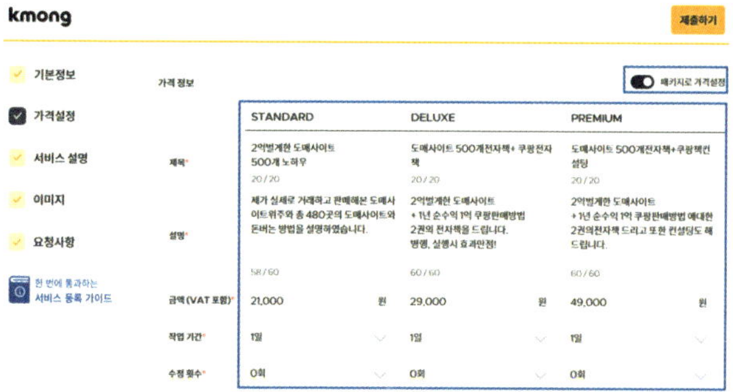

〈패키지로 가격설정해서 판매하는 모습〉

크몽에서 판매율을 높이려면 다음과 같은 전략으로 판매해보세요.

첫째. 사람들이 원하는 주제의 전자책을 쓴다. (최신 트렌드를 반영할수록 좋습니다.)

둘째. 끌리는 제목과 클릭을 부르는 썸네일을 제작한다. (고객을 낚아채는 제목, 후킹 작업 카피라팅 글쓰기와 썸네일은 미리캔버스나 망고보드등 디자인 템플릿을 이용 하세요.)

셋째. 추가이미지나 전자책 요약 설명은 고객이 듣고 싶어하는 이익을 쓴다. (고객이 얻을 수 있는 이익을 잘 설명하고 차별화된 자신만의 성공노하우, 경험을 설명해 고객의 시간과 에너지를 아끼고 효율적으로 원하는 걸 이루도록 설명합니다.)

셋째. 처음에는 가격을 낮추거나 오픈 세일을 한다. (개업효과 노리기) 얼리버드, 사전구매를 통해 혜택을 주거나 가격을 낮춰 첫 등록시 빠르게 판매하는 방법을 택한다.

넷째. 판매가 되고, 상품평과 평점이 좋으면 가격을 올린다.

다섯째. 판매가 이뤄지면 패키지 형식으로 전자책뿐 아니라 컨설팅 서비스까지 해서 판매등급을 나눠 더 좋은 서비스로 구매할 수 있도록 설정한다.

7_6. 효과적인 블로그 글쓰기와 마케팅

퍼스널 브랜딩을 하기에 적합한 블로그는 네이버 블로그입니다. 전자책을 만들고 ISBN번호를 받아 네이버 작가로 등록하세요. 네이버 작가 등록방법은 (8_4. 종이책 춘간으로 퍼스널 브랜딩하기에 나와있습니다.) 네이버 작가 프로필에 블로그도 나타내 줄 수 있습니다.

블로그에 전자책 홍보와 마케팅을 하려면 책의 내용 중 사람들이 궁금해하는 것들을 답변하듯 글을 적어야 좋아요. 특히 블로그의 제목과 본문내용은 검색되기 좋은 키워드를 배치해야 합니다. '스마트 스토어 매출 올리는 방법'이라는 포스팅이라면 '스마트스토어 매출'키워드는 인기 키워드여서 상세키워드를 사용하면 좋아요. '스마트스토어 경쟁 없는 아이템''스마트스토어 과일위탁판매'등과 같은 키워드로 상위 노출을 노려야 합니다.

블로그 포스팅 주제를 '스마트스토어로 과일 위탁판매하는 법'이라고 정한다면 사람들은 과일을 위탁판매하는 방법과 과일 공급처와 도매처, 잘 판매되는 과일 종류, 신선도에 따른 과일 배송등을 궁금해 할 겁니다. 본문내용인 포스팅엔 '과일 위탁도매처 소개', '과일 현지직송 공급처 찾는 법', '빨리 상하지 않는 과일종류 배송방법', 'B급 과일 위탁판매 방법'등 세부적인 주제로 글을 쓰는 것이 낫습니다. 몇개이상의 포스팅으로 꾸준히 올려보세요.

한 포스팅에 많은 노하우를 담지 말고 시리즈 형태로 포스팅을 하세요. 연재 포스팅은 블로그 체류시간이 길어지고, 유익한 글들이 많다면, 사람들이 이웃을 맺을꺼예요. 궁금해하는 것, 2~3가지를 답변하듯 노하우로 정리하고 포스팅 하단엔 전자책 판매 링크를 적으면 됩니다. 저 또한 시리즈 형태로 블로그에 포스팅하고 노하우와 함께 전자책 소개를 합니다. 중간이나 하단 판매 링크는 실제 수익과 매출에 도움을 주었습니다.

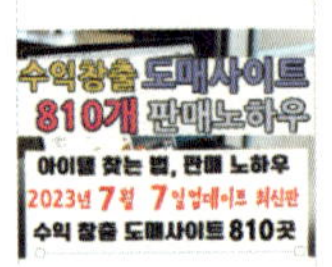

〈포스팅 하단 전자책 판매 링크를 적어 둔 모습〉

시각적 영상은 각인 효과가 큽니다. 숏폼영상과 블로그를 병행하면 시너지효과가 납니다. 텍스트만으로 부족합니다. 많은 크리에이터들들이 숏폼영상을 통해 강연기회가 더 급증하는 결과를 얻고 있습니다. 네이버 노출에 유리해 블로그를 통해 책 소개와 작가의 가치관을 콘텐츠로 만드세요. 실제 동기부여 강사이신분은 블로그와 숏폼 영상 병행 업로드 후 강연 섭외가 전보다 많이 들어온다고 합니다. 영상강의도 작가가 강연으로 어필하기에 좋습니다. 전문성과 신뢰감을 줍니다. 같은 강의 영상을 유투브 숏츠 그리고 인스타 그램 릴스, 틱톡에도 올리면 됩니다.

책의 내용을 나누어 블로그에 포스팅으로 한편씩 올려보세요. 검색을 통한 블로그 유입이 이루어지고 책의 자연스러운 홍보도 됩니다. 내용을 엮어 긴 콘텐츠로 변형시켜 보세요. 유료인 책의 내용을 다 보여주지 않고 전략적 개방으로 '유료 콘텐츠의 가치'를 지키세요.

독자가 포스팅을 읽으며 고개를 끄덕이게 하되 진짜 비결과 압도적인 노하우는 하단에, 전자책에서 확인할 수 있다는 메시지로 구매유도를 하세요. **호기심을 자극하는 예고로 블로그를, 갈증을 해소해줄 완벽한 본편은 책이 되어야 합니다.**

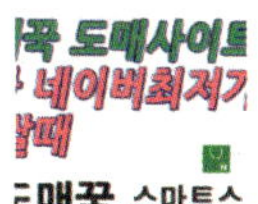

사업 비지니스 꿀팁/도매사이트추천 &온라인판매사업 **19**

최신 위탁판매 도매사이트 추천 두번째. 시리즈 2.

최신 위탁 도매사이트 추천. 두번째 시리즈 무재고, 무자본, 무리스크 위탁도매의 장점입니다. 최신 위탁 도매사이트 4개 소개해드립니다 :) 1. 머레이 코리아 (http://murray.co.kr/) - 23년 신생 도매사이트, 노래방 마이크, 접이식 고속 충전기 2. 직도매…

2023. 4. 4.

화장품 도매사이트 리스트 5 추천도매사이트 시리즈 ep.06

화장품 도매사이트 리스트 5 1. 하이코스 (www.hicos.co.kr) 샴푸, 핸드크림, 남성화장품, 여성화장품, 바디헤어케어 화장품 도매사이트 2. 기초 색조 바디 도매사이트 오브이코스 (www.ovcos.com) 기초, 메이크업, 색조 화장품 도매사이트 3. 뷰티도매 (…

2023. 3. 23.

위탁판매 도매꾹보다 네이버 최저가가 더 쌀때 판매노하우

도매꾹보다 네이버 최저가가 더 쌀때 판매노하우 위탁판매로 스마트스토어 부업을 하실 때 드는 의문이 있습니다. 도매꾹과 도매사이트 보다 네이버최저가가 더 싼경우 입니다. 남찬영 작가 강사입니다. 제가 그동안 3년 이상 거래해온 도매사이트 730개 이상과 또 도매…

2023. 1. 8.

인테리어 용품 소품 도매사이트 추천 ep.05

인테리어 용품 소품 도매사이트 추천 인테리어 용품과 소품또한 인터넷 판매를 하기에 적합한 아이템입니다. 코로나 이후 개인시간과 방, 집 공간에 대한 관심이 높아졌습니다. 감성적인 소품과 직은 비용으로 방과 공간의 분위기를 바꾸려는 수요가 늘고 있습니다. 인테리…

2022. 12. 7.

〈블로그에 온라인 사업 관련된 글을 꾸준히 올리면서 전자책 홍보〉

먼저 주어라. 그러면 고객이 반응 할 것이다. 기버(Giver)의 브랜딩법칙. SNS와 블로그는 공감의 장소이고, 책과 전자책은 해결의 열쇠입니다. 이 징검다리를 이용해 수익화를 이루세요.

장기적으로 성공을 보장하는 것은 팬덤을 모으고 신뢰를 기반하는 것입니다. 성공적인 SNS운영은 완벽함 보다 공감에 있어요. 노출된 대중의 감정을 건드리고 재미와 유익을 보여주세요. 그리고 블로그로 그들이 겪고 있는 고민에 귀를 기울이고 함께 해결책을 모색하는 소통의 장을 만드십시오. 블로그가 문제를 나누고 공감하는 통로로 기능할 때, 고객은 당신을 단순한 판매자가 아닌 '조력자'로 인식하게 됩니다. 정서적인 팬덤은 장기적 퍼스널 브랜딩의 좋은 토대가 됩니다.

블로그를 통해 소책자를 무료로 나눠주는 것도 좋은 방법입니다. 장기간 성공을 하려면 먼저 좋은 가치를 주는 Giver 형태의 서비스가 좋아요. 정보를 먼저 제공하고 팬을 만든 다음 판매와 장사, 사업을 해도 늦지 않습니다. 오히려 더 큰 이익과 장기간의 성공을 불러다 줄 것 입니다.

〈블로그 포스팅을 통한 전자책 홍보〉

네이버 블로그는 홍보목적으로, 티스토리 블로그는 광고수익도 얻을 수 있도록 하면 좋아요. 티스토리 블로그 포스팅은 중간 광고를 넣으면 광고 클릭율이 좋아져 애드센스 광고 수익이 들어옵니다. 애드센스 광고 자격을 얻는 과정이 쉽지 않지만 자격이 주어지면 광고수익도 부가적으로 얻을 수 있는 것이 장점입니다. 네이버 노출과 구글 노출면에 서는 네이버 블로그가 아직 유리합니다.

7_7. 적은 비용으로 전자책 인스타그램, 페이스북 광고하기

인스타그램과 페이스북이 각 비즈니스 계정으로 연동되어 있으면 페이스북 페이지를 통해서 광고를 진행할 수 있습니다. 그리고 페이스북 페이지에 한번 광고를 진행시키면 페이스북과 인스타그램에 동시 노출 됩니다.

〈인스타 그램 광고 게재 예시. 예를 들어 '지금 구매하기'를 클릭하면
전자책 판매 페이지로 이동하게 됩니다.〉

장점이라면 페이스북 페이지에서 간편하고 직관적으로 광고를 설정할 수 있습니다. 접근성이 좋은 인스타그램과 페이스북에 동시에 노출될 수 있죠. 그리고 비용이 적게 든다는 것도 큰 장점입니다. 하루 최대 금액과 또 광고의 수를 지정할 수 있습니다.

1) 우선 인스타그램을 계정을 프로페셔널 계정으로 전환해야 합니다.

← 계정 유형 및 도구

계정 유형

프로페셔널 계정으로 전환

새로운 프로페셔널 계정 추가

도구

브랜디드 콘텐츠

〈인스타그램 설정 및 개인정보에서 프로페셔널 계정으로 전환할 수 있습니다.〉

2) 그리고 페이스북도 비즈니스계정을 만들어줍니다.

(https://business.facebook.com/overview) 페이스북 비즈니스 계정을 만드는 것이 번거롭다면 인스타그램만 프로페셔널 계정으로 전환하고 인스타그램에서 단독으로 광고 진행을 해도 됩니다.

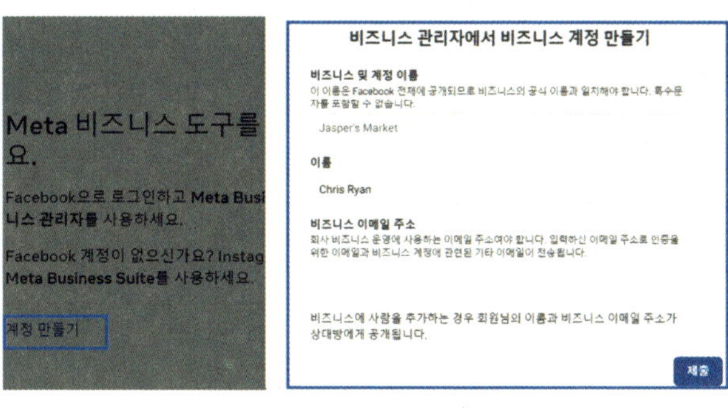

3) 그리고 페이스북 계정에서 톱니바퀴로 된 설정을 누르고

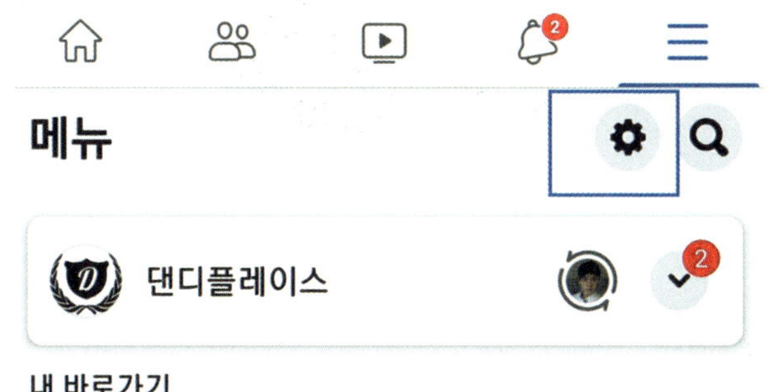

4) 페이지 연결을 인스타그램 프로페셔널 계정으로 연결해줍니다.

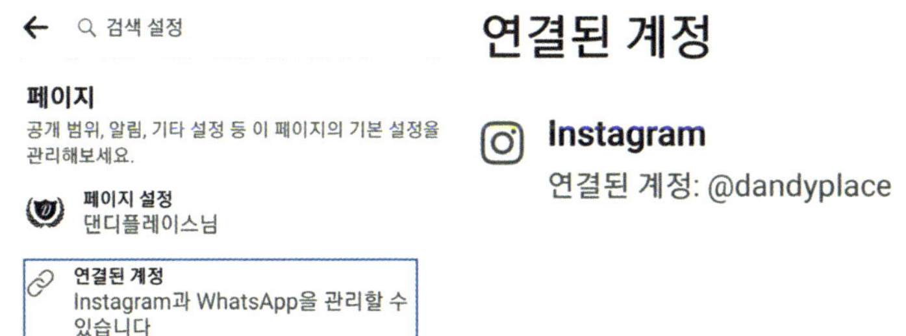

– 이제 페이스북 페이지 광고센터를 통해 인스타그램과 동시 광고노출을 진행시킬 수 있어요.

5) 페이스북 페이지에서 광고센터를 눌러줍니다.

지난 광고의 요약도 확인 할 수 있습니다. 도달 수와 게시물 참여, 링크 클릭 등을 확인할 수 있습니다. 링크 클릭은 구매로 이어질 가능성이 큽니다.

6) 홍보하기를 클릭하여 새 광고 만들기를 누릅니다.

3) 이미지와 동영상을 다섯 장까지 올릴 수 있으며 광고 제목을 적어주면 됩니다. 버튼레이블은 지금 신청하기, 더 알아보기, 예약하기, 연락하기 능이 있는데 광고의 성격에 맞게 선택하면 됩니다. 버튼 레이블을 클릭했을 때 이동하는 판매 웹사이트 페이지 URL을 넣어주면 됩니다.

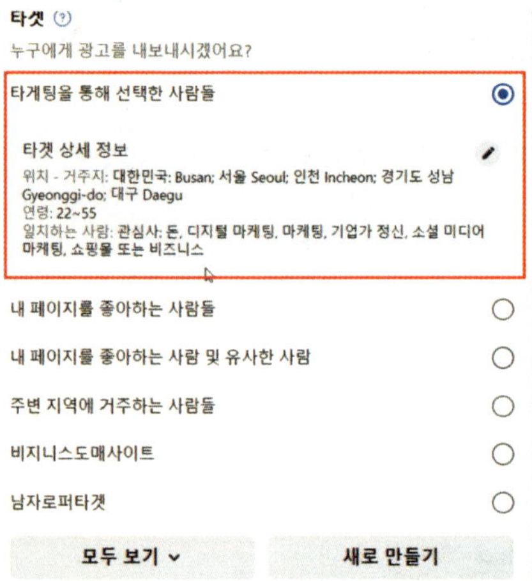

4) 광고를 노출할 타게팅을 정하면 됩니다. 위치와 거주지인 도시를 선택할 수 있고 노출할 연령대와 관심사와 같은 사람들에게 광고를 노출할 수 있습니다. 예를 들어 마케팅 관련 전자책이면 관심사를 부업, 온라인 사업, 판매, 장사 등의 관심사를 지정해주면 되고, 같은 관심사를 가진 사람들에게 타게팅 되어서 광고가 노출됩니다.

5) 광고 게재 기간과 금액을 넣어주면 됩니다. 금액이 높을수록 도달하는 예상 사람수가 더 많습니다. 처음에는 소액으로 해보길 추천합니다. 하루 2,000원으로 4일 정도를 설정해서 얼만큼 노출과 클릭을 유도하는지 점검해보면서 추후 광고 게재를 하면 됩니다.

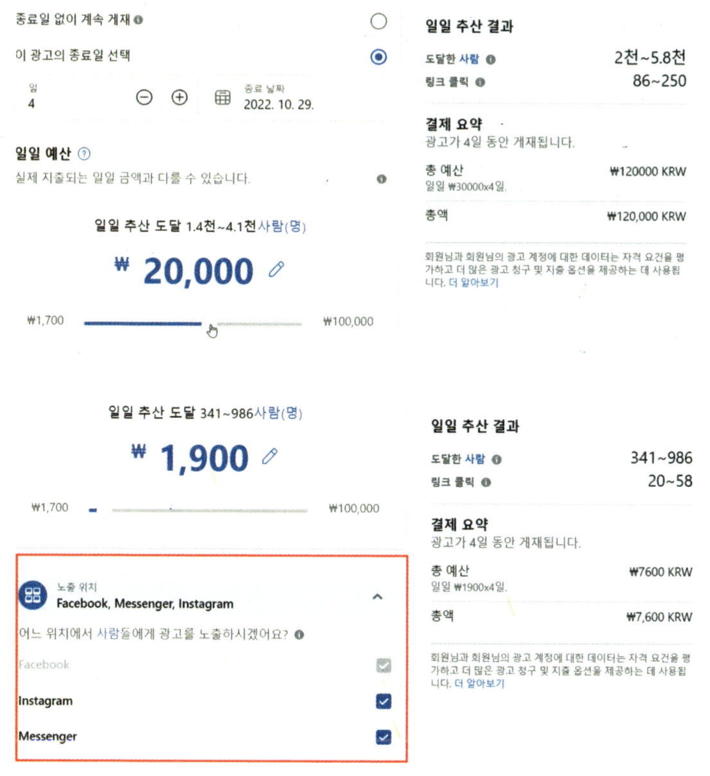

6) 노출 위치를 페이스북, 인스타그램을 동시에 체크해줘야 합니다. 그렇게 해야지 페이스북과 인스타그램에 동시 노출돼요.

마지막으로 광고를 노출하기를 클릭하면 1시간 정도 후에 광고가 진행이 됩니다. 소액으로 할 수 있는 광고 방법인데 인스타그램은 많은 이용자가 있는 SNS이기 때문에 전자책의 내용과 광고 게재때 이미지와 영상이 좋다면 반응이 분명있어요.

저비용으로 효율적으로 효과적으로 진행 할 수 있는 광고가 페이스북 인스타그램 광고 입니다.

실제 인스타그램 광고와 페이스북 광고를 진행하고 2일 만에 책이 4권 팔렸고 매출금액은 73.462원 광고 비용은 3,453원이 나왔습니다. 비용 대비 매출금액 많은 편이라 효율적이고 효과적인 광고 방식이라 할 수 있습니다.

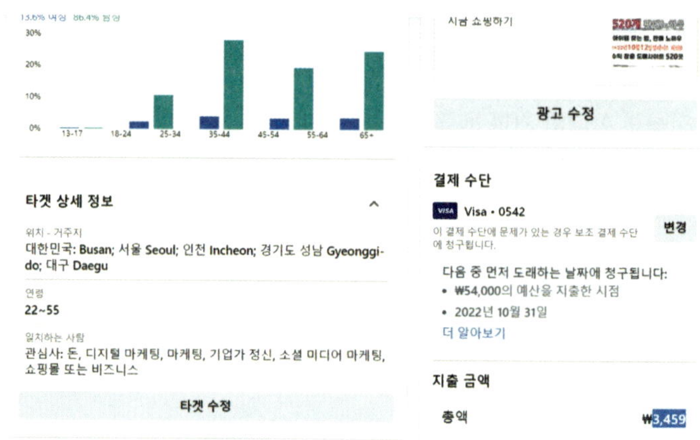

인스타그램 광고와 페이스북 광고를 약 이틀간 진행하고 얻은 매출과 수익 살펴보겠습니다. 결론부터 말씀드리면 256퍼센트 광고효과를 나타냈습니다.

페이스북 페이지에서 간단히 요약한 결과는 위와 같습니다. 549명에게 도달되었고 7번의 링크클릭이 있었으며 3,620원이 지출되었습니다. 하루 1,900원까지만 쓸 수 있도록 한계설정을 했었습니다. 제가 설정한 타겟 층에 549명에게 도달 되었다고 나옵니다. 인스타그램과 페이스북 동시 노출된 결과입니다.

이제 실제 판매된 것과 매출, 수익금액 알아보겠습니다.

파란 박스의 금액이 실제 판매된 금액과 건수 입니다. 45시간 정도에 총 4건이 판매되었고 매출금액은 총 92,000원입니다.

광고비용은 3,448원이고 광고 비용 대비 256퍼센트의 광고효과를 얻은 셈입니다.

순 수익을 알아 보겠습니다.

이틀간 광고 비용 3,448원을 쓰고 얻은 순 수익금액은 73,480원입니다. (수수료를 뺀 금액입니다.)

여러분들도 저비용 대비 고효율을 낼 수 있는 인스타 광고 페이스북 광고를 진행시켜서 홍보도 하고 매출, 수익도 얻으시길 바랍니다.

– 인스타그램 단독으로 광고진행시키기 (PC 버전)

페이스북 비즈니스계정까지 만드는 것이 번거롭다면, 인스타그램 계정으로만 광고를 진행 시킬 수 있어요. 이 경우 당연히 인스타그램에만 광고 노출이 됩니다. 그래도 광고효과는 좋으니 인스타그램만 단독으로 진행해도 좋습니다.

1) 인스타그램 프로페셔널 계정에 올린 상품이 서비스를 게시물 홍보하기를 클릭합니다. (인스타그램 PC버전으로 진행시의 모습입니다. 모바일로도 쉽게 광고진행이 가능합니다.)

2) 인스타그램 미디어 홍보로 들어옵니다. 전자책이나 상품을 판매하는 곳으로 유입시키기 위한 광고이기에 웹사이트 방문자 늘리기를 선택합니다.

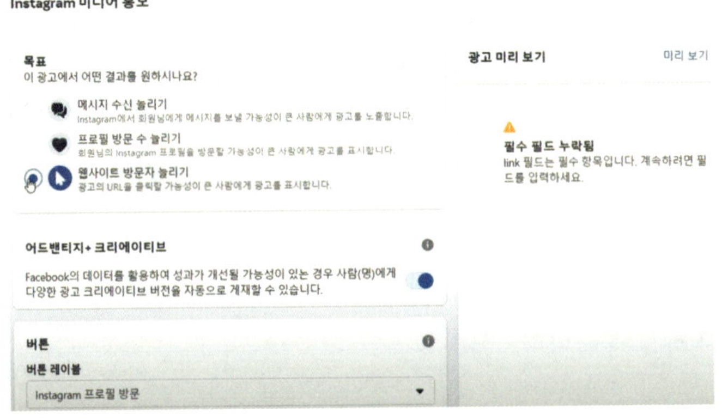

3) 밑에 버튼레이블이 있는데 고객의 행동을 선택하게 합니다. 지금 쇼핑하기를 선택합니다.

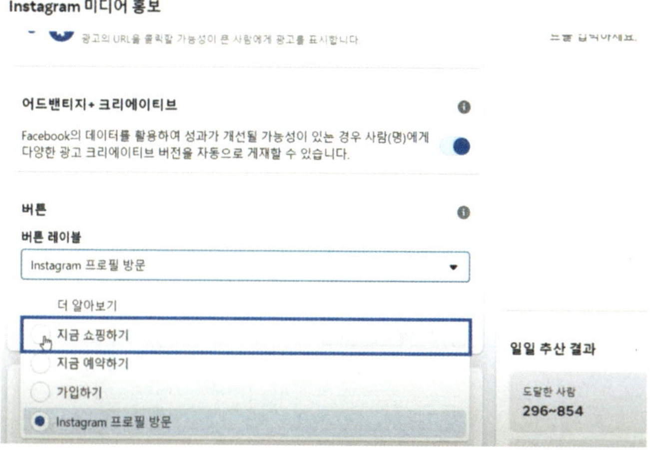

4) 상품또는 전자책 서비스를 구매할 수 있는 URL주소를 입력합니다. 고객들이 지금 쇼핑하기 버튼을 누르면 설정한 URL판매페이지로 이동합니다. 스마트스토어, 또는 크몽 주소를 넣으면 되겠죠.

5) 다음화면에서 타겟층을 설정하면 됩니다. 타겟은 연령, 성별, 지역별로 설정할 수 있어요. 혹시 오프라인 사업을 하시는 분들이라면 해당지역을 타겟으로 해서 광고를 진행할 수 있습니다.

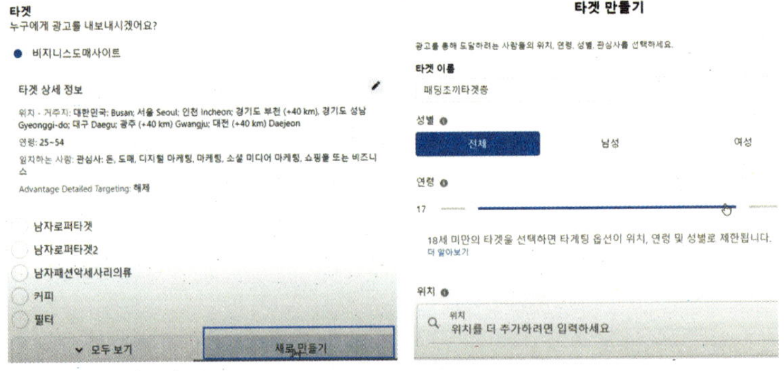

6) 그리고 상세 타게팅으로 키워드를 넣어서 관심 키워드의 사람들에게 노출이 될 수 있도록 설정하세요.

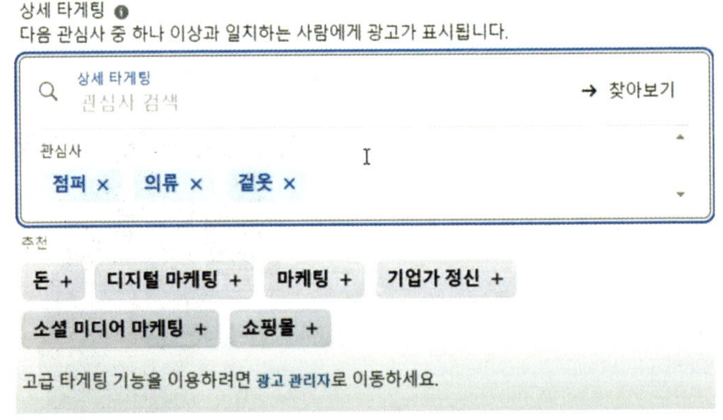

7) 광고진행 날짜와 광고 비용을 설정할 수 있습니다. 금액을 설정할 때마다 인스타그램에서 추산 결과를 대략적으로 보여줍니다. 하루 2,000원의 광고를 5일동안 설정했을 때 5일동안 예상인원 327~945명에게 노출이 된다고 보여줍니다. 물론 광고금액을 높이면 노출 추산은 더 높게 올라갑니다.

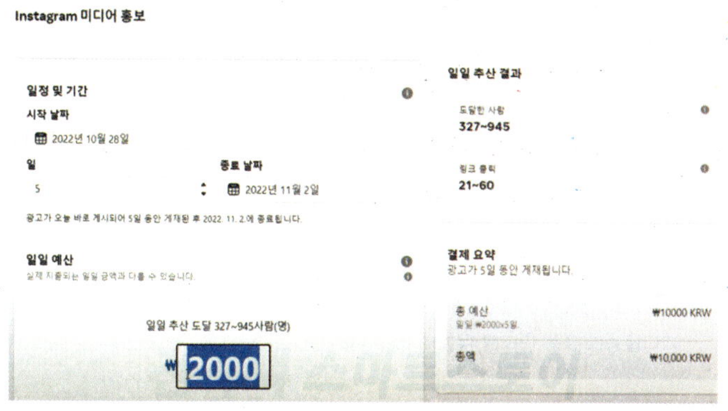

8) 지금게시물 홍보하기를 클릭하면 1~2시간후에 인스타그램에 광고가 노출이됩니다.

9) 광고 노출시 모습입니다. 인스타그램에서 이런 광고를 보셨을꺼예요. '지금구매하기'버)튼을 누군가 클릭하면 4)에서 설정해놓은 구매페이지로 이동하게 됩니다.

〈인스타그램 광고 노출시 모습〉

인스타그램에서 단독으로 광고를 진행시켜도 사람들이 많이 이용하는 SNS이다보니 효과는 좋습니다. 물론 광고하고자 하는 서비스가 좋아야하고 광고 진행시 썸네일과 카피라이팅을 잘 써야 합니다. 저비용으로 좋은 결과를 얻을 수 있는 인스타그램 광고는 전자책 광고하기에도 좋습니다.

인스타그램 단독으로 광고하기 (모바일 버전)

1) 스마트폰, 모바일로 인스타그램 광고를 쉽게 진행할 수 있어요. 광고 하려는 릴스나 콘텐츠의 게시물 홍보하기 버튼을 누릅니다.

2) 광고진행시 행동버튼을 선택합니다. 프로필 방문 또는 설정한 웹사이트 방문, 다이렉트 메시지로 문의하기 중 선택하면 됩니다. 다음을 누르면 광고 타겟 대상을 정합니다. 광고 타겟대상은 PC버전처럼 연령, 성별, 지역별로 설정할 수 있고 검색키워드도 등록가능해요. 타겟층을 설정한 뒤 저장해놓으면 다음 진행시 편리합니다.

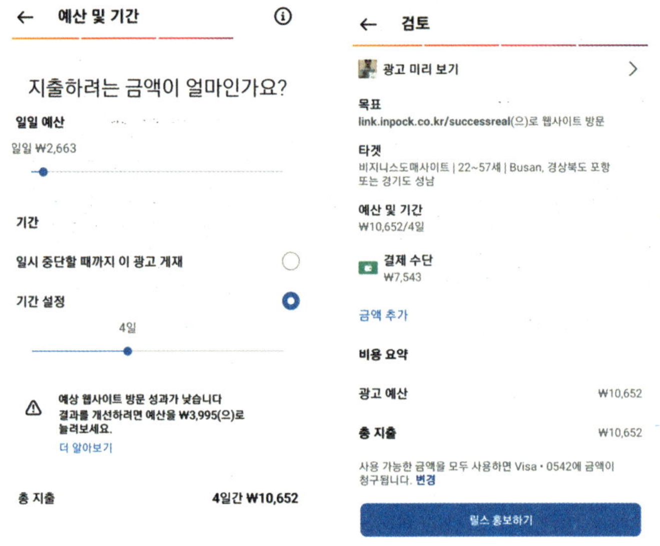

3) 광고 일일예산과 기간을 설정할 수 있어요. 광고미리 보기로 검토를 하고 결제수단을 확인합니다. 해외결제가 되는 카드를 등록해야 결제가 되지만 최근에는 카카오페이로도 결제가 되어서 간편하게 예산에 맞게 결제해도 됩니다.

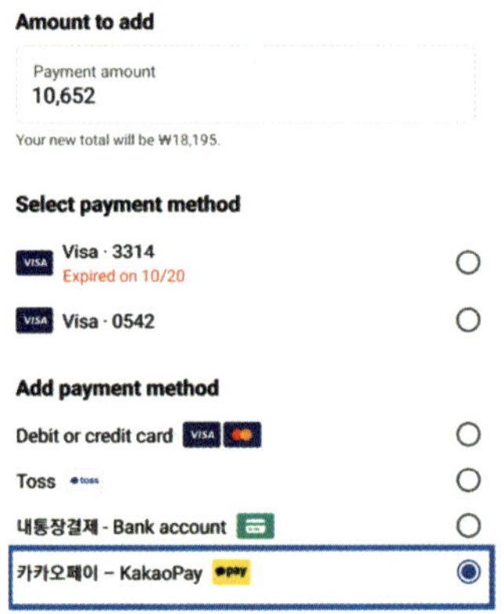

8. 종이책 출간하기

자신의 책을 써서 작가가 되는 것은 매력적인 일입니다. 지식과 방법을 전할 수 있죠. 쓰는 사람과 읽는 사람에게 영감과 지혜를 솟아나게 합니다.

종이책으로 작가가 되는 7가지 전략

1. 몰입하고 지식을 축적해야 합니다. 지식의 임계점을 넘기세요.
2. 사색과 제목 설계. 좋은 사색이 노하우를 통찰력으로 바꿉니다.
3. 구조와 집필. 목차로 설계를 하고 단락과 문장을 채워나가세요.
4. 투고와 계약. 일반 책 230페이지 분량의 글 원고가 완성되었다면, 출판사에 원고를 보내 계약을 성공시킵니다. (투고과정)
5. 브랜딩의 병행. SNS를 통해 예비 독자들에게 영향력을 전하세요.
6. 마케팅의 확산. 출판후에도 꾸준히 홍보해야 합니다.
7. 개선하고 진화해서 비범한 다음 책을 기획하고 확장하세요.

전자책은 작가가 온라인에 직접 등록하는 작업이 80퍼센트 이상이라면, 종이책 출간은 원고가 완성되어도 출판사의 컨펌과 허락이 있어야 해요.

종이책 인쇄와 시중 서점 유통을 관할하기 때문입니다. 어떻게 보면 계약을 따내기도, 출간하기도 어려운 게 종이책인지 모릅니다. 그래도 원고가 완성되면 출판사에 원고메일을 보내는 투고과정을 진행시키세요. 최근 어려운 출판업계 사정이 있지만 끈기를 가지고 투고를 해야해요. 책의 주제, 원고의 내용, 매력적인 제목(가칭)과 서점에 들리는 예비 독자들은 목차로 책의 내용을 예상합니다. 눈길을 끄는 목차를 구성하세요. 출간전에 꾸준한 SNS활동을 통해 예비 독자들을 모아야합니다. 퍼스널 브랜딩이 되어있다면 종이책 출간도 유리합니다.

8_1. 종이책 출판형식 종류

종이책 출판은 크게 몇 가지로 분류할 수 있습니다. 일반적으로 출판사와 계약을 맺고 출간을 하는 기획출판, 그리고 저자가 출판산에 비용을 내고 출판하는 자비 출판, 편집부터 마케팅까지 독창적으로 책을 출판하는 독립출판, 주문 제작으로 고객에게 배송되는 POD(Publish On Demanded) 방식 등입니다.

1) 기획출판: 출판사와 계약을 맺고 대형서점에 유통하는 형태이며 교정작업 및 마케팅 등도 출판사에서 지원을 대부분 해줍니다. 출판사 측에서는 책 판매가 되어야 하므로 마케팅에 적극적인 경우가 많고, 책 표지 디자인등 우수한 퀄리티로 출판하려고 해서 성공가능성이 가장 큽니다. 이미 책을 낸 인지도가 있는 작가 등이 유리하고 처음 책을 출간하려는 작가들에게 어려운 출판방법이지만 인플루언서라면 먼저 출판사에서 제의가 오는 경우도 있습니다. 또 처음 출판하려는 작가도 투고작업을 통해 출판을 성공시킬 수 있습니다. 출판하는 비용은 저자가 부담하지 않고 인세수익은 출간 계약서에 따라 받습니다.

(약 7~19% 출판계약에 따라 다름)

2) 독립출판 & 1인출판: 책의 기획에서 표지 디자인, 인쇄, 마케팅까지 모든 과정을 도맡아 하고 직접 책으로 만들고 독립서점을 통해 유통하기도 합니다.

1인 출판은 직접 출판사로 사업자등록이 완료된 상태에서 역시 기획, 편집, 인쇄, 유통, 마케팅까지 제작하는 방식입니다.

3) 자비출판 & 반 기획출판: 자비출판은 저자가 출판의 비용을 출판사 쪽에 지불하고 원고를 보내 제작하는 방법이에요. 자비출판을 하는 출판사들에 따라 가격이 다르게 책정이 됩니다. 200~700만원 등 출판사마다 가격대가 다르고 저렴하게 하는 곳은 초판 인세 수익이 없고 2쇄부터 8%정도의 인세수익을 지급하는 곳도 있습니다. 네이버 검색을 통해 자비출판사를 검색하며 비교할 수 있고 책의 페이지수, 사이즈, 컬러 유무에 따라 비용이 추가 될 수 있어요.

반 기획 출판은 출판 비용의 반정도 내지는 일부분을 저자가 부담하는 방식입니다. 이 또한 책의 주제, 원고 내용 등이 시의 적절하다는 출판사의 판단하에 승인이 됩니다. 반 기획 출판도 출판사가 부담하는 부분이 있는만큼 투고와 계약이 승인이 쉽지는 않습니다.

4) POD 출판: 고객이 주문했을 때부터 제작되는 주문제작 형 출판 방식입니다. 부크크, 교보 퍼플, 이퍼플 사이트 등에서 직접 표지디자인, 책의 종이 재질, 사이즈 등을 직접 선택해 제작하고, 고객이 주문을 하면 7일~10일정도 제작기간을 거친 뒤 발송 됩니다. 제작 비용은 없지만 저자가 기획부터 제작, 마케팅까지 모든 작업을 해야 합니다.

예전에는 보통 종이책을 출판한다면 출판사에 원고를 보내고 계약을 맺어 책이 제작되어 나오는 방식이었습니다. 지금은 종이책을 출판할 수 있는 방법이 독립출판, 1인 출판, POD(주문제작형 출판방식), 출판비용을 내고 출간할 수 있는 자비출판 등의 방법으로 다양해지고 있습니다. 특히 퍼스널 브랜딩이 되어 있는 인플루언서, 유투버라면 많은 팔로워나 팬층을 가지고 있어 책을 출간하기에 유리합니다. SNS를 통한 간결하고 좋은 글쓰기와 숏폼영상등 콘텐츠를 만들고 등록하는 것을 평소에 꾸준히 하는걸 추천합니다.

8_2. 결국 책을 쓰는 사람이 가진 비결.

"책을 쓰는 사람은 완성 될 때까지 글을 쓰는 사람입니다."

책 출간의 열망이 있는 예비 저자라면, 책의 기획과 제목, 주제와 목차, 내용을 글로 채워 넣는 모든 작업과정에 흥미를 느낍니다. 노력과 시간이 걸리지 포기만하지 않는다면, 할 수 있고 완성되었을 때 좋은 도파민으로 성취감도 큽니다.

저는 책 읽는 취미로 다독의 습관이 있었습니다. 지속적 읽기는 물에 잔이 넘치듯 자연스럽게 아웃풋이(out put) 생겼습니다. 그렇기 때문에 좋은말을 하고 글을 쓰고 싶었습니다. 즉, 책의 좋은 내용들과 저의 경험과 노하우, 생각들을 융합해 새로운 글로 탄생시키고 싶었습니다. 말하고 토론하고 쓰는 습관은 어느덧 임계점을 넘겨 여러 전자책, 콘텐츠와 종이책을 남기게 되었습니다. **학습과 경험이라는 인풋과 이를 쏟아내는 아웃풋으로 단련된 좋은 결과물이 나옵니다.**

세상에 나와 있는 거의 모든 책들 또한 그렇게 나온 것입니다. 책 쓰는 방법에 관련된 도서들을 찾아 보았는데 대부분 '그냥 써라' 라는 말이 많았습니다. 머릿속 생각을 쏟아내는 방식은 결국 부담스러운 방대한 텍스트를 마주하게 되며, 이를 다듬는 퇴고의 과정이 정말 힘들고 큰 작업으로 느껴졌습니다. 저는 독자 여러분이 좀 더 효율적이고 효과적으로 글을 쓰고 책을 썼으면 하는 바램입니다.

전자책과 종이책, 글쓰기는 주제와 목차별로 '간결하게 단락화' 할때 효율적인 힘을 발휘 합니다. 작가가 현재 어느 지점을 지나고 있는지 명확히 인지해야 작업의 능률이 오르고 내용이 선명해집니다. 경험상 생각나는 대로 쓴 장문의 글은 검토와 수정에 과도한 에너지가 소모되어 자칫 집필 자체를 포기하게 만들기도 합니다.

정보 전달을 목적으로 하는 글은 간결하고 명확하며 힘이 있으면 좋아요. 집중력이 분산되지 않도록 해주세요. 시선을 사로잡는 임팩트 있는 제목, 결론과 가까운 서문, 다음페이지를 넘기게 하는 흥미로운 내용의 구성이 유기적으로 이어져야 합니다.

책의 주제와 제목(가칭)을 정하면 완성할 책을 미리 시각화 할 수 있어요. 목표가 명확할수록 그 뒤에 해야할 작업인 내용은 쉽게 채울 수 있습니다. 주제와 제목이 방향을 잡아주고 완성 본을 만드는 푯대가 됩니다. 그 다음은 목차를 적는데 목차는 일반적으로 책의 제목을 정하고 -> 장 제목 -> 꼭지 제목으로 구성하면 됩니다. 독자에게 도움이 될만한 내용을 채워 추가로 목차를 늘려가는 순서로 써보세요. 작업은 단순하고 간결할 수록 좋아요. 종이책 작업은 내용이 길어져서 알아보기 쉽게 집필할 수 록 작업 피로도가 줄어들어요. 계속 보기좋게 정리하면서 쓰는 습관이 작업을 쉽게 하고 좋은 결과물을 얻을 수 있습니다.

비범해서 쓰는 것이 아닌, 써야 비범해집니다. 수많은 집필 기술보다 중요한 것은 지금 당장 한 줄을 적어 내려가는 실천입니다. 당신에게는 익숙한 경험과 노하우가 누군가에게는 시행착오를 줄여줄 결정적인 삶의 지혜가 됩니다. 타인의 문제를 해결하고 지식을 공유하며 정당한 보상을 받는 것, 그것이 책을 통해 실현하는 가장 가치 있는 경제활동입니다. 잘 쓰는 것도 중요하지만 완성하는 것은 더 중요해요. 시작이 중요하지만 마침표도 찍어야 해요. 시작할 때 설레임이 마칠때 성취감이 됩니다. 글쓰기를 잠시 했다면, 다 음 날 또 잊어먹지 않고 잠시하는 습관을 길러야 합니다.

글 쓰기는 습관이 돼야하고, 책 만들기는 목표가 되어야 합니다. 거대한 목표는 시작을 주저하게 하지만 이를 작게 나누면 목표가 쉬워져요. 열정과 함께 습관이 배여 있다면 작은 목표들을 정복하며 한 권 집필이라는 결과를 얻게 될것입니다.

독자는 당신의 완벽한 문장보다 문제를 해결할 핵심비결을 구매합니다. 고상하고 문학적인 글도 좋지만 비문학 글인 실용서가 많은 것이 전자책 PDF 입니다. 그래서 전자책은 300페이지의 방대함이 아닌 30페이지의 날카로운 해결책이 더 비싼가격에 판매됩니다.

글쓰기 하나만으로 삶에 유익을 주는 것은 많습니다. 직접적인 수익과 연결 하지 않아도 내면을 돌아보고 삶의 질을 높이는 데 글쓰기는 유익한 도구입니다. 하지만 한걸음 더 나아가 나의 성장이 타인의 유익으로 이어지는 확장이라면 글쓰기의 가치는 완성됩니다.

스티븐 코비의 '성공한 사람들의 7가지 습관'에서는 인간관계의 이상적인 모델로 윈윈(Win-Win)전략을 제시했습니다. 다른 사람을 위한 삶도 헌신적이고 아름다운데, 나에게도 이익이 되고 상대에게도 유익을 주는 관계가 지속 가능하다고 말합니다. 글과 콘텐츠, 책을 통해 서로가 윈윈 하는 성공전략이 정말 좋습니다.

8_3. 종이책의 주제

실용서위주로 판매가 잘되는 전자책 시장에 비해 종이책은 장르가 많고 주제도 폭 넓습니다. 소설, 자기계발서, 재테크, 경제/경영, 삽화, 인문학, 철학, 종교에 이르기까지 광범위한 장르와 심도 있는 주제를 다룹니다. 에세이 분야에서는 감성을 섬세하게 담아내어 깊은 공감을 이끌어내는 글들이 꾸준한 사랑을 받고 있습니다.

단순히 성공과 문제해결을 나열하는 성공학의 책보다 먼저 삶의 어려움을 공감하고 위로를 건네며 지혜로운 해법을 제시하는 문장을 선택하는 독자들도 많습니다. 그리고 자기계발서는 삶의 역경을 띄어넘고 성취를 갈망하는 대중의 욕구를 반영하기에 베스트셀러의 한 축으로 관심이 많은 장르입니다.

종이책의 주요 장르들은 즉각적인 단기 처방과 정보의 습득을 넘어 작가의 통찰과 삶을 바라보는 지혜를전하는 목적도 있습니다.

종이책은 분량도 많지만 출판사를 통해 출간 되다보니, 책의 퀄리티와 원고의 완성도를 높여야 합니다. 출판사는 책이 잘팔려 제작 비용 이상의 수익을 고려하기 때문이에요. 대중들이 원하는 시의 적절한 주제와 앞으로 트렌드를 선도할 수 있는 책이라면 판매하기에 수월할 것 입니다. 현재와 미래에 독자들이 무엇에 목말라하는지 파악하고 기획해보는 것이 출간의 첫 걸음 입니다.

또 비슷한 장르와 주제라도 작가의 글솜씨, 문장력, 글의 성격, 가치관에 따라 충분히 다르게 표현할 수 있어요. 열정이 넘치는 작가라면 글에서 힘이 느껴지고, 그 에너지가 읽는 독자에게 전달이 됩니다. 자전적 에세이를 쓴다면 20,30대 젊은 작가가 느끼고 바라보는 삶과 다른 연령과 성별의 작가 느낌은 또 다를 것입니다. 비슷한 주제와 장르의 책들은 이미 많이 나와 있어요. 그것을 또 다른 시각의 차별화를 꾀하고 생각을 자극하는 신선한 문장으로 창조시켜야 해요. 새롭게 재탄생 되는 것이 책으로 출간됩니다. 다양한 이야기를 상상력으로 풀어내는 소설은 이야기가 겹치는 일이 적겠죠.

내가 겪은 고민은 누군가의 아픔과 맞닿아 있습니다. 각자 삶의 모습이 다채롭지만 본질적인 갈등과 상처는 보편적입니다. 그렇기에 우리는 공감하고 또 위로 할 수 있습니다. 글로써 공감하고 또 위로를 전한다면 좋은 책, 잘 팔릴 수 있는 책을 만들 수 있어요. 종이책을 쓸 때도 어떤 사람들을 위한 책을 쓸 것인지, 무엇으로 그들의 필요, 정서와 지식, 지혜를 충족시켜줄 수 있는지 생각해야해요. 전자책과 마찬가지로 종이책도 책을 타겟층을 설정해야 합니다. 종이책이 전자책 보다는 어렵겠지만 쓰고자하는 주제 또 만들겠다는 의지와 노력으로 원고를 만들 수 있습니다. 전자책의 목차보다 조금 더 많고 앞, 뒤 에필로그와 프롤로그, 자료와 경험, 생각을 덧붙여야 합니다.

8_4. 글쓰기 루틴과 도구들

글을 쓰는것은 건강하고 생산적인 활동입니다. 두뇌가 깨우고 생산적 활동으로 타인에게 정보와 지혜를 공유해 사회에도 공헌합니다. 하지만 글을 왜 꾸준히 쓰지 못할까요? 많은 작가들의 글 쓰는 심리기조는 자신의 글을 통해 다른 사람들에게 기쁨과 감동, 좋은 행동변화를 줄 수 있기에 더 좋은 글, 날카로운 글들을 쓰고 책으로 출간합니다. 대중들의 호평과 판매는 집필의 강한 동력이 되며, 개선을 통해 작가는 점점 완성으로 나아갑니다.

글도 강력한 동기부여가 있으면 좋습니다. 이상과 현실 두가지가 상호작용될 수 있어요. 첫째는 이상적인 목표입니다. 나의 문장이 누군가에게 기쁨과 감동을 주고, 마침내 긍정적인 삶의 변화를 이끌어낸다는 사명감입니다. 타인의 길을 밝혀주는 불이 되겠다는 이상적인 사명은 보이지 않는 힘이 되고 성숙의 깊이를 더하는 동기가 됩니다. 둘째는 현실적인 보상입니다. 기업 경영의 목적이 이윤 창출에 있듯, 작가에게도 수익과 명예는 창작의 순환을 가능하게 합니다. 단순히 세속적인 것을 넘어 정당한 보상과 독자의 긍정적인 반응이 뒷받침 되면 지속 가능한 일이 됩니다. 전자책도 판매가 되고 고객 반응이 있어야 개선을 하고 다음 전자책을 만들 수 있어요.

강한 동기부여도 좋지만 돈과 인기를 얻고자 편법을 쓰거나 불법을 저지르면서 사업을 하거나 책을 쓰면 안됩니다. 처음에 한 권의 책을 쓴 다는 것이 부담스럽다면 인스타그램, 블로그, 브런치, 네이버 프리미엄 콘텐츠, 전자책 판매의 짧은 글부터 시도해보세요. 인스타그램의 감성적인 글, 블로그의 유익한 정보가 쌓여 나만의 콘텐츠가 될때 팔로워도 자연스럽게 늘어납니다. 인플루언서가 된다면 책을 출간하는데 유리합니다. 차곡차곡 모은 팬덤은 책을 내는 순간 든든한 응원과 독자가 되어줄 것입니다. 인기 인플루언서는 보증수표가 되기에 출판사에서도 먼저 책 출간을 제의합니다.

종이책 출간이 부담스럽다면 짧고 좋은 글을 인스타그램이나 페이스북에 꾸준히 올려서 팬을 모으는 전략이 책 출간을 하기에 유리한 시대입니다.

저의 글 쓰기 루틴은 다음과 같습니다.

1) 전자책 (소책자) 주제별로 쓰기 (한 챕터, 한단락 별로 써내려간다.)

2) SNS의 짧은 글쓰기, 릴스및 콘텐츠 만들기, 블로그 포스팅으로 조금 더 긴 글쓰기 (네이버, 티스토리)

3) dynalist 또는 구글 독스를 이용해서 글 적기, 생각나는 아이디어는 스마트폰 메모장 또는 S노트에 즉시 메모하기

4) 출간을 목표로 장르와 주제를 정하고 몰입해서 쓰기, 글쓰기 모임을 통해 함께 결과물을 도출하기.

dynalist.io/d/Ov8PxVYV4KDDgFCaQk5cxFDR

Synced

My files

- Untitled
- 마이사이더
- 쿠팡에서 1억벌기 pdf 수정 7
- ▶ 사업비지니스
- ▶ 유투브
- Untitled
- 설교 영감
- **SNS글/콘텐츠**
- 책쓰기 계획 (feat. 빅워크)
- 영육정서의 관리 Life Level L
- 발표 스피치 잘하는법
- 도전적인 스트레스와 위협적
- Getting started with Dynalist

심하고 두려워할 때는 용기를 내라는 말이 있습니다. 성경적으로 넓은 길온 좋지 않
결과를 얻을 수 있습니다. 군중심리 속에 통찰과 좋온 신념이 필요한 시대입니다.

- 아침 브레인 스토밍 클럽 읽고 토론하고 글쓰기
- 승리의 4원 재능, 지식, 승부욕, 회복력 재능의 부분은 누구나 다 안착한다. 각자 크고 작은 재능이 있기 때문이다. 재능을 더 탁월하게 하려면 지식이 있어야 한다. 그리고 열정적으로 도전하고 싸울 승부욕의 원이 안에 들어간다. 가장작은원인 중심에 있는것이 회복력이다. 도전하다 실패하고 지치고 주위에서 부정적인 말을 할때도 회복되어 끈기 있게 하는 것을 뜻한다.
- 끈기: KFC 설립자 커널 샌더스는 1,009명의 사람을 찾아가 시식을 했는데, 비로소 1,010 명째 사람이 손에 묻은 양념을 다 핥아 먹을 정도로 인정을 받았다고 한다.
- 영상화 작업 이루고 싶은것을 구체적으로 생각하면 2가지가 활성화 된다. 뇌에서 인식 세포가 생성되고 자라며 목표에 촛점을 맞출 수 있다. 빛을 모은 돋보기로 물질에 열을 가하는 것처럼.
- 전염병이 도사리고 전쟁이 일어나는 시대입니다. 깨어 있는것이 중요한데 제가 말하는 깨어있다는 것은, 힘든데 잠이 오는데 억지로 깨어서 고행하듯 하는 것이 절대 아닙니다. 아주 잠깐 이라도 기도하는것, 눈감고 하나님 한번 부르는 기도 짧지만 그런기도가 필요한 시대입니다. 쉬지 말고 기도하라는것은 24시간 기도하라는 의미보다 짧고, 작게라도 지속적으로 (coninually) 기도하라는 의미일 것입니다.
- 자율신경계 물질 아세틸콜린은 영감에 관여하고 아이디어 생성에 도움을 줄 수 있다.

〈한 줄 글쓰기에 좋은 글쓰기 툴 dynalitst〉

글쓰기 툴로는 다이널리스트 (dynalist) 와 워크플라이 (workfly) 를 추천합니다. 짧은 SNS 글들을 습작하기 편하고, 카테고리와 키워드 검색으로 글을 찾을 수 있습니다. 간단한 한 줄 글쓰기로 생각을 정리하기 편한 글쓰기 툴입니다.

워크 플라이는 유료이고 다이널리스트는 무료입니다. 기능은 닮은 부분이 많으나 유료인 워크플라이가 다양합니다. 하지만 다이널리스트 또한 충분한 기능을 갖추고 있어 입문자에게 추천합니다.

구글 독스는 온라인 문서 편집기인데, 워드프로세서와의 호환성이 좋습니다. 복사해서 그대로 붙여 넣어도 띄어쓰기, 줄 바꿈등의 서식이 깨지지 않고 거의 그대로 적용됩니다. 영리한 창작가는 도구의 힘을 빌려 창작을 습관화 합니다. 자신만의 접근성 좋은 창작 도구가 있다면 적극 활용해서 건강한 활동을 하시길 바랍니다.

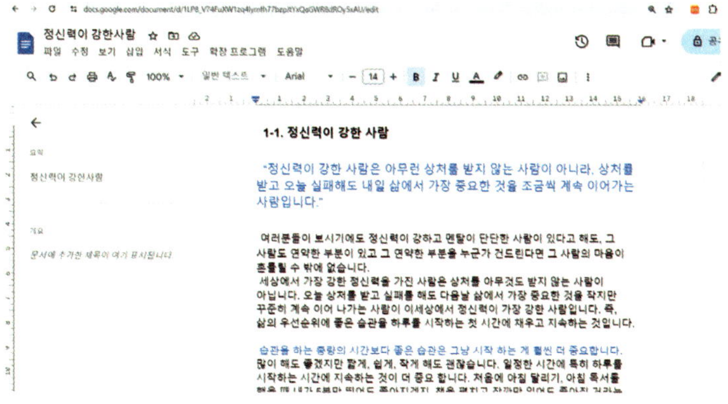

〈온라인 문서 편집기 구글 독스〉

소중한 글은 보존을 잘 해야합니다. 클라우드로 원고를 보호하고, 글쓰기 툴로 저장된 문장을 빨리 찾아내세요. 다이널 리스트와 워크플라이, 구글 독스는 온라인에서 글을 쓰고 편집하기에 여기서 작업하면 PC, 태블릿, 스마트폰에서 접속해 동일하게 글을 쓸 수 있습니다. 혹시 노트북 오류, 기기분실로 소중한 원고 손실을 막기위해 온라인인 구글독스에도 문서를 저장해놓거나 USB같은 외부메모리에 저장을 해놓길 바랍니다. 저는 독서나 강의를 들을 때 느낀점을 키워드나 짧은 문장으로 메모합니다. 짧은 키워드가 추후 확인하기 쉽고 내용을 다시 유추하기 쉽기 때문입니다.

종이책은 높은 노동과 품질을 요구합니다. 종이책 출간을 하려면 A4 용지 나눔고딕 12pt로 약 200페이지 이상 정도면 신국 판 종이책 230페이지 가량 나옵니다. 전자책보다 분량이 많아 글을 쓰고 한 권의 책을 완성하기까지 적지않은 양과 쉽지 않은 퀄리티를 갖춰야 합니다.

기획 원고 및 교정작업이 들어갑니다. 끈기와 노력, 자료조사까지 많은 노력이 필요한 것이 종이책 집필입니다.

8_5. 종이책 출간으로 퍼스널 브랜딩

소책자인 전자책을 계속 쓰고 글을 쓰는 사람은 장편 종이책 출간에 대한 갈망이 있을 것입니다. 결국 작가의 최종 커리어는 종이 책 출간인데 책을 쓰고 출간하게 되면 퍼스널 브랜딩이 되고 자신의 생각을 글과 말로 표현해냄으로 영향력을 주는 사람이 됩니다. 하고 싶은 일이 습관을 통해, 잘하는 일이 되어 책이 된다면, 수익의 다각화도 이룰 수 있습니다. 책 판매, 강의와 강연, 컨설팅, 마케팅, 기업과 다른 사람들과의 협업으로 함께 성장하는 이전과는 확연히 다른 삶을 살고 활동할 수 있어요. 돈이 들어오는 수익 구조는 더 많아지고 좋은 영향력을 주고 받을 수 있습니다. 효과적인 퍼스널 브랜딩, 즉 나를 알리는 방법들을 설명하겠습니다.

- 네이버 작가로 등록하기

전자책을 만들고 ISBN (책 고유 번호)를 발급받으면 네이버 인물등록을 통해 작가로 등록이 가능합니다. ISBN 번호는 유페이퍼를 통해 자신의 전자책을 등록한 후 비용 1,000원정도면 받을 수 있습니다.

네이버 작가로 등록이 되면 자신의 이름을 검색했을 때 작가로 검색이 됩니다. 이후 종이책을 출간해도 네이버 검색에는 작가로 프로필이 나와서 퍼스널 브랜딩 하기에 좋습니다.

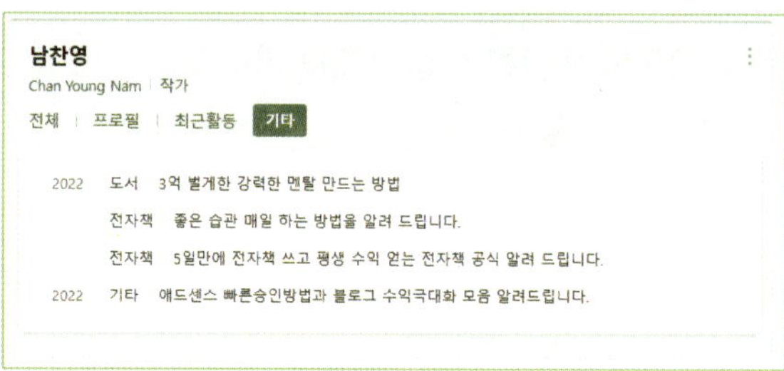

〈네이버 검색시 작가 프로필 사항〉

네이버 인물 등록 방법은 간단합니다. 네이버에서 인물 등록을 검색하고, 신청을 하면 되는데, 여러가지 경력사항을 맞게 입력하면 됩니다.

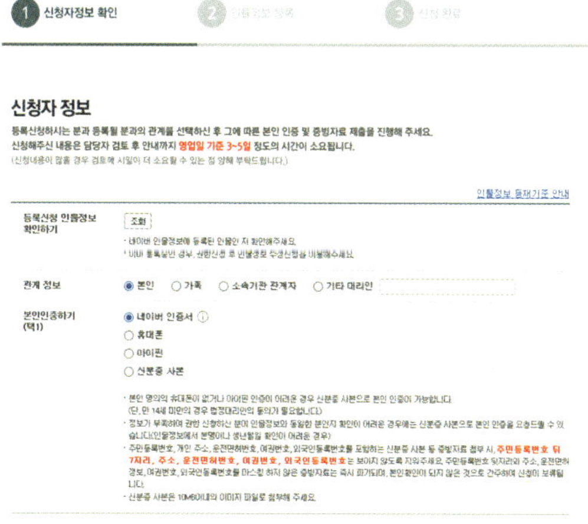

3일 정도 후면 네이버에서 자신의 활동명을 검색했을때 등록한 사진과 함께 나옵니다. 개인 블로그 및 SNS계정을 연동해서 활동사항을 실시간 나타내주기고 하며, 책이 출간되면 인물 정보란에 입력하세요. 프로필 활동에 책이 소개됩니다. 그 외 다른 활동등을 추가, 업데이트를 2~3일후에 네이버 프로필에 적용됩니다.

8_6. 무료로 종이책 출간하는 법. POD 바로출판 (교보문고 퍼플, 부크크 제작)

종이책을 출판사를 통해 출간하려면 출판사에 출간계획서를 보내는 투고과정을 거쳐야 합니다. 투고 후 출판사의 승인을 받아야 출판 계약을 맺고 교정작업과 인쇄가 들어가요. 초보 작가에게는 다소 어렵고 긴 과정을 거쳐야 합니다.

하지만 자가 출판이라고 할 수 있는 POD바로출판은 저자의 의지로 종이책을 만들 수가 있는데요. 교보문고 퍼플이나 부크크를 통해 POD 방식의 책을 등록하면 됩니다.

POD의 뜻은 Publish-On-Demand 의 약자로 POD방식으로 등록하면 고객이 주문하면 즉시 만들고 인쇄하여 고객에게 배달하는 방식을 뜻합니다. 물론 그이전에 원고를 등록하고 책표지 디자인까지 다 마쳐놓은 상태여야 합니다.

POD 방식의 특징은 다음과 같습니다.
1) 출판 제작 비용이 없습니다.
2) 표지 디자인, 책의 규격, 제본까지 저자가 만들고 선택해야 해요.

3) 출판사의 승인과정이 없기 때문에 내용의 경우 작가가 쓰고 싶은 것에 충실할 수 있습니다.

4) 부크크의 경우 등록하면 알라딘이나 교보문고, 예스24등 서점에도 유통을 대행할 수 있습니다. 교보문고 퍼플의 경우는 교보문고에서만 유통이 가능합니다.

〈POD 자가 출판작업 시 앞 책 표지를 위와 같이 직접 만들어야 합니다.〉

POD 방식의 단점은 다음과 같습니다.

1) 제작하기가 까다롭습니다. 예를들어 책 표지 디자인의 규격을 알려주지만 조금이라도 사이즈가 틀리거나 안맞으면 반려가됩니다.

2) 작가가 처음부터 끝까지 작업해야 해서 교정작업등에서 전문 출판인의 도움을 받을 수 없습니다.

3) 완성되고 난 후 고객이 책을 주문하면 제작되기까지 약 7일 정도가 소요됩니다.

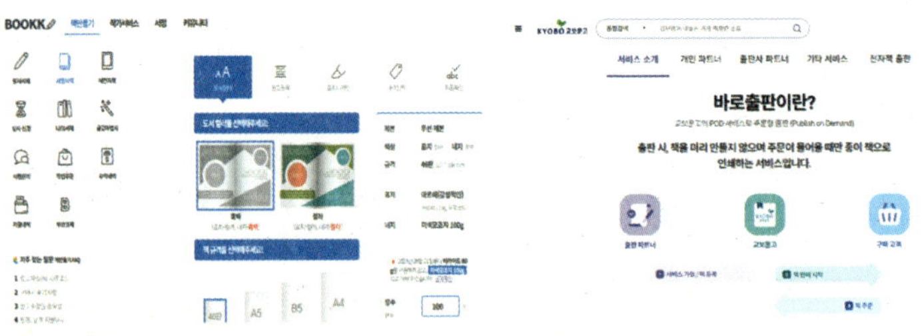

〈부크크 책 만들기 POD와 교보문고 퍼플 바로출판〉

제작시 종이, 판형, 재본, 내지 재질 선택, 표지 디자인, 규격과 내지를 흑백으로 할지, 컬러로 할지 선택해야 합니다. POD 출판을 다루는 홈페이지에 자세히 나와 있으니 원고가 준비 되어있다면 충분히 할 수 있습니다.

교보문고 퍼플의 경우 20%의 인세를 받을 수 있고 부크크의 경우 컬러 인쇄는 35%, 외부 유통 알라딘, 예스24 판매시 15%인세, 흑백인쇄의 경우 15%, 외부 유통 알라딘, 예스24 판매시 10%의 인세를 받습니다.

인세수익은 종이 책 보다 좋은 편이지만 제작 하는 것이 까다롭고 브랜딩과 홍보가 잘 안 되면 판매되기가 쉽지 않습니다. 그렇지만 원고가 있고 등록 심사와 승인을 거쳐 책을 등록해 놓으면 다음부터는 SNS 홍보와 마케팅을 통해 주문제작으로 판매를 할 수 있어요. 좋은 원고가 있는데 출판사로 정식 출간이 어렵다면 책을 출간하는 방법에 있어 하나의 선택지입니다.

8_7. 종이 책 출간계획서와 투고작업

260페이지 분량의 종이 책을 출판 하려면 대략 200자 원고지 1,000매 정도의 분량이 필요하고 A4용지 210장 내외가 필요합니다. 출간하려고 하는 주제가 출판 시장의 흐름에 적합하고, 사람들이 당장 알고 싶어 하는 화두일때 출간의 가능성은 높아집니다. 또는 유행에 치우치지 않고 계속 읽을 수 있는 글도 있습니다. 첫 출간을 목표로 한다면 트렌드에 맞는 주제의 책이 출간으로 이어질 가능성이 높아요. 그리고 몇 권의 책이 출간된 후 작가로서의 입지를 다진 상황에서는 오랫동안 공감을 받을 수 있는 책을 출간하면 꾸준히 판매되는 스테디 셀러가 될 수 있습니다.

원고가 완성되면 국내 출판사에 출간계획서와 함께 원고를 보내는 투고작업을 해야 합니다. 출판사 메일 리스트는 아래 QR코드를 찍으면 다운 받을 수 있습니다. (폐업 한 곳도 있고 메일 확인이 늦어지는 곳도 있으니 인내심을 가지고 투고를 진행해야 합니다.) 그리고 출판사 메일을 더 알고 싶다면, 서점이나 도서관에 진열된 책의 뒷면이나 안쪽에 출판사 메일이 있습니다. 출간하고자 하는 책의 장르와 비슷한 출판사에 출간 계획서와 원고를 첨부해 메일로 발송하는 것이 효과적입니다. 투고 메일을 발송할 때 여러 출판사의 메일주소를 함께 붙이되, 따로 발송하는 것처럼 보이게 개별발송을 체크하세요. 아침 8시~9시로 예약발송 하는게 좋습니다. 그래야 출판사 담당직원이 출근과 함께 메일을 일찍 확인할 가능성이 높습니다.

〈국내 유명 출판사 메일리스트〉

출판사의 계약을 이끌어내야 할 투고 작업을 잘 하려면 다른 책과는 다른 획기적인 점을 보여줘야 합니다. 원고를 PDF로 변환해서 출판사 메일로 첨부해서 보내지만 출판사 쪽에서 시간상 원고를 다 읽을 수는 없을 것입니다. 그래서 출간계획서와 함께 책과 작가를 어필할 수 있는 프로필, 책의 제목, 목차를 알아보기 쉽게 적고 퍼스널 브랜딩 되어 있는 SNS 계정을 소개합니다. 그리고 전자책이나 콘텐츠를 만든 포트 폴리오 혹은 커리어를 설명합니다. 초보 작가라면 웬만하면 전체 원고를 PDF로 보내고, 출판사쪽에서 끌릴 만한 목차와 내용 위주로만 먼저 뽑아서 보기 좋게 첨부하는 것도 좋은 방법이에요.

- 간단한 소개
안녕하세요 남신형 작가 강사 입니다 :)
저는 지난 800여일 동안 하루도 빠지지 않고 미라클 모닝 습관을 해오고,
글쓰기 등과 같은 생산적인 목표를 지속해왔습니다.
좋은 습관을 형성하고 목표를 이루는 방법을 직접 해보면서 얻은
노하우의 통찰력을 글로서 적었고 책으로 내고 싶어 투고 신청을 메일로 보냅니다.

- 투고계기
습관형성과 목표 달성에 관한 책 투고 내용이라 2023년 신년에 출간하면 좋은 반응을 얻을 수 있을것 같습니다.
지는 다양한 독서 토론에 나가면서 발표하고 얘기하는것을 좋아합니다
책을 출간하면서 습관형성과 좋은 가치관을 더 많은 사람들에게 얘기하고 싶고 앞으로도 글과 책출간을 통해
다른 사람에게 용기를 주고 도전과 동기부여를 주는 작가와 강사가 되고싶습니다.

- 커리어
그동안 전자책은 12권 썼고 (크몽 기준) 블로그에 꾸준히 글을 쓰고 유투브등에도 강의 영상을 올렸습니다.
기회가 있을 때마다 강연도 하였습니다.

전자책들의 주제는 자기계발 미라클 모닝이 시안 스피치에 관리된 주제로 총 12권을 완성하고 퍼뉴어쩌

목차
- 저자소개 및 머리글

Chapter 1. 정신력을 강하게 만드는 확실한 방법
1-1. 정신력이 강한 사람
1-2. 자기계발의 진정한 의미
1-3. 생산적인 사람

Chapter2. 좋은 습관 형성
2_1. 습관에 대한 통찰
 - 습관이 구속?
 - 꾸준한 것이 중요한 이유 (예민한 직장상사가 있다.)
2_2. 제가 하고 있는 습관들
2_3. 좋은 습관의 유익과 결과
2_4. 습관을 형성한 비결과 인문학적인 중요성
2_5. 좋은 습관을 도저히 하기 힘들었던 날

2_6. 습관으로 변화된 삶을 산다는 것.

2_7. 위기 때 버티고 기회가 왔을 때 폭발적인 능력을 나타내는 사람
2_8. 지속적으로 계속 할 수 있는 방법.
2_9. 습관 형성법

<투고 메일을 보냈던 예시>

아래는 출간계획서 예시입니다. 기본적인 출간계획서로 참고 하면 좋고 조금 더 눈에 띄도록 사람들이 원하는 주제의 책과 제목, 목차를 소개하고 퍼스널 브랜딩 되어있는 SNS계정, 또 본인의 포트 포트 폴리오를 한눈에 보기 쉬운 이미지로 제작해 첨부하는 것도 효과적인 방법입니다.

- 출간 계획서 예시

1) 제호 (가제) '제목':

투고과정에서 계약서를 쓴 출판사와 추후 협의를 해서 제목을 정하겠지만, 처음엔 저자가 생각한 제목을 적습니다.

2) 책 출간 기획의도:

책을 출간하려는 의도를 설명하는데 책의 주요 고객층과 책을 통해 독자들이 얻게 되는 이익 등을 설명해도 좋습니다.

3) 목차:

책의 흐름과 전체 내용을 알기 쉽게 브리핑 하기 좋은 것이 목차입니다. 각 목차에서 보여주고 싶은 것은 짧게 내용을 덧붙입니다.

4) 저자 소개와 프로필:

출판사에서 또 알고 싶어하는 정보는 저자의 프로필입니다. 책은 개인 브랜드가 중요하기 때문에 저자가 하는 일이나 직업, 저자를 잘 나타낼 수 있는 것으로 어필해야 좋습니다. SNS나 유투브, 블로그 활동을 한다면 해당링크를 남겨 출판사 쪽에서 쉽게 볼 수 있도록 해주세요.

5) 책 홍보채널 또는 마케팅 전략:

출판사에서 대형 서점등에 유통을 하고 마케팅해주는 것도 있지만 작가가 직접 마케팅하고 알리는 작업 또한 해야해요. SNS와 유투브, 카페, 오픈채팅 등에서 책을 홍보하고 판매가 가능할 수 있다면 책 판매량을 어느 정도 확보할 수 있기 때문에 출판사에도 도움이 됩니다.

자신의 책과 방향성이 맞는 출판사를 골라 투고진행을 하는 것이 좋습니다. 경제·경영서를 썼다면 해당 분야의 라인업이 탄탄한 출판사를 공략하는 것이 계약 확률을 높이는 지름길입니다. 출판 계약을 맺자고 하는 곳도 있겠지만 전체 출판업계의 현재 사정은 그리 좋은 편은 아니니 여러 곳에 투고를 진행하는 걸 추천합니다. 투고 메일을 보낼 때는 개별 발송을 체크해 각 출판사에 정성을 들이고 있음을 보여주세요. 아침 9시전의 예약발송으로 담당자가 업무 전 당신의 원고와 출간계획서를 잠시 볼 수 있게 전략적인 배려를 하세요. 오전 업무 전 오후나 퇴근시간에 메일을 보내면 그만큼 늦어지거나 업무로 피곤한 상태에서 메일을 확인할 수 있어요. 출근 하기 전 시간에 예약 메일을 보내서 출근 후 되도록 바로 볼 수 있도록 하세요.

기획부터 실제 출간까지는 예상보다 긴 시간이 소요될 수 있습니다. 때로는 수개월 이상의 인내를 요구하기도 합니다. 이 막막한 시간을 공백으로 두지마십시오. 전자책 출간이나 적극적인 SNS 활동을 통해 작은 목표들을 달성해 나가야 합니다. 이러한 작은 성공의 기록은 내공을 다지는 동시에 자산이 되기도 합니다.

어느 작가는 완성된 원고로 투고를 하고 책이 출간 되기까지 약 2년 이상의 시간이 걸렸다고 합니다. 예상외의 인내의 시간이 필요할 지 모르지만 여러분이 책을 쓰고자 마음을 먹고 실제 작업과 출간까지 이보다 빠른 시간 안에 되기를 바랍니다.

책 쓰기는 수익성과 공익성을 동시에 갖춘 창업입니다. 정년없는 무기가 되고 교육과 강연이라는 생태계를 만들 수 있습니다. 사람들의 갈증과 저자의 역량이 만나는 지점에 콘텐츠가 있습니다.

삶의 지혜를 콘텐츠로 만들고 그 대가로 수익도 얻게 됩니다. 스마트 한 투자자들은 자산이 오르기 훨씬 전부터 투자합니다. 집필 이전부터 영향력을 주는 말과 행동으로 활동해야 합니다. 좋은 기획 출판이라도 저자 스스로 독자들과의 접점을 계속 늘려야 해요. 마케팅의 성패는 책이 서점에 깔리는 순간이 아닌, 집필과정 이전부터 시작해야 합니다. 콘텐츠의 영향력이 상대에게 **닿을 수 있도록 계속 연구하세요.**

8_8. 종이책의 능동적인 마케팅 방법.

종이책 또한 저자가 마케팅을 해야 합니다. 출판사와 의논하면서 서로가 책의 홍보, 마케팅을 잘 할 수 있도록 해야하죠. 기획 출판이라면 출판사 쪽에서 서점에 유통하면서 신간코너에 책을 올려두긴 하겠지만 유명한 책들과 경쟁해야하고 여건상 저자 강연회등을 할 수 없을지도 모릅니다. 책을 집필하고 출간 되기 전에도 저자는 SNS를 통해 좋은 글을 올리고 책을 좋아하는 사람들과 교류를 통해 팔로워를 증가시켜야 합니다.

종이책으로 마케팅 할 수 있는 방법은 다음과 같습니다.

1. SNS, 블로그, 유투브등의 숏폼영상으로 최대한 노출과 홍보
2. 서평단 모집 (블로그, 네이버카페, SNS로 모집)
3. 인스타그램, 페이스북 연동 광고하기
4. 오픈채팅, 독서모임등 독서 관련 커뮤니티에서 활동
5. 관련 유투브 채널에 인터뷰 형식으로 책 소개

책이 출간 되는 시점부터 마케팅에 에너지를 투여해야 합니다.

신간의 골든타임을 장악하고 입소문을 확산시켜라.

책이 서점 신간 코너에 배치되는 순간부터 홍보의 총력전이 시작되어야 합니다. 초기 반응, 리뷰, 판매량은 베스트셀러 진입을 결정짓는 지표입니다. 특히 예스24의 경우 출간 처음 판매가 이루어지면 베스트셀러 배지를 쉽게 달아 주는 편입니다. 교보문고는 책을 구매하지 않더라도 기대평을 쓸 수 있어요. 골든 타임안에서 출간소식의 훈풍을 최대한 많이 불게 하세요. 블로그와 SNS를 통해 서평단을 많이 모집하고, 서평단의 채널을 통해 후기가 공유되도록 유도하십시오. 사람들의 긍정적인 평가는 또 다른 독자를 부르는 강력한 입김이 됩니다.

정보도 중요한데 사람에게 매료되는 시대입니다. 작가의 스토리, 매력적인 일상, 위트있는 모습도 연출해 콘텐츠로 만들어보세요. 숏폼 영상이 좋은 통로가 됩니다. 전문직에 종사하는 분들도 자신을 알리기 위해 밈을 따라하거나 춤을 춥니다. 책의 내용을 강한 동기부여 영상으로 인기 플랫폼에 업로드하세요. 작가로서 브랜딩 작업을 하고 이는 홍보, 판매, 추후 강연섭외로 이어질 수 있으니 기록을 남기세요. 클래스 101같은 강의 플랫폼에도 진출할 수 있고, 전문가로 각인시키는 무기가 됩니다. 책과 관련된 네이버 카페나 오픈채팅에서 교류와 인맥을 쌓은 뒤 출간 될 때 직, 간접적으로 홍보해 보세요. 독서 동아리나 모임에 친분을 쌓고 온,오프라인으로 활동하면, 책을 소개 할 수 있고, 독서 모임 등에서 작게 저자 강연회도 열 수 있을 것입니다. 강연은 입소문을 통해 다른 곳에도 홍보할 수 있는 기회가 생기니 적극적으로 활동을 펼쳐나가길 바랍니다. 기회는 또 사람으로 인해 생깁니다.

– 블로그 서평단 모집

저자의 개인 SNS를 통해서도 책 리뷰 이벤트를 열어야 하는데 블로그의 경우 책나눔 서평 이벤트 포스팅을 해서 1)해당포스팅을 스크랩(공 유해서 주변에 알리기), 2)공감과 서로이웃신청, 3)비밀댓글로 이메일을 남겨 달라고 하세요.

책 신청 방법입니다. (선착순 10분)

1) 이글을 블로그에 전체공개 스크랩하기
2) 공감꾹, 그리고 전체댓글로 '공유원합니다' 라고 달아주기
3) 이후 비밀 댓글로 메일주소 남겨주시면 전자책 PDF 파일 보내드립니다 ^^

〈블로그로 책리뷰 서평단 모집〉

– 인스타그램 서평단 모집

인스타그램이 최대 SNS인 만큼 인스타그램에서도 리뷰이벤트를 해서 서평단을 모집하세요.

1) 댓글에 '참여와 읽고 싶은 이유'적어달라고하고 친구태그로 이벤트를 소식을 알려달라고 해주세요.

2) DM으로 당첨자에게 책을 보내줍니다.

3) 2~3주안에 SNS 또는 온라인서점 2곳에 리뷰를 작성해달라고 부탁하세요. 리그램으로 알리고 이벤트 소식을 더 알려야해요.

〈인스타그램 책리뷰 서평단 모집 모습〉

- 각 지역 도서관 희망도서 신청하기

각 지역 도서관등에 회원가입을 하고 희망도서 신청을 할 수 있습니다. 책을 조금 더 알리기 위한 방법으로 도서관에 비치해야하죠. 적극적으로 책을 홍보하고 사람들이 읽을 수 있도록 지역의 유명 도서관에 희망도서 신청을 하세요.

희망도서 신청

▶ 신청자격
- 도서관 회원증을 발급받은 회원만 신청이 가능합니다.

상생의 매력 적극적인 타 채널공략.

개인 채널 성장에만 머물지 말고, 이미 구독자가 있는 외부 유튜브 채널에 출연해보세요. 책을 소개하는 유투버, 자기계발 채널에 메일로 출연제의를 할 수 있습니다. 주제가 맞다면 서로 조회수와 홍보라는 상생을 도모할 수 있습니다. 이로 인해 또 다른 채널이나 미디어에 출연할 수 있어요. 방문자수가 많은 서평 블로거들에게 홍보를 제안하면 네이버에서도 검색되고 책 정보노출과 홍보에도 영향을 미쳐요. 서평 블로그 몇곳을 찾아 홍보를 의논하세요. 인스타의 북스타그램계정 또한 신간의 인지도를 높이는 선택입니다. 게시물 반응이 많은 북스트그램을 찾으세요.

앞서 전자책 마케팅에 소개 되었던 인스타그램 페이스북 광고를 진행하는 방법이 노출이 잘되고 효과도 좋으니 진행하시길 바랍니다. (7_7. 적은비용으로 인스타그램, 페이스북 광고하기를 참고해주세요)

좋은 퀄리티로 만들고 입소문 내서 장기적으로 성공하기

상품과 서비스는 최상급, 고급을 판매해야 장기간 성공합니다. 다만 명품과 최상품은 처음 만들기가 쉽지 않아 진입장벽이 높습니다. 원자재값이 높고 정성이 들어가야 하죠. 기획부터 작업에 심혈을 기울여야 하고 초기에는 잘 안될 가능성이 커요. 하지만 최상품은 한번 고객이 만족하면 재구매합니다. 한번 고객을 만족시키면 충성도와 자발적인 입소문을 만들어 냅니다. 입소문은 전략적인 기획과 좋은 품질이 만날 때 폭발합니다. 지식과 지혜의 가치를 높이고 정성을 다해 최상급의 글을 제공하도록 노력해보세요. 고품질의 책과 상품은 독자가 알아보고 스스로 마케팅을 해줄 것입니다.

친한 사람끼리 하는 정보공유가 더 신뢰성을 줍니다. 맛집도 실제 가본 사람이 얘기하는 것과, 소개팅을 할때도 신뢰하는 친구가 적극 추천해 주는 사람은 달리보이는 것과 같습니다. 좋은 상품과 서비스, 콘텐츠가 인기를 얻고 입소문을 타면 기하급수적인 성공을 얻습니다.

　책과 콘텐츠를 잘 만들 필요가 있는 것은 시간이 흐를수록 가치가 증식할 스노우 볼 효과를 얻기 위해서입니다. 전자책은 수정이 가능해 처음부터 완벽할 필요는 없습니다. 하지만 종이책은 한번 인쇄가 들어가면 수정이 안되어 정성을 들이고 완벽을 기해야합니다. 맞춤법과 띄어쓰기뿐 아니라 비문을 줄이고 내용도 최대한 오류없이 원고작업을 마쳐야 합니다.

　책의 주제에 맞게 세련된 내용으로 트렌드를 선도하면 베스트셀러 코너에 올라 갈 수 있습니다. 또 유행에만 초점을 맞추는 것이 아닌 시대를 관통하는 통찰의 힘도 글에서 느껴져야 하죠. 그렇게 하면 시간이 흘러도 판매가 되고 가치를 인정받는 스테디 셀러 반열에 오를 수 있습니다. 아무리 훌륭해도 독자의 손에 들리지 않으면 가치를 증명할 기회가 없습니다. 좋은 제목과 표지 디자인 또한 눈에 들어오게 해서 서점에서 고객이 호기심으로 한번은 펼쳐보도록 만들어야 합니다. 유행에 맞춰 일시에 판매가 되는 것과 시간이 흐르면서 가치를 인정받아 계속 판매되는 두가지의 성과를 생각하며 콘텐츠를 기획하고 만들어보세요. 베스트셀러는 유행과 마케팅으로 만들어지기도 하지만 스테디셀러는 가치와 실력으로 완성됩니다.

8_9. 마치며_우리를 살리는 글쓰기의 힘.

세상에 수많은 책이 있어도 여러분이 읽고 싶은 내용이 없다면, 그것은 여러분의 좋은 이야기를 직접 써야 한다는 신호이기도 합니다. 글쓰기는 정서적 치유의 도구입니다. 감정을 글로 옮겨 객관화하는 과정은 스트레스를 해소하고, 부정적 심상을 긍정으로 전환합니다. 스트레스 관리와 해소에도 도움이 되죠. 일이 복잡하다면, 우선순위를 적어 삶을 명쾌하게 하고 일 속도를 높일 수 있어요. 이메일과 편지는 의사전달을 명확히 표현해서 원하는 것을 얻게 합니다. 감사는 자존감을 갖게 하고 좋은 글쓰기는 위로와 공감, 또 지적인 면을 일깨웁니다.

목표를 글로 적으면 달성할 확률이 높아져요. 실행력이 생겨서 그렇습니다. 생각을 정리하는 글은 조리있게 말할 수 있게 합니다. 글쓰기는 몰입의 유익을 제공해요. 집중력은 성장을 이끌고, '좋은 글을 완성했다'는 성취감은 다음 단계로 나아가는 동기부여가 됩니다. 마케팅의 시작은 글쓰기이기도 합니다. 수익을 얻고 브랜딩을 할 수 있으며, 커뮤니티를 만들 수 있어요. 스피치로 강연을 하려해도 대본을 미리 적는 글 쓰기가 선행되어야 합니다. 강연으로 청중에게 영향을 주고 잠재고객을 모을 수 있어요.

신성한 사기계발은 독서로 깨날은 통찰을 나뿐만 아니라 타인을 위해 사용하는 데 있습니다. 대의를 위해 특기를 사용하면 우리를 살리고 나라와 사회에 공헌할 수 있습니다.

속도가 지배하는 숏폼의 시대, 대중은 긴 글은 쉽게 읽지 않고 간결한 콘텐츠에 반응합니다. 거장들의 긴 명작이 사랑받는 이유는 그들이 이미 '짧고 강렬한 공감'의 단계를 거쳐 신뢰를 쌓았기 때문입니다. 자신에게 최적화된 SNS를 전략적 창구로 삼으세요. 그곳에서 발행하는 콘텐츠는 단순한 글이 아니라, 타인과 위로를 나누고 가치를 교환하는 시작점이 됩니다. 글을 쓰는 작가로 시작했다면, 그 단계까지 갈 수 있도록 노력 해야해요. 소셜네트워크 서비스를 건설적으로 사용한다면, 나의 가치를 높이고 사람들에게 유익을 전할꺼예요.

전자책은 쉽고 빠르게 작가가 될 수 있는 도구입니다. 분량이 적은 전자책을 인스타그램등으로 홍보하고, 정보성글을 주기적으로 블로그에 발행해 보세요. 글이 쌓이고 나의 가치가 한단계씩 올라가 브랜딩(Branding)을 할 수 있어요. **책이라는 결과로 증명하고, 포스팅으로 신뢰받는 과정을 쌓으세요.** 사회는 종종 눈에 보이는 결과로 사람의 역량을 판단합니다. 책을 출판했다는 사실만으로 주위 사람들에게 좋은 인정을 받을 것입니다. 노력의 대가는 결과물이 나왔을 때 인정받는 경우가 많아요. 하지만 성실하고 정직한 과정이 수반되어야 합니다. 스펙타클 하고 성공한 삶이 아니라도 어떻게 표현하느냐에 따라 글은 달라져요. 평범한 말이라도 맛깔스럽게 말하는 사람이 있듯 글에도 생동감을 불어넣으세요.

말을 하면 모두가 듣듯, 글도 자신이 읽고 다른사람이 읽습니다. 서로의 삶을 풍성하게 하고 세상에 지식, 노하우, 지혜, 유익을 주는 그런 통로 같은 삶이 되길 바랍니다.

고수는 어려운 것을 단순화해 명쾌하게 하고, 또 쉬운것을 깊이 있게 다루며 전문적으로 표현해 집중시키는 능력이 있어요. 독서와 삶의 희노애락의 경험을 통한 사색은 새로운 해결을 탄생시킵니다. 지금 삶에 여러 고충이 있다면 더 단단해지고 누군가에게 성숙한 해답을 주려는 시간의 의미로 생각해보세요. 읽고, 생각하고, 말하며, 끝내 쓰는 일은 좋은 것을 담아 위대한 일로 내보내는 일입니다.

첫째. 독서는 영혼의 자양분입니다. 검증된 양서와 진리의 문장들을 계속 흡수하세요. 둘째. 깊게 생각하세요. 독서와 경험을 융합해 새로운 통찰을 만들고 생각과 마음에 좋은것을 담으세요. 셋째. 사랑으로 말하세요. 마음에 담은 좋은 것을 내보낼 때 생명력이 있습니다. 타인의 삶을 깨우고 그 마음에 꽃과 나무를 심어주는 일입니다. 넷째. 정성껏 써보세요. 읽고 생각하고 말한 흔적을 증발시키지 말고 종이와 저장장치에 새길때, 영원까지 남길 위대한 자산이 됩니다. 입력(Reading) 은 영혼과 마음을 채우는 씨앗이 되고 출력(Writing) 은 세상을 풍요롭게 하는 열매가 됩니다. 여러분의 펜과 글에서 시작될 아름답고 울창한 세상과 내일을 응원합니다.

이 책을 읽으신 독자분들게 희망을 드립니다

이제 직접 도전해 보시길 바랍니다.

누구나 꿈을 잃지 않으면 책을 출판할 수 있습니다. 책을 사서 읽기만 하였지만 이제 나도 내가 쓴 책을 가질 수 있습니다.

내가 쓴 책을 갖는다는 것은 아주 쉬운 일도 아닙니다. 그렇다고 아주 어려운 일도 아닙니다. 그러므로 지금 바로 시작하면 됩니다. 본서에서 가르쳐 준대로 전자책을 낸다면 비용이 없이도 할 수 있습니다. 주제는 무엇이든 가능합니다. 많은 사람이 읽은 책이라고 다 좋은 책은 아닙니다. 또한 적은 수의 사람이 읽었다고 나쁜 책도 아닙니다. 누군가에게 혹은 나에게 꼭 필요한 책이라면 그 책은 좋은 책이라고 할 수 있습니다.

이제 지금부터 한 줄씩 써내려 가면 됩니다. 그렇게 해서 작게는 2-30페이지도 좋고 더 많은 분량도 좋습니다. 그리고 꼭 글을 써서 하지 않고 그림이나 낙서도 좋은 책이 될수 있습니다.

이제 원고가 마감되면 바로 출판을 진행해도 되고 전문가의 손을 빌려서 교정이나 교열(원고를 다듬는 일)을 하면 됩니다. 그렇게 한후에 무조건 책을 낼 것이 아니라 내용과 결이 맞는 출판사를 찾아서 계약을 합니다.

예를 들면 예감출판사를 통해서라면 에세이, 시집, 소설등의 책을 출판하면 좋을것입니다.

엘맨출판사를 통해서라면 기독교에 관한 책을 출판하면 좋을것입니다.

해피앤북스라면 자기계발, 경제, 경영 혹은 인물, 어린이 교양서적등을 출판하면 좋을것입니다.

사무엘출판사라면 어린이 신앙서적이나 만화, 동화, 동시집을 출판하면 좋을것입니다.

    책을 출판하는데 있어서 비용은 전혀 들이지 않고 하실수 있습니다. 그리고 약 5만원에도 할 수 있고 내가 원하는대로 출판사와 협의를 거쳐서 진행하면 될것입니다. 독자분들의 편의를 위하여서 몇 출판사 연락처를 올려드립니다.

엘맨출판사 02-323-4960

사무엘출판사 02-322-447

해피앤북스 002-6401-7004

예감출판사 031-962-8008

이메일 elman1985@hanmail.net / happybooks2004@naver.com

돈이 되는 글쓰기의 힘!
콘텐츠로 자동화수익

전자책 판매에서 종이책 출간까지

1쇄	2026년 1월 31일
지은이	남찬영
펴낸이	이규종
펴낸곳	예감출판사
등록번호	제2015-000130호
등록된곳	경기도 고양시 덕양구 호국로 627번길145-15
전화	031) 962-8008
팩스	031) 962-8889
이메일	elman1985@hanmail.net
	www.elman.kr

ISBN　　979-11-89083-94-6　13320

본 책 내용의 전부 또는 일부를 재사용하려면
반드시 저작권자의 동의를 받으셔야 합니다.

값 21,000 원